德 育 理 论 探 新 丛 书

范树成 ◎ 主编

内化视域下
高校德育研究

马军红 ◎ 著

中国社会科学出版社

图书在版编目 (CIP) 数据

内化视域下高校德育研究 / 马军红著 . —北京：中国社会科学
出版社，2016.1（2019.6 重印）

（德育理论探新丛书）

ISBN 978-7-5161-8175-1

Ⅰ.①内…　Ⅱ.①马…　Ⅲ.①高等学校-德育工作-研究-中国
Ⅳ.①G641

中国版本图书馆 CIP 数据核字（2016）第 102069 号

出 版 人	赵剑英
责任编辑	任　明
责任校对	董晓月
责任印制	李寡寡

出　　版	中国社会科学出版社
社　　址	北京鼓楼西大街甲 158 号
邮　　编	100720
网　　址	http：//www.csspw.cn
发 行 部	010-84083685
门 市 部	010-84029450
经　　销	新华书店及其他书店

印刷装订	北京君升印刷有限公司
版　　次	2016 年 1 月第 1 版
印　　次	2019 年 6 月第 2 次印刷

开　　本	710×1000　1/16
印　　张	13.75
插　　页	2
字　　数	229 千字
定　　价	75.00 元

总　序

　　无论人们如何理解和界定德育，德育总是在一定的时间、空间条件下，在德育理念的指导下，教育者运用一定的策略与方法，引导受教育者内化德育内容，并将其外化为相应的行为习惯的过程。因此，德育的时间（时机）与空间、内化与外化、具体的德育理念与策略方法便成为德育理论研究与实践必须关注的最基本问题之一。鉴于此，我在指导博士生论文选题和研究过程中，有意识地引导他们围绕这些德育理论与实践问题确定选题和进行研究。经过十多年的不辍耕耘、辛勤劳作，终于结出了硕果。今天呈现在大家面前的这套《德育理论探新丛书》便是这一努力的成果。

　　当前，我国德育改革不断深入，德育实践进一步发展。在德育理论与实践中，一些旧的问题尚未解决，而且在新的时代条件下这些问题还呈现出了新的表现形式；同时，与时代发展相伴随，又出现了一些新的问题。这些问题都需要我们去探讨、去研究，提出解决这些问题的时代对策，促进这些问题的解决，推动德育理论与实践的进一步发展。

　　德育是我们这个时代的一个重要话题和课题。德育理论及其研究随着时代的变迁而变化和发展，具有鲜明的时代特征。理论是行动的先导，德育实践的发展需要德育理论的引领。要实现德育理论的引领作用，就必须从学理上对德育中的课题进行新的探究，对这些课题作出新的回答。本套丛书就是我们对这些课题作出新回答的一种尝试。本套丛书围绕德育在什么时间（时机），什么场所（空间），以何种理念为指导，采用什么样的策略与方法，以什么为目标进行才能取得理想的效果，来确定选题和研究思路，对当代中国德育的一些基本理论、基本问题进行新的研究，主要包括德育时间与空间、德育内化与外化、礼仪教育、榜样教育、智慧德育、道德智慧培养、导育等，内容具有广泛性。本套丛书力图对这些基本的理论问题和实际问题，从不同维度和视角，运用不同的方法和言说方式作出体现时代特征、符合德育规律的回答。

这套丛书力求体现以下特色：

创新性。德育理论和实践呼唤创新，德育理论研究贵在创新，德育实践同样需要进行创新，需要在新的德育理论指导下突破传统的低效的德育的束缚。因此，本套丛书并不寻求建构系统的理论体系，而是着眼于在德育理论与实践领域的某一方面有所创新。因此，从选题到具体内容均以提出新的观点和新的见解为追求。在这些著作中，有的选题学者很少研究，选题本身就具有创新性；有的选题虽然是老的话题，已有一些研究，但是人们很少作为一个专门的研究课题进行系统、深入的学理探讨；有的课题虽已有一定的研究，但是这些课题是常探常新的，本套丛书试图对这些问题运用新的理论与方法，从新的视角，根据时代的特征，提出新的观点和看法。

实践性。德育理论是一门实践性很强的理论，是一种实践理性，德育理论研究旨在服务于德育实践。因此，本套丛书虽然注重德育理论的形而上的研究，注重德育基本理论的探讨，但是，本套丛书从选题到具体内容都力求做到理论联系实际，对选题进行形而下的研究，对德育实践进行深刻的反思，并提出具体的德育实践策略，以为德育实践提供具体的理论指导。

开放性。开放是创新的必要条件。本套丛书根据研究与创新的需要，尊重作者的创作自由，从选题到研究范式与方法，从研究思路到框架结构等方面均坚持开放性，不追求形式上的一致。本套丛书的作者努力解放思想，冲破传统思维方式和观念的束缚，提出了自己的新观点、新看法。

反思性。在当代中国，从党和政府到学界都高度重视德育理论与实践。国家和社会投入了大量的人力、物力和财力进行德育，然而德育的实效性却常常遭到人们的质疑、诟病。是何种原因造成了此种状况，如何扭转这种现状，是本套丛书非常关注的一个问题。本套丛书根据研究的主题运用不同的视角对我国德育现状进行审视，从理论依据、指导思想、操作理念、实践策略等多维度反思造成这种状况的深层次的原因，以求提出具有针对性的对策。

本套丛书，除了我的《德育中的道德智慧培养研究》一书外均是我指导的博士生在其博士论文的基础上精修而成的。尽管每部专著的作者研究基础不同、学术造诣不同，但是他们都在自己能力所及范围内尽了最大努力，对自己研究的课题大胆探索、缜密思考、严谨论证、勇于创新，为本套丛书的出版贡献了自己的智慧。

我们愿借本套丛书的出版求教于专家、同人，同时我们也期待本套丛书有助于推进我国德育理论研究和德育实践的进一步发展。由于我们的理论水平和认知能力有限，书中难免有缺点、不足甚至错误，祈请各位专家、同人指教。

本套丛书的出版，得到了原河北师范大学法政学院领导的大力支持，任明编审为本套丛书的出版倾注了大量的心血，在此一并表示真挚的谢意。

范树成

2016 年 1 月 20 日

于河北师范大学

目　　录

绪　　论

第一节　问题的提出及研究意义

一　问题的提出

伴随着人类的诞生和社会关系的形成，人与人之间势必存在不同的利益关系。人类为了生存与发展，必须共同遵循一些约定俗成的习惯、规范或准则，以合理调整人与人之间的各种矛盾冲突，维持社会稳定、有序、健康地运转和繁衍。由此，道德和道德教育应运而生。一经产生，它们就深刻地影响着社会的存在与发展，以其特有的内涵规范着人类的行走足迹和社会的运转轨道，成为推动人类文明不断向前发展的重要力量。过有道德的生活，做有道德的人，成为人类坚持不懈地努力追求。道德教育也就确定了其肩负的伟大职责——"塑造伦理精神，培养完满人格，改善人们的道德生活，实现道德对人的肯定、调节、引导和提升"①。人类的历史长河虽然跌宕起伏，道德教育却从未停下它执着的步伐，审视、纠察着人们生活的每一处细节，提升、激励着人类的生生不息，引导、推动着社会合道德的轨道不断前进和发展。

改革开放的社会实践，使我国社会面临由传统向现代、计划向市场、一元向多元的巨大转型。面对我国多元化社会发展的现实状况，道德教育的步履变得异常沉重。再加上网络技术的迅猛发展和全球化引发的世界范

---

① 唐汉卫、戚万学：《现代学校道德教育的问题与思索》，山东教育出版社 2008 年版，第 65 页。

围内思想文化意识的激荡，使人们的思想变得非常活跃，价值观念、生活方式、行为规范等都发生了深刻的变化。商品经济大潮的冲击，使唯利是图、损公肥私、见利忘义、拜金主义等腐朽思想盛行，使我国社会的优良道德传统受到严重影响。大学生是中国特色社会主义事业的建设者和接班人，他们正处于人格品质、理想信念逐渐成熟时期，思维敏捷活跃，自主意识比较突出，成才愿望极其强烈。潮水般涌入的各种文化思潮和价值观念猛烈冲击着当代大学生的思想道德观念，对大学生产生着渗透弥漫式的广泛影响，深刻改变着他们的思想道德观念、思维方式及社会生活方式。当前，大学生思想道德状况的主流是积极、健康、向上的，但是部分大学生道德认知模糊、道德价值观出现困惑、道德情感冷漠、道德信仰缺失，表现为诚信意识缺失、社会公德淡薄、道德行为选择错误、义务责任感日益欠缺，等等。在此背景下，我国高校德育面临着严峻挑战，大学生的道德教育问题成为全社会迫切关注的焦点。客观地说，高校德育理论研究和实践探索的脚步一直没有停止过，并且这种研究和探索也取得了一定的进步和发展，但不可否认的是，德育实效性不强仍是我们不得不面对的一个事实。一些大学生只是记住了一些道德知识，完成了令我们满意的一张纸面考试答卷，"道德规范虽然形式上被受教育者占有，但实质上仍'游离'于受教育者之外，还是一种'身外之物'"①，学生并没有真正接受和内化，不能养成道德的行为习惯，"知而不行，知行不一，知而错行"的现象比较普遍，严重偏离了学校德育的初衷。"现代教育和现代德育已经越来越显露出自身的局限性，各种各样的问题也相继暴露，现代德育似乎陷入了无法解脱的困境之中。一方面是青少年犯罪率和不正当行为直线上升，一方面是学校德育苍白无力、无所适从。"②

　　长期以来，我国德育强调较多的是学生的德知，学校较为重视的是"道德如何教"的探索，德育效果如何往往以学生得到的卷面分数来衡量，只是强调学生接受道德知识的数量，而忽视了学生对道德规范和道德要求的真正接受和内化，是否真正树立了道德信仰，其结果是造成学生的"知而不行"甚至"知而错行"。这样的德育造就的不是有道德的人，而是空头的道德理论家、道德知识人。可见，用道德知识的传授与习得代替

---

① 范树成：《当代学校德育范式转换与走向研究》，人民出版社 2011 年版，第 244 页。
② 高德胜：《知性德育及其超越——现代德育困境研究》，教育科学出版社 2003 年版，第 2 页。

真正意义上的道德学习，人、道德、德性均被知识化、认知化，是德育的异化，是丧失了自我、失去了自身存在根据的德育，等待它的只能是苍白无力的效果与现实困境的缠绕。正如鲁洁教授所坦言，以往传统德育"向人宣讲的是抽象的概念、空洞的道理"，要求人去遵守"一大堆违反身心发展的规训……德育因此而变得面目可厌"。① 因而，在新的历史时期，面对德育的困惑，努力探寻高校德育的新路向，加强和改善学校德育，必须成为我们特别关注和时刻关心的问题。鲁洁教授关于德育新路向的思想对德育研究把握问题的关键很有启示。她告诫我们："对德育新路向的探寻离不开一些最基本的德育问题的反思与探讨。"② 道德内化是个体品德生成的基础，属于德育的基本问题范畴。研究道德内化，关注学生思想品德的生成问题就成为探寻德育新路向的着眼点之一。

对于德育存在的困境，不少研究者从不同的角度进行了探索，提出一些很有见地的理论思考。但这些思考和解决问题的角度都是由外而内的，即从影响个体品德生成的外部因素入手来寻找德育陷入困境的原因及解决的途径、方法。而德育问题的产生，更为根本的原因应在于内因，德育研究更应该关注个体思想品德的生成。这就需要在新的条件下，重新审视个体道德的内化问题。高校德育要以道德内化为基点，努力促使学生把道德规范和道德原则内化为自身的真知真信，融入自己的精神意识之中并形成崇高的道德信念；要引导学生使其感受到道德是人的一种不可或缺的精神食粮，履行道德的责任与义务是一种生命的需求与快乐，使学生的道德外化成为一种必然。可见，以道德内化视角研究高校德育，是解决学生知而不信、知而不行等德育问题，走出德育现实困境的关键所在。也只有这样，才能实现德育的终极目标，让学生过上健康的、有意义的、道德的生活，并在生活中体验道德对人的重要意义。但遗憾的是，以往的研究虽对道德内化关注不少，对高校德育研究也很深入，但从道德内化视角观照高校德育的研究却远远不够，未能够结合哲学、教育学、心理学、社会学等多学科的相关结果进行深入分析，作出卓有成效的回答。基于此，系统地分析与研究道德内化理论与实践，从道德内化的视角审视高校德育，探寻创新德育的新路径，提升高校德育实效性，正是本书研究的主旨所在。

---

① 鲁洁：《道德教育的当代论域》，人民出版社 2005 年版，第 1 页。

② 同上书，第 2 页。

二 研究的意义

（一）研究的理论意义

内化视域下高校德育的系统研究，对丰富和完善德育理论体系，促进我国德育科学化发展，具有重要的理论意义。理论创新是推动实践创新和其他一切创新的先导，我国德育要走出当前现实困境，必须要有科学的理论来引导。深入挖掘学生道德内化出现的问题，探寻增强德育实效性的对策，离不开科学理论的指导，从理论上对道德内化继续深入探索就成为德育现实发展的客观必要。本书拟通过整合国内外诸多有关道德内化的理论成果，对其内涵、构成、特征、类型以及影响因素等进行全面阐释，并从心理学、教育学、伦理学等不同视角对道德内化予以多维度的观照和借鉴，以进一步丰富道德内化的理论体系；对多元化背景下学生道德内化出现的问题进行深入剖析，探讨新时期德育面临的挑战和新课题，从道德内化的视角探寻思考高校德育走出困境的策略和路径，创新德育理论体系，从而不断加强德育理论对德育实践的指导作用，使高校德育适应多元化社会发展变化的需要。

（二）研究的实践意义

在社会道德的发展和个体道德品质的养成中，道德内化理论起着极其重要的作用。研究道德内化理论，把握道德内化的本质和特征，在德育过程中遵循道德内化的客观规律，有助于增强德育的吸引力、感染力和实效性。我国传统的德育将灌输作为学生道德内化的主要手段，把道德知识单向、强制地传授给学生。表面看来，学生对道德知识熟知熟记熟背，但在现实生活中却不能作出道德的行为。这意味着学生其实根本没有真正接受和内化这些道德知识，只是机械地、僵化地接受而已。单一、封闭的社会环境下，灌输的道德教育手段确实发挥过非常重要的作用。但是，随着我国多变、多样、多元社会的到来，采用传统的德育手段已无法让学生发自内心地去接受和信仰。创新和完善道德内化理论，从内化的视角剖析德育实践中产生的问题及原因，加强对德育实践的科学指导，提高德育实践的科学性和实效性，已经成为高校德育发展迫切需要解决的问题。本书对道德内化的研究，注意结合当前我国多元化的社会现实环境，密切关注学生的实际，从心理学、教育学、伦理学、社会学等不同视角观照道德内化，对道德内化的本质、理论基础、阶段、特点等进行全面、系统、深入的研究，在此基础上提出高校德育内化的路径选择，以有效解决学生道德内化在实践中的诸多问题，克服传统德育教育的弊端，切实增强高校德育的吸引力和实效性，以充分体现德育的魅力。

第二节　国内外研究现状

道德内化是指个体接受外在的道德并将之变为自身的一部分，即把社会道德转化成个体道德品质的过程，是个体道德发展问题的核心机制。外在的社会道德规范与要求能否被个体吸收成为自身道德品质结构的一部分，关键在于个体对社会道德规范和要求的内化。只有完成道德内化，个体才能理解、认同、接受和遵循反映社会道德关系的规范、准则及要求，实现道德主体由"他律"向"自律"的转化。可见，是否把道德规范和道德原则内化，成为自己的道德品质和道德信仰，决定着个体是否能够作出道德的行为。因此，从道德内化的视角关注高校德育，是解决学生知而不信、知而不行等不良道德行为的有效途径，是德育走出困境的关键所在。目前，国内外学者对道德内化已进行了不少的研究，就其含义、特点、机制、过程等进行了不同方面的分析和探讨，形成了一些具有价值的理论成果。

一　国外研究综述

在朗文英语词典中对内化（Internalization）一词的解释是："由于在社会中学习或重复经验的结果，而把某种原则或行为模式变成自我的有意识的或无意识的一部分。"内化这一概念最早是由法国著名社会学家涂尔干提出的，他从社会学的角度阐述了道德内化问题，认为"内化指的是社会意识向个体意识的转化，即把社会意识形态的诸要素移植于个体意识之内"①。以后的研究者大多是在此基础上进行理解和展开。美国心理学家阿伦森从内化的内容方面对内化进行了深入研究，"将内化看成是把准则和信念纳入自己的精神体系"② 中，认为内化是对社会影响最为深刻、持久的反应；美国心理学家英格利希则认为内化是"把某些东西结合进

---

① 杨韶刚：《道德教育心理学》，上海教育出版社 2007 年版，第 151 页。
② 同上。

心理或身体中去；把另一些个人的或社会的观念、实际做法、标准或价值观作为自己的观念、实际做法、标准或价值观"。① 美国哈佛大学著名社会心理学家凯尔曼则另辟蹊径，用个体需要的诱因来解释内化，认为内化是个体受与其价值取向相一致的诱因推动而作出的反应状态。个体之所以采取这种诱发行为是因为同其价值体系相一致，从而由于相信这种行为的真意而从内化中得到满意感。苏联心理学家维果茨基提出了自己的内化观，认为内化就是将人的外部交往表现转化为自身内在的高级心理功能的过程。之后，有些苏联心理学家提出的智力阶段发展等诸多思想观点，都对内化理论进行了不同程度的丰富和创新。如一些心理学家认为，人的智力是通过社会的影响把外在行为动作经过内化而逐渐形成的，不是先天固有、与生俱来的，而是要经过不断地学习、掌握知识和经验积累内化完成的。

美国著名心理学家和道德教育家科尔伯格把内化的观点和思想充分能动地运用于道德领域之中。他利用内化来解释个体道德发展水平的基本状况，坚持个体道德的发展分为不同的阶段，认为道德内化的途径是个体与环境相互作用，强调要让个体通过角色承担、观点采择等方法来实现内化，倡导道德的个体内在建构过程。但是道德内化的概念却不是由科尔伯格最早提出的，此概念最早可以追溯到精神分析学派的创始人弗洛伊德。他从精神分析的角度建构了其道德内化观，其道德内化理论属于道德情感层面。弗洛伊德认为道德内化完成的标志是超我的形成，超我的形成会使儿童在作出不道德的行为时产生一种精神上的焦虑，从而引起儿童具有内疚的道德情感，由于害怕失去父母的爱而导致的焦虑促使儿童按照道德规则行事。他强调必要的教育方式是让儿童体会到失去父母的爱的焦虑的有效途径，内化过程同道德推理和认知无关，在幼儿时期即可完成。显然，弗洛伊德粗略的道德内化理论带有严重的经验主义色彩，有些观点存在着明显的缺陷。美国的《心理学大辞典》把内化过程解释为开始于依从阶段，深入于认同阶段，完成于信奉阶段，并分别对以上三个阶段进行了细致的总结，认为信奉阶段是理性和非理性的结合，实现了社会价值向个体价值的转化，是品德形成的最高阶段。克拉斯沃尔和布鲁姆在《教育目

---

① ［美］D.R. 克拉斯沃尔、B.S. 布鲁姆：《教育目标分类学》（第二册），施良方、张云高译，华东师范大学出版社 1986 年版，第 28 页。

标分类学（第二分册情感领域）》一书中，把道德内化过程划分为"接受、反应、价值的评价、组织和由价值或价值复合体形成的性格化五个阶段"①。美国认知心理学家霍夫曼采用计算机信息加工以及认知与情感相互作用的观点来解释道德内化过程，提高了道德内化研究的深度。著名瑞士儿童心理学家皮亚杰认为"运算"就是动作的内化，强调内化在"运算"过程中的作用，并把内化看成个体思维发展的结果。他认为随着儿童的道德判断能力和深度的不断发展，道德的内化过程也是在逐步深入前进的，儿童能够主动地建构他们对社会的独特理解，并能够根据他们现有的认知结构对社会现实进行积极的解释。皮亚杰本人坚定地认为他研究的是道德判断，而不是道德行为或情操，他认为人只有学会进行道德判断，其道德水平才可能得到提升。② 还有一些研究者认为道德内化并非一个过程，而是把道德内化理解成个体对待某种价值的最高阶段，或者一种状态。如凯尔曼就认为，内化是由于个体受到与其价值取向相一致的诱因推动而采取这种诱发行为的一种反应状态。

二　国内研究综述

国内对道德内化的研究，从改革开放以来呈逐渐上升趋势，尤其是近年来学术界对其关注程度显著提高，这同我国社会转型期诸多不良道德现象层出不穷及德育实效性不高有着直接的联系。怎样从根本上解决这些问题并使社会主流道德观念被个体所接受，适应多元化社会发展的需要，增强道德教育的有效性，成为近年来德育领域研究的热点问题。但是，从道德内化角度审视道德教育的系统性文献较少，研究成果也比较零散，尤其是从道德内化角度对学校德育深入研究的相对较少，相关专著还没有发现，仅有 2 篇硕士论文，即成忠慧的《职业学校内化式道德教育理论与实践研究》和谢惠媛的《道德内化的认知途径与高校道德教育》；期刊论文有 144 篇，如邱吉的《历史视野中的道德内化思想及其对现实德育的启示》、刘美玲的《对高校道德教育中道德内化的思考》、吴瑶的《我国高校德育内化现状及成因分析》及谢小江的《论高校德育中的道德内

---

① ［美］D. R. 克拉斯沃尔、B. S. 布鲁姆：《教育目标分类学（第二册）》，施良方、张云高译，华东师范大学出版社 1986 年版，第 28 页。

② ［瑞士］皮亚杰：《儿童的道德判断》，傅统先、陆有铨译，山东教育出版社 1984 年版，前言。

化》等。

通过分析查阅到的与道德内化相关的资料，目前国内大致有以下几方面的研究，即从概念、阶段划分、机制、影响因素以及其他相关方面等进行的研究。现概述如下：

（一）关于道德内化概念的研究

在国内，不少学者对内化的定义进行了探讨。顾明远在其编著的《教育大辞典》中对内化进行的解释是，"在社会心理学或人格心理学中，指个人对社会的价值观或实践标准认可并作为自己的一部分"①，我国著名德育专家鲁洁教授在《德育新论》一书中把道德内化理解为"个体对一定社会思想、社会道德的认同、筛选、接纳，将其纳入自己思想品德结构之中，变为自己的观点、信念，成为支配、控制自己思想、情感、行为的内在力量"。② 王健敏对内化含义进行了初步的整合，认为内化是一种接受过程，是将外在于主体的要求转化为主体内在的需要的过程，反映了道德学习过程的动态性与发展性。指出内化是不能从外部直接观察到的一种内在于主体的过程③，并进一步指出了这种内在过程的存在要通过其外在的标志——主体的规范行为来推断。

燕国材教授对道德内化的概念进行了比较经典的分析。他认为把社会道德转化为个体道德品质与道德行为的过程就是道德内化。④ 顾海根在其著作《道德内化的心理分析》一书中，从心理学的角度对道德内化进行了解释，指出："所谓道德内化，就是个体在外部环境影响下，将社会的道德要求、道德原则转化为自身动机系统的一部分，从而在无外界压力的情境中作出道德行为。"⑤ 我国著名伦理学家唐凯麟把道德内化解释为："个体在社会实践中，通过对社会道德的学习、选择和认同，将其转化为自身内在的行为准则和价值目标，形成相应的个体道德素质的过程。"⑥"选择"一词的运用体现了唐凯麟教授对道德内化过程中个体主体性的张扬，将对本书的研究有重大启示。易法建教授对道德内化概念的解释比较

①　顾明远：《教育大辞典》，上海教育出版社 1998 年版，第 261 页。

②　鲁洁、王逢贤：《德育新论》，江苏教育出版社 2002 年版，第 358 页。

③　王健敏：《道德学习论》，浙江教育出版社 2002 年版，第 33 页。

④　燕国材：《素质教育论》，江苏教育出版社 1997 年版，第 91 页。

⑤　顾海根：《道德内化的心理分析》，《上海师范大学学报》（教育版）1999 年第 2 期。

⑥　甘葆露、唐凯麟：《伦理学原理》，高等教育出版社 1992 年版，第 162 页。

具体，认为个体"经过一定社会方式的学习，接受社会的道德教化，将社会道德目标、价值观、道德规范和行为方式等转化为其自身稳定的道德人格特质和道德行为反映模式的过程"①。吴发科则从心理学的角度进行了理解，把道德内化过程看作"道德事物在人脑中的'模仿、整合→再认、转化→存贮、再现'的心理表征过程"②，是道德内化表征特征与外显形式相互作用的过程。在易法建和吴发科的描述中均把道德外化包括在道德内化过程之中。虽然内化和外化联系紧密，但从理论逻辑上是两个不同的环节，内化是外化的基础，外化是内化的目的。邱吉和胡林英在概括前人已有研究成果的基础上，分别提出了自己对道德内化的不同理解。邱吉博士把道德内化理解为，"指个体通过环境的熏陶、对知识的学习和行为实践，不断地接受社会道德观念、道德规范，并将其转化为内心信念、最终形成行为反映模式的过程"③。胡林英则认为，道德内化是"人们的精神被提升到普遍状态，化天性为德性，从而实现完善的道德自我的过程"④。

（二）道德内化阶段的研究

一些学者在以上研究的基础上对道德内化的过程进行了阶段划分，进一步深化了对道德内化科学内涵的理解。鲁洁教授把道德内化的过程划分为感受、分析和选择三大阶段。燕国材教授在其《谈谈道德内化问题》一文中，把道德内化划分为定向、认识、评价、服从、认同、良心六个阶段。⑤ 这种划分对后人的道德内化研究很有启示。顾海根依据现实生活中人们对社会道德认同的发展程度，把道德内化分为消极型、榜样型、原则型三种类型。并认为消极型的道德内化一般容易发生在年幼的儿童身上，榜样型的道德内化一般容易在学龄初期的儿童身上发生，原则型的道德内化则容易在青年初期的时候才可能发生。⑥ 吴发科则从个体身心成长的角度，把道德内化区分为：行为模仿表征形式——一般在幼儿时期出现、感知保持表征形式——一般在儿童少年时期出现、意念信念表征形式——一般在青少年时期出现。并进一步提出，这三个形式发生时间的早晚和表征

---

① 易法建：《论道德内化》，《长沙电力学院学报》（社会科学版）1998 年第 2 期。

② 吴发科：《道德的内化表征及表象外显形式探析》，《思想教育研究》2002 年第 1 期。

③ 邱吉：《道德内化论》，民族出版社 2004 年版，第 15 页。

④ 胡林英：《道德内化论》，社会科学文献出版社 2007 年版，第 34 页。

⑤ 燕国材：《谈谈道德内化问题》，《中学教育》1997 年第 6 期。

⑥ 顾海根：《道德内化的心理分析》，《上海师范大学学报》（教育版）1999 年第 2 期。

程度的强弱是交叉重叠、因人而异的，不是分离或独立进行的。①

（三）道德内化机制的研究

道德内化机制是指社会道德规范转化为个体品德过程中，各构成要素因一定机理形成的因果关系和运转方式。唐凯麟教授对道德内化机制有着独到的见解，他认为："一是扬弃社会道德的抽象性，把具有普遍意义的社会道德指令同特殊的道德情境相结合起来，实现行为活动的实际操作，将社会道德具体化；二是超越道德冲突，在相互冲突的社会道德价值中，区分道德性质和价值等级，实现行为选择，把社会道德价值现实化。"②并且这两种方式的实现都要在具体道德活动中来实现。③唐教授是从道德自身思考了如何内化的问题。邱吉在其著作《道德内化论》中，认为"道德内化的机制包括先导机制、动力机制、核心机制和整合机制"④。在一定程度上较为系统地对道德内化的机制进行了细致的分析。在论文方面，通过查阅中国期刊网全文数据库，以"道德内化机制"为研究对象的文章搜索到11余篇。目前，这方面的研究在心理学领域比较集中，研究成果主要体现在以下两个方面。

首先，从构成道德的某一要素对道德内化机制进行研究。基本上有三种取向：一是情感取向的研究。杨韶刚在《道德教育心理学》一书中对这方面的研究进行了归纳。指出情感取向的研究最早起源于精神分析学，这种学说认为当儿童违背或试图违背某种道德规范时，因为害怕失去父母的爱会感到内疚和焦虑，为避免这种焦虑和内疚的产生，只有内化各种道德规范和要求。⑤在我国，知名学者朱小蔓在情感对道德内化的作用方面进行了深入探索，提出了具有前瞻性的独到见解，认为不能把情感单纯地看作教育活动的一种手段，而要"以重视人的情感培育为教育的切入口，关注情感在人的发展中的基础作用和积极影响，并且运用情感机制和条件，寻找如何使情感性品质支持人在德、智、体、美、劳等方面素质的发展"⑥。其观点从本体论的角度深刻思考了情感对道德内化的重要作用，这种分析

---

①　吴发科：《道德的内化表征及表象外显形式探析》，《思想教育研究》2002年第1期。

②　甘葆露、唐凯麟：《伦理学原理》，高等教育出版社1992年版，第168页。

③　唐凯麟：《伦理学》，高等教育出版社2001年版，第164页。

④　邱吉：《道德内化论》，民族出版社2004年版，第2页。

⑤　杨韶刚：《道德教育心理学》，上海教育出版社2007年版，第155页。

⑥　朱小蔓：《情感教育论纲》，人民出版社2008年版，第6页。

体现出情感在道德内化过程中的研究价值所在，该研究在情感教育领域进行了深入与开拓性的研究。二是行为取向的研究。行为取向研究源于社会学习理论的发展，该理论利用"强化"和"榜样"来解释道德内化。认为儿童可以通过效仿榜样，来进行有效的道德学习。经过对儿童进行模仿榜样学习的训练和强化过程，会使儿童即使在任何场合也能作出道德的行为，从而意味着儿童道德内化的完成。他们把"儿童在没有外部监督的条件下作出道德行为"，作为儿童是否完成道德内化的标准。行为取向的研究在我国较为普遍，如对个体道德习惯的养成教育以及实践育人方式等进行了卓有成效的探索。三是认知取向的研究。认知取向的研究以认知发展理论为依据，以彰显道德认知因素的作用而见长。这种理论利用"图式建构"来解释道德内化，认为道德内化表现为道德认知不断深入的过程，是逐步前进、不断发展和建构的。这种取向的研究以蔑视权威，张扬道德个体的主体性为切入点，把道德认知水平的训练作为促进个体进行道德内化的主要途径，认为儿童要形成一定的道德情感，必须要具备相应的道德认知水平。认知取向的研究在道德教育领域有着独特的价值，因而曾经风靡一时。在国内，无论是理论研究还是实践探索，认知取向的痕迹更是处处可见。如胡林英博士在著作《道德内化论》中，通过分析道德内化图式，对道德内化的认知机制进行了较为深入的探讨。

其次，通过整合道德内化因素探讨道德内化机制。以上三种研究取向较为系统地分析了道德内化的机制，虽然存在不同方面的缺陷，但各有其价值所在，为后续研究提供了不可或缺的借鉴。目前达成的共识就是整合三派理论的观点，多角度对道德内化进行综合研究。美国认知心理学家霍夫曼的道德内化观是集众家之长，建立在对他人道德内化理论成果综合借鉴的基础上，把道德情感与道德认知相结合来解释道德内化进行了尝试，认为个体的亲社会道德结构是一种由移情情感、认知表征和动机需求组成的网络。在霍夫曼的道德内化观中，他借用信息加工的新观点对道德内化进行了解释，并提出要把外在的教育影响（主要是父母的教养）与儿童自我道德发展结合起来。霍夫曼比较全面地刻画了道德内化的过程和相当充分地描述了内化包含的成分，明显提高了道德内化研究的深度。在我国，学者易法建从心理学角度对个体道德内化机制进行了综合思考。他指出，个体逐渐具备了一定的自我意识，接受了部分道德规范之后，可以根据自己的喜好，自觉地接受道德影响，来完成道德内化过程。由此，道德内化表现出内容的选择性、内化方式的可变性、过程的复杂性等特点。① 顾海根教授和杨韶刚教授分别对道德内化机制的整合研究进行了各自的探索。顾海根依据个体对知、情、信等心理因素不同发展状况的综合判断，将道德内化划分为三种类型，即消极型、榜样型、原则型。他还指出，从发展的角度看，消极型出现最早，榜样型出现稍晚，原则型出现最晚。② 杨韶刚则在整合了不同道德内化机制研究取向的基础上，把道德内化划分为四种不同的水平，"水平一，主要体现为道德行为的内化。水平二，主要表现为情感的内化。水平三，道德内化表现为道德认知不断深入的过程。水平四，表现为以情感为基础的认知和情感交互作用的过程"③。邱吉博士在其《道德内化论》一书中，对认知和情感及意志构成的先导机制、本能和需要及动机构成的动力机制、自我意识构成的核心机制等进行了整合研究。④

（四）道德内化影响因素的研究

目前，此方面的研究主要集中在个体差异、家庭差异和学校差异三个角度。从个体差异的角度来看，一般认为，由于女孩对父母的情感信号要比男孩敏感，在违规之后会体验到更强烈的情感不适，所以通常情况下女孩控制自己行为的能力要好于男孩，而这些水平都直接与自身道德发展密切联系。从家庭差异的角度看，影响道德内化的因素主要有顺从、依恋及教养氛围和方式。很多研究认为，内化是从早期对父母的顺从中发展而来的。国内对道德内化影响因素专门论述的几乎没有，一般是散见其他问题的研究之中。如梁宗保等在《西方儿童良心发展的研究现状》中对这一问题进行了分析，研究认为，"那些更多使用说理的父母要比那些专断的父母更能促进儿童社会规则的内化；那些经常使用诱导性纪律约束方式的父母比那些专断的父母能更好地促进儿童内化父母的价值和规则"⑤。从学校差异的角度看，影响道德内化的因素主要有：学校纪律和同辈群体。越来越多的研究者认为，学校的各种规章制度、相关的校风校纪能够有效约束个体作出不道德的行为，督促个体形成符合社会道德规范的意识

---

① 易法建：《论道德内化》，《长沙电力学院学报》（社会科学版）1998 年第 2 期。

② 顾海根：《道德内化的心理分析》，《上海师范大学学报》（教育版）1999 年第 2 期。

③ 杨韶刚：《道德教育心理学》，上海教育出版社 2007 年版，第 174—175 页。

④ 参见邱吉《道德内化论》，民族出版社 2004 年版，第 84—122 页。

⑤ 梁宗保、张光珍、陈会昌等：《西方儿童良心发展的研究现状》，《心理发展与教育》2007 年第 3 期。

观念。而且，随着年龄的增长，同辈群体对个体道德内化会发生越来越重要的影响。总之，在道德内化影响因素方面的研究还处于思辨状态，亟须实证研究的有力支撑。

（五）其他相关研究

1. 需要与道德内化的关系

谢香云的文章《论道德需要与道德内化》对需要在道德内化过程中的重要作用进行了阐述，认为道德内化是主体将社会道德需要转化为个体道德需要的过程，分为感受、分析、选择三个阶段，并且认为以上阶段的完成都离不开道德需要。① 邱吉和孙树平在《理想信念内化的理论与实践创新》中发表了自己的见解，认为内化效果不高的主要原因是由于道德与道德主体需要之间产生了隔阂。②

2. 自我意识与道德内化的关系

邱吉博士认为"自我意识是道德内化的中心环节"③。以自我意识为核心对道德内化机制进行了论述。彭柏林在《从规律的视角看道德内化》一文中指出道德内化规律发生作用的过程就是道德内化主体自我意识活动的过程，认为个体的自爱心、自尊心、羞耻心、自信心、义务感和良心等自我意识在道德内化中起着主导作用。④

3. 道德内化障碍的研究

李青凤在文章《思想政治教育内化障碍的心理学研究》中阐述了道德内化障碍并进行归类，把道德内化的障碍区分为三类，分别是：心理过程障碍、内化过程障碍及外化受阻引起的内化障碍，继而分析了产生障碍的主要原因。⑤ 许毅和郑海燕则从实践的角度分析论证，把学生道德内化障碍归纳为情绪性障碍、行为性障碍和认知性障碍三种。⑥

从国内外研究的现状来看，学者们比较重视对道德内化的研究，众多

---

① 谢香云：《论道德需要与道德内化》，《教育导刊》1999 年第 8—9 期。

② 邱吉、孙树平：《理想信念内化的理论与实践创新》，《教学与研究》2007 年第 7 期。

③ 邱吉：《道德内化论》，民族出版社 2004 年版，第 107 页。

④ 彭柏林：《从规律的视角看道德内化》，《湖南师范大学学报》（社科版）2004 年第 11 期。

⑤ 参见李青凤《思想政治教育内化障碍的心理学研究》，硕士学位论文，天津大学，2004 年第 2 页。

⑥ 许毅、郑海燕：《关于学生道德内化障碍的问题》，《上海教育科研》2006 年第 4 期。

流派对道德内化都有着颇有见地的见解与论述，认识到道德内化是个体道德品质形成的核心机制，不同程度地深化了对道德内化的理解。但是，或是时代的局限，或是经验的影响等各种原因，道德内化的研究还存在着明显的不足之处：第一，任何理论的产生都是基于实践的需要。已有的道德内化理论明显与多元化的社会发展现实不相适应，以至于学生的道德内化出现了很多问题，造成学生不良道德行为屡屡发生，整体社会道德不尽如人意。道德内化理论自身体系尚不够完善，还不能满足社会实践不断发展的需要，没能够做到紧密结合社会的发展与时代的进步，与时俱进。第二，对道德内化不同维度的观照研究较少，理论深度不够。尚没有从心理学、教育学、伦理学等多维度进行的道德内化综合、系统的研究，致使道德内化理论对德育实践的指导作用欠佳。如，行为取向的道德内化研究，就是过于注重单一的道德行为。道德教育的最终目的是培养学生由道德认知转向为道德行为，这确实是道德教育的价值所在。但是，道德行为的产生是需要前提因素与准备条件的，它绝不是凭空产生的，行为不是道德的唯一构成要素，要全面把握道德内化的过程机制。又如，认知取向的道德内化研究，把个体道德行为的养成寄托在道德认知水平的提高上。道德认知与道德行为有着直接的联系，但完善的道德观念、道德认知并不能必然发生所希望的道德行为，屡见不鲜的知行脱节现象就是对此无可辩解的证明。第三，道德内化研究的道德主体范围较窄，缺乏一定的针对性和科学性。许多研究特别是心理学的研究主要针对的是年幼的儿童，针对大学生的研究非常稀少。个体道德的现实发展与其身心成长并不完全一致，其中难免有过程的反复、环节的缺失或顺序的颠倒。特别是大学生正处于一生中人格品质成熟定型的特殊时期，表现出与其他人生阶段道德内化的巨大差异。第四，有些道德内化研究中存在理论上的逻辑混淆，将行为归入内化过程中。道德内化是一个内隐的心理活动过程，道德行为是道德内化的确证和标志，道德内化的最终目的是为了形成道德行为。但行为本身却不是内化问题，内化是德育的第一阶段，外化行为是德育的第二阶段，尽管这两个阶段密不可分，但在理论研究中却不能将其混淆。第五，从道德内化视角审视德育的研究较少，即使有些论述也比较零散，至今没有系统的从道德内化视角对德育研究的文章和论著。由此，内化视域下对高校德育进行全面、深入、系统的研究，就成为本书的研究主题。

　　总之，国内外学者关于道德内化的研究已取得不少理论成果，为本研究提供了丰富的资料积累和借鉴。但是，社会日益发展，时代不断变迁，道德内化的研究也要与时俱进、传承创新，不断丰富和完善自身的理论体系。这就要求我们务必在汲取和借鉴已有理论成果的基础上，结合社会现实和学生思想道德状况，进一步创新和拓展道德内化理论，深入探讨内化缺失对高校德育造成的影响，继而有针对性地提出解决高校德育内化问题的策略与路径，以达到提升高校德育实效性的目的。

第三节　研究思路与研究方法

一　研究思路

道德内化研究涉及概念、内涵、类型、特征、影响因素等多方面的内容。从已有理论成果看，或是某一方面的论述，或是概括性研究，研究视角和方法较为单一，研究成果也比较零散。因此，本书拟结合当今社会发展现状，以前人的研究为基础，对道德内化进行更为全面、深入、系统的研究。

（一）研究思路

道德内化的内涵是思考和研究这个问题的逻辑起点。只有在明确道德内化本质是什么的基础上，才能知道怎样来考察高校德育实效性的现状，并能确切找出问题所在。一般情况下，人们总是首先弄清问题的实质，再去寻找问题产生的原因，然后才能针对问题产生的原因提出解决的对策。本书在对道德内化内涵研究的基础上，通过分析道德内化过程的阶段、动力、机制，把握道德内化的复杂过程和主客观的影响因素，揭示道德内化的本质，进一步丰富和完善道德内化理论体系。在此基础上，结合高校德育实践，深刻剖析当前大学生道德内化出现的问题及深层次原因，深度审视高校德育面临的挑战，基于道德内化的视角提出高校德育建构的策略，创新高校德育形式，探寻德育的新路径、新方法，以提高德育实效性，为德育实践提供可行性的指导策略和方法。

（二）研究内容

研究的内容围绕着研究的核心观点系统展开。本书在研究道德内化基本理论的基础上，通过分析道德内化是高校德育的逻辑起点，提出了研究的主旨：道德内化是个体道德生成的关键所在，是完善个体道德品质的基础环节。道德内化是指个体在社会实践中，通过环境的影响和教育的引导，将社会道德规范转化为自身内在的行为准则和价值尺度，从而不断完善自我道德品质的过程。针对多元化背景下高校德育的困境及传统德育在学生道德内化方面存在的问题，积极构建基于道德内化视角的德育策略，指导德育实践，提高德育的实效性。本书除绪论和结语外，共包括四章的内容。第一章主要通过对道德内化的学理解读，明晰其要素、特征、类型及其影响因素，理解和把握道德内化的科学含义，揭示道德内化的本质。在此基础上，理解道德内化是高校德育研究的逻辑起点，分析德育内化是高校德育完成和提高实效性的必要与必然。第二章对道德内化进行不同维度的审视与理论借鉴，从心理学、教育学及伦理学角度全面、系统、深层次地阐述道德内化的理论基础，以丰富完善道德内化自身的理论体系，夯实道德内化的立论基础。第三章主要是联系当前我国社会发展现状，结合学生身心发展特点和思想品德形成的客观规律，对高校德育缺失在大学生实践中的表现进行了详细的分析，并通过反思传统德育在道德内化方面存在问题的具体表现，从社会原因、学校原因、家庭原因及学生自身原因等方面进行深刻的剖析，为本书研究提供了坚实的实践支撑。第四章在前面理论分析和实践思考的基础上，提出基于道德内化视角的高校德育构建的路径选择，对我国高校德育如何走出现实困境进行深度思考，以期为我国高校德育实践提供一种可行性指导策略，从而丰富德育理论，提高德育实效，有效解决学生的知行不一问题。

二　研究方法

理论研究的目的最终是为了寻求真理。科学合理的研究方法是取得研究效果、达到研究目的的重要工具。正如马克思在其《评普鲁士最近的书报检查令》一文中的告诫："不仅探讨的结果应当是合乎真理的，而且引向结果的途径也应当是合乎真理的。"① 因此，道德内化的研究也必须借助科学的研究方法。本书试图将理论研究与问题研究相结合，通过理论阐释、实证分析、经验总结等方法，对道德内化进行全方位审视，系统、全面、深入地探讨德育内化存在的问题和解决策略，力求做到研究适应社会实践和理论发展的需要，以开拓高校德育新路径。

---

① 《马克思恩格斯全集》第 1 卷，人民出版社 1956 年版，第 8 页。

（一）理论与实践相结合的方法

这是本书运用的一种重要研究方法，可以说贯穿本书的始终。本课题的提出是基于反思当前高校德育实效低迷的现状，提高德育实践效果的需要。因此，本研究既重视基础理论分析，又重视实践探索。首先，在道德内化的研究中，针对目前德育的现实困境查找问题，进行有针对性的理论研究；其次，以社会发展变迁为依据，结合当前多元、多变、多样的社会现实与学生的生活实际，深入查找学生道德内化存在的问题，分析高校德育陷入困境的原因，力求从社会现实中阐释基础理论；再次，进行道德内化理论研究是为了解决德育实践中出现的问题，以道德内化视角审视当前高校德育实践，提出解决问题的策略，建构高校德育新路径。

（二）多学科整合的研究方法

道德内化是关涉人的问题，因而其研究关涉哲学、伦理学、教育学、心理学、社会学等诸多学科，受社会经济、政治、文化的影响与制约，与社会、家庭有着不可分割的联系。因此，本研究除了要坚持马克思主义的基本立场、观点和方法外，还需采用跨学科、多视角整合研究的方法。因为人的品德养成是一种特殊的心理活动过程，研究道德内化离不开心理学的指导；从伦理学角度切入道德内化研究，主要是借助道德内化已有的研究成果，从道德哲学的角度对道德内化进行学理上的探讨；从教育学角度把握道德内化和德育的关系，对实践中道德内化的缺失进行反思，并提出有针对性的解决对策。经过多学科的整合研究，揭示道德内化的本质所在，才能为探寻德育新路径奠定基础。

（三）复杂性科学的研究方法

从复杂科学的观点看，道德内化是一个复杂的系统，它的复杂性不仅体现在道德内化主体的复杂多样，而且还体现在与道德内化系统相关的外部环境的复杂多变上。本文运用复杂性科学的观点审视道德内化过程的多样性与可变性，研究道德内化过程内部各构成要素之间的相互作用、相互影响，研究道德内化的有利因素、存在的问题及原因，从而以复杂性思维和方法对道德内化问题进行多角度、全方位的深层次探讨，更深刻地揭示和把握道德内化的本质所在。

（四）教育现象学的研究方法

坚持教育现象学"回到事实本身"的态度和原则，在道德内化研究中要关注学生生活世界的丰富体验，在道德内化的具体情境中整体地把握德育经验的意义。对相关道德内化理论中的传统信念和习惯思维方法、偏见等悬而不论，进行"悬置""去弊"，而去关注道德内化的具体情境，着眼于扎扎实实地对教育生活世界中具体教育教学情境的研究，以恢复教育生活的本来面目，从而为实现德育的返璞归真提供理论依据，对各种德育设想和实施方案进行理智的检验和理论上的确证。

此外，本书还运用了文献与逻辑相结合的方法、比较研究方法、思辨分析方法，等等，在借鉴前期成果和深入研究的基础上，进行综合分析、概括梳理、批判借鉴、继承创新，以继续丰富道德内化理论体系，发挥道德内化理论对德育实践的指导作用。

第四节　研究重点和创新

一　研究的重点

本研究涉猎哲学、教育学、心理学、伦理学等多个学科领域，研究范围较广，研究难度较大。在多元化社会发展现状下，道德内化理论和实践的缺失，使高校德育面临着严峻挑战，造成了德育实践中的很多困境。因此，系统研究道德内化的发展过程，把握道德内化的规律，提升大学生道德内化的程度，创新德育途径和方法，增强德育实效性，是本书研究拟解决的重点问题。

具体概括如下：一是对道德内化科学内涵的把握；二是道德内化是高校德育的逻辑起点；三是在分析学生道德内化出现的问题和高校德育困境现状的基础上，提出基于内化视角的高校德育的路径选择。其中，二、三是本书研究的难点所在。

二　研究的创新之处

本书的创新之处有：

研究方法的创新。针对以往道德内化研究采取单一学科论证的不足，本书采用多个视角和多种方法的整合研究，尤其是运用复杂性思维方法和教育现象学的方法来研究道德内化具有一定的创新性。

研究内容的创新。一是在借鉴前人研究成果的基础上，厘清道德内化的科学内涵，并从心理学、教育学及伦理学等视角对道德内化进行多维度的观照，深刻揭示道德内化的本质所在，即道德内化是个体道德生成的重要阶段，是完善个体道德品质的基础。道德内化是指个体在社会实践中，通过环境的影响和教育的引导，将社会道德转化为自身内在的行为准则和价值尺度，从而不断完善自我道德品质的过程。二是通过详细分析学生道德内化实践中"知而无情、知而无信、错知而信"等的具体行为表现，揭示出高校德育内化的缺失所在，为德育走出困境提供了新的审视角度和途径，也是以往研究中没有明确提到和论及的。三是在对当前德育困境深入思考的实践基础上，基于道德内化理论提出了高校德育构建的路径思考。从新的视角对德育理论进行研究，提出发挥学生主体性，立足德育服务实现道德内化；坚持德育以内化为基点，促进学生德性养成；坚持德育方法立足实践，提高学生内化实效性；坚持德育评价以内化为目标，完善学生德性发展等高校德育建构的具体策略，为高校德育实践创新了路径。

理论观点的创新。一是本书在研究道德内化基本理论的基础上，通过分析道德内化是德育的起始和关键环节，提出了"道德内化是个体道德生成的重要阶段，是完善个体道德品质的基础所在"的观点，为解决高校德育现实困境找到了最佳切入点。二是在对道德内化构成要素分析的基础上，提出道德内化过程是一种主体间互动过程的观点，并对道德内化过程的主体间性特点进行了细致的分析。三是根据完成道德内化的关键在于学生主体性的发挥，提出了德育服务学生过程中实现道德内化的措施。四是依据道德内化在德育过程中具有起点性和承接性的根本属性，提出把道德内化作为德育过程的重要基点，促进学生德性养成的主张，对提高高校德育的针对性与实效性都具有重要的指导意义。

第一章

道德内化：高校德育的逻辑起点

当前高校德育实效性不高，德育发展面临困境。德育实效性，就是指德育预期目标的实现程度，而德育目标的实现关键取决于外在社会道德规范的个体化程度，即个体对社会道德规范的内化程度。因此，以道德内化为高校德育的逻辑起点，研究道德内化的基本理论，把握道德内化的本质，探索和明晰道德内化的规律，将会走出一条高效德育之路。

第一节　道德内化的学理解读

道德内化是个体道德生成和发展的基础。尽管这是一个人们比较熟知的概念，但是，至少到目前为止，对道德内化的解释依然是人言人殊，尚未有一种公认的明确界定。由此，厘清道德内化概念，明晰道德内化的本质，成为道德内化理论研究的逻辑必要。

一　道德内化概念的理解

道德是在一定社会经济基础上产生的，以善恶为标准，用来调整人与社会、人与人、人与自然之间相互关系的行为规范和准则的总和。社会舆论、传统习俗和人们的内心信念是道德调节赖以发挥作用的主要力量。道德是一种特殊的社会意识形态，是维持社会有序运转与和谐发展的基本手段，是人类社会中所特有的。社会道德的功能和传承要通过个体道德来实现，个体道德（或品德）是社会道德规范要求在个体身上的体现。个体道德的形成、发展是一个由知到行、知行统一的过程，也是一个由外在规范到内在自觉、再到行为再现的完整过程。其中，由外在规范到内在自觉的内化过程是关键，离开了个体道德的"内化"，任何优秀的社会道德都不可能得以延续和发展，道德的功能也就无从体现，道德也就失去了其应有的生命力。

"道德内化"这一概念从字面构成来看，是由"道德"和"内化"两个词组合而成。从这一概念内涵来看，是把"内化"植根于德育实践中形成的一个复合词，而其核心在"内化"一词上。为了明确道德内化的基本内涵，有必要首先对"内化"的含义作出界定。

（一）内化概念的提出

在朗文英语词典中对内化（Internalization）一词的解释是："由于在社会中学习或重复经验的结果，而把某种原则或行为模式变成自我的有意识的或无意识的一部分"，阐述了内化的实质是外部存在向内部存在的转化。内化概念在社会学、社会心理学等领域被广泛应用，并在发展过程中演绎出不同的解释。

在西方，不少学者很早就开始关注社会思想道德意识向个体的转化问题，但直到 20 世纪初法国的社会学家涂尔干才明确提出"内化"概念，并从社会学的角度系统论述了道德教育的内化问题。他认为，内化就是在个体意识之中渗透社会意识，即社会意识向个体意识的转化。涂尔干在《道德教育论》中对道德内化的内涵进行了比较形象直观的解析，进一步指出："道德是一条命令的体系，而个体良心只不过是这些集体命令内化的结果。"① 涂尔干的内化思想被以后的许多心理学家采用并拓展延伸。美国心理学家布鲁姆在此基础上，进行了基本类似的解释，认为内化就是把社会的标准或一些人的意识观念、做法，作为自己要遵循的观念、做法或价值尺度。就如同把某些"东西"融化到自己内心或身体之中去。② 到20 世纪 30 年代，对内化人们有了更为宽泛的认识和理解。苏联心理学家维果茨基对内化有着不同的见解，认为内化就是将人的外部交往表现转化为自身内在的高级心理功能的过程。之后，苏联一些心理学家提出智力阶段发展等思想观点，都对内化理论进行了不同程度的丰富和创新。如一些心理学家认为，人的智力是通过社会的影响把外在行为动作经过内化而逐渐形成的，不是先天固有、与生俱来的，而是要经过不断地学习、掌握知识和经验积累内化完成的。

---

① ［法］涂尔干：《道德教育论》，崔载阳译，民国 18 年，第 431 页。

② ［美］D. R. 克拉斯沃尔、B. S. 布鲁姆：《教育目标分类学》（第二册），施良方、张云高译，华东师范大学出版社 1986 年版，第 28 页。

在国内，自 20 世纪 80 年代以来，不少学者对内化问题进行了积极关注和探讨。在上海辞书出版社 1999 年出版的《辞海》一书中，把内化解释为"人对外部事物通过认知转化为内部思维的过程"①。教育家胡守棻对内化概念进行了界定，"所谓'内化'，是指个体不仅遵守社会规定的行为准则，而且身为社会的一员，愿将这些准则作为自己价值准则的过程"②。鲁洁教授则认为："内化是外部物质动作向内部精神（即心理）动作的转化过程。"③ 我国学者王健敏对内化概念进行了综合性的阐释，认为内化是把某种社会规则逐渐转化成为个体价值一部分的过程。"规范的内化体现为个体对规范的接受过程。规范的接受是把外在于主体的行为要求转化为主体内在的行为需要的过程。"④ 他把内化看成一种接受过程，反映了道德学习过程的动态性与发展性，认为内化是发生在"主体头脑内部、不能从外部直接观察到的一种内在过程"⑤。这种内在过程要通过主体的规范行为来推断。思想政治教育专家邱伟光、张耀灿在其编著的《思想政治教育学原理》著作中，指出"内化就是在教育者的帮助或在其他社会教育因素的作用下，受教者接受社会要求的政治观点、思想道德规范并转化为自己的个体意识"⑥。认为内化不仅是个体接受社会道德规范的过程，而且是主动将社会道德要求作为自身价值标准与行为依据的过程。

以上是关于内化概念比较具有代表性的基本概述。此外，如伦理学、心理学、行为主义、文化人类学等其他有关学科理论也分别从各自学科的角度对内化进行了不同的分析。伦理学强调内化是个体在学习知识和实践行为中认同和接受社会道德规范，并将其转化为自身意识的过程。行为主义从条件反射的角度对内化进行了论述，认为内化就是通过惩罚违规行为而导致焦虑来实现的。心理学则把内化看成个体"认知图式""智力技能"形成发展的过程。文化人类学强调内化是个体将一定社会精神文化转化为心理因素的过程，认为内化从实质上说就是个体的社会化。以往诸

---

① 《辞海》，上海辞书出版社 1999 年版，第 1221 页。

② 胡守棻：《德育原理》，北京师范大学出版社 1989 年版，第 28 页。

③ 鲁洁、王逢贤：《德育新论》，江苏教育出版社 2002 年版，第 356 页。

④ 王健敏：《道德学习论》，浙江教育出版社 2002 年版，第 32 页。

⑤ 同上书，第 33 页。

⑥ 邱伟光、张耀灿：《思想政治教育学原理》，高等教育出版社 1999 年版，第 81 页。

多学者都对内化的概念及其特征进行了基本的研究和界定，虽然由于他们自身立场或研究领域的不同，分别从内容、动机、过程等不同角度对内化进行了理解和阐释，形成了各自差异很大的内化观，但在内化基本内涵的理解上却是大致相同的，他们的阐述有着基本的一致性——内化就是个体把外在的知识、观念转化为内在的观念、意识的过程，这是内化的实质和内涵所在。尽管不同学科对内化本质有着共性的理解，但由于其自身研究领域的特殊性，对内化概念的解释必然蕴含着本学科特点的特殊性，道德领域也不例外。如何理解道德内化？外在的道德是如何被个体内化的？道德内化的内涵成为本书研究必须首先要弄清楚的概念。

（二）道德内化概念的厘定

美国著名心理学家和道德教育家科尔伯格把内化的观点和思想充分能动地运用于道德领域之中。他利用内化来解释个体道德发展水平的基本状况，坚持个体道德的发展分为不同的阶段，认为道德内化的途径是通过个体与环境的相互作用，强调要让个体运用角色承担、观点采择等方法来实现内化，倡导道德的个体内在建构过程；但明确提出道德内化概念的是精神分析学派的创始人弗洛伊德。弗洛伊德的道德内化观属于道德情感层面，通过精神分析的语言——超我的建立来代表内化的完成，认为超我的形成带来一种违背道德行为时的焦虑，这种焦虑会使儿童形成一种道德情感上的内疚，由于害怕失去父母的爱而导致的焦虑会促使儿童按照道德规则行事，并认为这个内化过程在幼儿时期就可以形成，同道德推理和道德认知没有关系。显然，弗洛伊德粗略的道德内化理论带有严重的经验主义色彩，把内化的方式仅仅归结为情感以及内化在儿童时期就已经结束等观点存在着明显的缺陷。

人类历史迈入20世纪中期以来，随着科技、经济的迅猛发展，推动社会物质财富的巨大增长，但物质的富足并不一定实现精神的充实。相反，道德滑坡、行为失范、诚信缺失、违法犯罪等各种不道德的丑恶现象屡屡出现。如何从根本上解决这些问题并使个体接受社会的主流道德，日益成为人们关注和重视的社会聚焦点。于是，道德内化逐渐成为社会各界研究的热点问题，我国不少教育家、心理家等纷纷提出自己的见解和主张。

在我国，燕国材教授对道德内化的概念进行了比较简约经典的分析，他把社会道德转化为个体道德品质与道德行为的过程看成道德内化。易法建教授对道德内化概念的解释比较具体，认为个体"经过一定社会方式的学习，接受社会的道德教化，将社会道德目标、价值观、道德规范和行为方式等转化为其自身稳定的道德人格特质和道德行为反映模式的过程"①。顾海根在其著作《道德内化的心理分析》一书中，从心理学的角度对道德内化进行了解释，指出道德内化是"个体通过外部环境影响，将社会道德规范、要求转化为自身动机和需要，并在无外界压力的情境中自觉做出道德行为"②。我国著名伦理学家唐凯麟教授把道德内化阐释为"是指个体在社会实践中，通过对社会道德的学习、选择和认同，将其转化为自身内在的行为准则和价值目标，形成相应的个体道德素质的过程"③。其中，"选择"一词的运用体现了唐凯麟教授对道德内化过程主体性的张扬，在本书的研究中汲取和借鉴了这一重要观点。吴发科对道德内化的分析比较细致，认为道德内化是"道德事物在人脑中的'模仿、整合→再认、转化→存贮、再现'的心理表征过程"④，也是道德内化特征与外显形式相互作用的过程。在他的描述中把道德外化也包括在道德内化过程之中，显然是不符合理论逻辑的。内化和外化是道德发展的两个不同环节，道德内化是道德外化的基础和前提，道德外化是道德内化的目的和归宿。邱吉和胡林英在概括前人已有研究成果的基础上，分别提出了自己对道德内化的不同理解。邱吉把道德内化理解为，"指个体通过环境的熏陶、对知识的学习和行为实践，不断地接受社会道德观念、道德规范，并将其转化为内心信念、最终形成行为反映模式的过程"⑤。胡林英则认为道德内化是指"人们的精神被提升到普遍状态，化天性为德性，从而实现完善的道德自我的过程"⑥。

在对以上诸多学者关于道德内化理论借鉴的基础上，笔者认为，道德内化是个体品德生成的内在机制，是完善个体道德品质的基础。⑦ 道德内

---

　　① 易法建：《论道德内化》，《长沙电力学院学报》（社会科学版）1998 年第 2 期。

　　② 顾海根：《道德内化的心理分析》，《上海师范大学学报》（教育版）1999 年第 2 期。

　　③ 甘葆露、唐凯麟：《伦理学原理》，高等教育出版社 1992 年版，第 162 页。

　　④ 吴发科：《道德的内化表征及表象外显形式探析》，《思想教育研究》2002 年第 1 期。

　　⑤ 邱吉：《道德内化论》，民族出版社 2004 年版，第 15 页。

　　⑥ 胡林英：《道德内化论》，社会科学文献出版社 2007 年版，第 34 页。

　　⑦ 道德的主体是人，但并非仅限于个人。为研究需要和行文方便，本文所论述的道德内化主体，外延仅限定于个体。

化是指个体在社会实践中，通过环境的影响和教育的引导，将社会道德转化为自身内在的行为准则和价值尺度，从而不断完善自我道德品质的过程。道德内化的实质是个体把外在社会道德规范和要求内化为自身的价值观念和行为准则。对这个概念，我们可以从以下几方面进行理解和把握。

1. 道德内化既是一个表示过程的概念，又是一个表示结果的概念。作为表示过程的概念，道德内化是指个体对社会道德的反映、理解、认同、信奉等一系列环节相互联系构成的活动过程。作为表示结果的概念，道德内化是指个体已经理解、认同了社会思想道德观念，形成了对社会思想道德观念的信仰，将外在的思想道德观念内化为自身的观念并融入自身德性之中成为德性的一部分，成为指导自身行为的准则。

2. 道德内化是一种方向一维性的过程。道德内化是在环境的影响和教育者的积极引导下，始终以社会道德规范为依据并把其内化为个体品德的过程，是一个从反映→理解→认同→信奉的不可逆过程，其过程具有方向上的一维性。

3. 道德内化是一种深刻的思想认识活动，也是一种难以觉察到的内隐、复杂的心理活动。这种内隐的内化过程是难以觉察和把握的，使道德内化成为一种异常复杂的心理过程，其内化效果最终要以个体道德的外化即作出良好的道德行为来印证和检验。道德内化的关键在于个体接受了社会道德规范和要求，形成了符合社会要求的思想道德意识和价值观念，使个体思想道德素质得到完善和提升，是个体的一种深刻的思想认识活动。

4. 道德内化是形成个体道德品质的第一个阶段和第一次飞跃，不包括外化。有些学者把外化作为道德内化的一个环节、阶段。笔者不赞成这种观点。因为外化虽然与内化密切相关，但外化是内化的确证和标志，内化的最终目的是为了实现外化，但外化自身不是接受的问题。个体道德品质的形成包括内化道德规范和外化道德行为两个阶段，个体发生了两次质的飞跃。第一个阶段是内化道德规范，提升了德性；第二个阶段是外化道德行为，完善了德行。尽管这两个阶段紧密相关，外化阶段非常重要，是个体道德品质形成的最终目标，但在理论研究中却不能将其混淆。

另外，还要注意区分道德内化与德育内化两个不同的概念。道德内化与德育内化既有联系，又有区别。就联系而言，德育内化必须遵循道德内化的特点和规律，才能将社会道德规范内化为受教育者的价值观念和行为准则。而道德内化也离不开德育内化这一外在因素的影响。从教育对象的视角看，德育内化过程也是其在教育者的系统影响、引导下实现道德内化的过程。就区别而言，道德内化是个体在社会实践中，通过环境的影响和教育的引导，将社会道德转化为自身内在的行为准则和价值尺度，从而不断完善自我道德品质的过程。道德内化是个体品德生成的内在机制，是个体完善道德品质的活动，其实质是个体把外在的社会道德规范和要求转化为自身的价值观念和行为准则。道德内化属于个体品德形成和发展过程。而德育内化则是教育者根据道德内化的特点有规律、有目的、有计划地对受教育者施加影响，引导受教育者内化社会道德的过程。德育内化属于德育过程的范畴，是教育者以道德内化为目标，对受教育者施加影响的过程，是教育者与受教育者双边活动的过程，是德育过程的起始阶段，在此基础上，教育者还要继续引导受教育者实现从道德信仰到道德行为的外化。

二　道德内化的基本要素

一种社会活动总是由诸种要素组成的，道德内化活动也不例外。道德内化活动是一个复杂的社会道德个体化过程，由多种要素相互联系、相互制约，按照一定的运行程序渐次推进的过程。探讨道德内化的基本构成要素及其各要素之间的相互关系，能够从不同方面更好地把握道德内化活动的具体情况，更深入地了解道德内化的本质和规律。

在道德内化活动中，有内化者、被内化者（内化内容）、内化载体、内化方法等诸多要素存在。研究道德内化的要素构成，我们可以借鉴接受理论研究的一些分析。如张琼、马尽举在《道德接受论》中认为，道德接受过程的构成要素有五种，分别是：传导者、道德接受客体、道德接受主体、道德接受媒介和道德接受环境①；王敏在《思想政治教育接受论》一书中，认为思想政治教育接受过程由接受主体、接受客体、接受媒介及接受环境四大系统构成②；赵继伟在《马克思主义意识形态接受论》一书中将马克思主义意识形态接受系统的要素分为：马克思主义意识形态、马克思主义意识形态主导者、马克思主义意识形态受导者、主导思想、受导思想五种要素。③ 以上对接受过程要素分析的研究方法，从不同侧面为我们关于道德内化构成要素的研究提供了重要借鉴。

---

① 张琼、马尽举：《道德接受论》，中国社会科学出版社1995年版，第123—124页。
② 参见王敏《思想政治教育接受论》，湖北人民出版社2003年版，第50—92页。
③ 赵继伟：《马克思主义意识形态接受论》，武汉大学出版社2009年版，第76页。

现代传播学理论中的大众传播模式对道德内化构成要素的研究有很大启示。大众传播模式是由美国著名政治学家、传播学家拉斯韦尔提出的，又称"拉斯韦尔模式"或"5W"模式，此模式非常清楚地指明了传播过程的五大环节：

谁传播（Who）→ 传播什么（Says What）→ 通过什么渠道（In Which Channel）→ 对谁（To Whom）→ 取得什么效果（With What Effects）

"拉斯韦尔模式"关于大众传播过程的五大环节，能够帮助我们更加明晰道德内化过程的基本构成要素。据此，我们认为，道德内化过程由三大要素构成，即道德内化主体——"谁内化"、道德内化客体——"内化什么"、道德内化介体——"如何传播"，这三大构成要素相互影响、相互制约、相互促进，共同构建和推进道德内化活动的实施。

（一）道德内化主体

道德内化主体是指在内化活动中，接受社会所要求的思想观念、道德规范等内容的群体或个人，全体社会成员都可以成为道德内化活动的主体。道德内化主体既是内化活动的直接参与者，又是内化效果的具体体现者，因此它构成道德内化活动的关键要素，也是道德内化活动研究的重点。作为现实、具体的个人，生活在人世间，总是有太多的不确定性。面临不同的生存背景，有着自身不同的需求，使得道德内化主体产生了不同的内化需要与内化选择。而且，道德内化主体作为有意识的能够从事各种活动的具有独立人格的人，并不完全受到社会道德的限制，而是根据自身需要进行价值性选择。从此意义来说，道德内化主体具有明显的主体性特征。从认识论的角度来看，所有人类活动都是由人类根据自己的认知图式来进行选择、理解和接受的。① 在道德内化过程中，道德内化主体的主观能动性主要表现为自身的主动性、选择性和创造性，主观能动性使得道德内化主体能够在多元化的社会意识文化中选择正确的价值观念和价值取向，积极履行道德行为，并且在学习、继承和吸收人类优秀道德文化遗产的同时，要勇于创新、丰富和发展，为人类社会的道德文化财富增添新的内容。基于此，不同的内化主体对同样的道德内化内容可能会产生不同的内化效果，表现在现实生活中就体现为具有不同思想道德素质、理论水平

---

① 王海平：《军队思想政治教育接受论》，军事科学出版社 2002 年版，第 6 页。

和行为模式各异的道德内化个体。

（二）道德内化客体

道德内化客体即道德内化内容，是指在道德内化活动中被传播的，同时被内化主体所接受的道德规范和道德要求等道德文化信息。道德内化客体本质上是人的主观精神的产物，但其存在形式已经脱离了创造主体本身，而往往以一种外在于创造主体的观念的形式在社会生活中表现出来，成为一种客观存在着的精神客体。例如，道德观念、道德风俗、道德理论及道德意识等，以实存的客观形式的主观精神对社会生活中的各种社会群体及个体产生影响和作用。由此，可以说道德内化客体具有客观存在性。由于道德创造主体所处社会环境和社会生活条件的不同，形成的道德精神的内容具有鲜明的阶级性、社会性和时代性，也使道德内化客体形成了自身具有的特性。道德内化客体的自身特性主要包括内化客体与社会现实的相符度，内化客体与内化主体需要的吻合度，内化客体的表现形式等。其中，内化客体与社会现实的相符度即科学性是影响内化主体接受的一个至关重要的因素。内化客体越是与社会现实相符合，越能准确、生动地反映社会现实，可信度就越高，内化主体就愿意内化作为客体的内容，内化值也就越高。反之，内化客体如果脱离了生动的社会现实，不能与时俱进，不管运用多么先进新颖的方法和手段，内化主体也不愿意内化作为客体的内容，内化值也就越低。

（三）道德内化介体

所谓道德内化介体是指在道德的内化活动中，连接并帮助内化主体和内化客体之间发生相互关系的中介物，是沟通内化主体和内化客体的桥梁和纽带，主要包括传播者、载体等。首先，传播者是在道德内化活动中传播道德文化信息的个人或社会组织机构，传播者能力水平、传播者自身行为与所传播内容的切合度、传播者与内化主体的亲和关系等，都对内化效果起着直接或间接的影响，对道德内化活动发挥着至关重要的作用，也是道德内化活动中最为重要的内化介体。其次，载体是指承载、传导道德内容，能为道德内化主体所运用，并且主客体可借此相互作用的一种道德内化活动形式。载体是道德内化过程各要素相互联系的纽带，是各要素相互作用实现的形式，是道德文化信息传播活动得以运行和完成的必要条件。传播者正是借助这些活动形式使内化主体进行内化并与其进行双边互动，从而达到一定的内化目的。可以说，借助载体，道德内化过程得以成为现实的具体的运动过程；没有载体，道德内化过程就不能转化为现实的运动过程。

内化主体、内化客体及内化介体构成了道德内化活动的三大关键要素，是道德内化活动实施和展开不可缺少的条件，它们在道德内化活动中形成了相互依存、相互影响和相互制约的关系。可以简单理解为：内化主体发挥主观能动性，整合接受内化客体的内容，提高自身的思想道德水平和素质修养；内化介体通过各种手段、方法和途径积极影响和引导内化主体有效接受内化客体内容；内化客体是满足内化主体思想道德需求的内容，是内化介体承载的主要对象物。三大要素中任何一种要素的变化都会影响到其他要素的变化，进而影响到道德内化的效果。道德内化各构成要素之间的关系具有以下特点。

一是具有整体性。整体性指的是道德内化过程中各要素之间是相互关联、不可分割的有机整体关系。整体性是道德内化过程各要素之间关系的重要特征。因为无论从何种角度开展道德内化活动，都必须站在整体的立场上，协调处理好各要素之间的关系，考虑各种要素对整体可能造成的不同影响，以保证道德内化活动有一个良好的环境。并且，整体性在方法论的角度对我们揭示个体道德内化活动机制具有重要意义，使我们把道德内化活动作为一个有机系统来看待，能够从整体的角度去科学揭示道德内化发生、发展的机制和规律。

二是稳定性。道德内化活动一般都由内化主体、内化客体及内化介体三大要素构成，各要素之间具有相互影响、相互依赖的稳定性特征。三大要素在道德内化过程中虽然具有相对独立性，但是，不论哪一种要素作为一个独立存在的客体被纳入道德内化的整体性活动时，都构成了整体环节中的有机组成部分，与其他要素之间就形成了一个相对稳定的联系，使道德内化过程呈现出相对稳定的特征。内化活动总是在三大要素的相互关系中进行，三大要素共同参与、共同作用，虽然在不同的道德内化阶段对不同要素各有侧重，但缺少任何一种要素内化活动都不可能完成。在道德内化活动中，要防止对这三大基本要素联系的割裂，反对片面强调某一因素的作用的倾向。这种相互依存、相互制约是内化各要素关系整体性、系统性的显著表现，也使得内化各要素关系具有了一定的稳定性，为我们去探寻和把握道德内化活动的规律奠定了可能性基础。

三是具有互动性。在道德内化活动过程中，三大要素相互制约、相互依赖，道德内化就是不断解决这三大要素之间矛盾的无限循环发展过程。因此，要从构成要素相互制约的关系出发，来确定道德内化的目标、任务、内容、途径等。如在确定道德内化的目标和任务时，不仅要考虑社会的道德规范要求，还必须要考虑内化主体的思想实际状况，因为内化主体自身发展水平对目标和任务的制定也会产生影响。也就是说，道德内化不仅要提出内化主体思想品德塑造的长期目标，更要考虑内化主体接受的可能性，根据内化主体的感受提出适合的内化目标和采取可行的内化方式。这样，才能大大增强道德内化的效果。其中，内化主体的变化状态是三要素互动关系发生变化的核心所在，是内化主体能动性的积极反应，内化客体和内化介体要随着内化主体的状态变化适时进行调整和完善。

四是具有可变性。可变性是指道德内化各要素之间的关系不是固定不变的，而是可以相互转化的。在道德内化活动中，内化主体根据自己的道德需要和社会道德要求择取了某一道德信息并纳入自身道德意识结构中。但在进一步的道德内化活动中，这一客观外在的道德信息就作为内化主体的精神结构要素，参与道德内化活动，实现了道德内化客体向内化主体的转化。内化主体和传播者的关系由于环境条件不同也会发生转化情况，内化主体在这种环境中是思想道德的接受者，在另外一种环境中可能成为思想道德的传播者；传播者在道德内化活动中是思想道德信息的施加者，但在反馈过程中又成为思想道德信息的接收者；内化客体也经常因为道德内化情境的变化而需要不断进行各种调整。

总之，道德内化主体、道德内化客体和道德内化介体是构成道德内化活动的关键因素，其中任何一个要素的变化都会影响到其他要素的变化。三大要素相互作用、相辅相成，共同推进道德内化活动得以发生和进行，三大要素的任何变化都会直接或间接影响到道德内化的效果。

三　道德内化的基本特征

道德内化活动内化的是"道德"，道德既是"人"的主观精神的产物，又是道德内化活动的客体。而具有主体属性的人是复杂的，正如马克思对人本质的经典论断："在其现实性上，它是一切社会关系的总和。"[①]"一切社会关系的总和"的人也就造就了一定社会条件下特定形式和内容

———————————
[①] 《马克思恩格斯选集》第1卷，人民出版社1995年版，第60页。

的道德。因而，道德内化就成为一种颇为复杂的特殊的活动过程，有着自身特有的特征。

（一）内化者的主体性

所谓主体性，就是作为现实活动主体的人为达到自我目的而在对象性活动中表现出来的把握、改造和支配客体的功能特性，是人在社会实践活动中的自主性、能动性和创新性的表现。对于人的主体性问题，马克思主义非常重视，认为人与动物的本质区别就在于人的主体性，动物与其自身的生命活动是直接同一的，认识不到自己生命的意义和价值。而"人则使自己的生命活动本身变成自己意志的和自己意识的对象"①。具有主体性的人才能把自己的生命活动当作客体加以认识和改造，这也正是人比动物高明之处，是人之为人的本质特征所在。可以说，人的主体性发展水平的高低既可以作为衡量人自身发展水平的重要标志，也可作为衡量一个社会进步程度的主要尺度。马克思主义关于人的主体性理论，为我们认识人的主体性在道德内化中的作用奠定了哲学理论基础。"主体性是一切道德活动的原动力。"② 因此，人的主体性也就成为道德内化活动的基本问题。

内化者（内化主体）的主体性首先表现在内化者的自主性上。自主性是指个体自主行使和支配自己权利的意识和能力，它是内化者成为主体的前提和基础，它说明内化者对于制约自身存在和发展的因素能够独立作出判断，能够自由选择自己的权利和责任，而不是盲目地顺从和执行。主体性是内化者发挥力量的表现和主体地位的确证。强加给内化主体的内容，往往是内化主体形式上的选择，这种被迫选择的内容，内化主体是不会真正内化的。内化主体具有自主性，才能主动吸纳道德原则和道德规范，主动加以接受，才能自觉地成为有道德的人。

其次，道德内化过程是在内化主体的能动性发挥中实现的。"自觉的能动性是人类的特点。"③ 能动性是指个体在认识和改造对象性活动中有计划、有目的、积极主动的活动能力。道德规范和道德要求是不会自动地进入到主体的活动领域中的，而是由内化主体依据自身能力和道德需要来确定哪些道德规范和道德要求是要纳入内化过程的。这样内化主体要达到自己的最终目的，就必须发挥自己的自觉性、积极性和主动性，避免被动

---

① 《马克思恩格斯选集》第 1 卷，人民出版社 1995 年版，第 46 页。

② 肖雪慧：《人的主体性是一切道德活动的原动力》，《光明日报》1986 年 2 月 3 日。

③ 《毛泽东选集》第 2 卷，人民出版社 1991 年版，第 478 页。

和盲从,适宜地作出有价值的能力发挥和道德内化的现实选择,使自身道德品质的形成和发展更具合理性和科学性,才能形成对道德内容的信仰,收到良好的道德内化效果。

内化者的主体性还表现在对道德内容的创新性上。一般来说,动物满足自身需要的方式是从自然界中直接摄取简单的现成物,而人满足自身的需要则是必须进行自觉能动的创新性活动,创新性是人的主体性的最高表现形式,可以说是人的主体性的灵魂。人的这种创新性潜能,存在于人的生活、工作的所有领域之中,它既是对外在事物的继承和弘扬——新事物代替旧事物,也是对自身的超越和发展——"新我"代替"旧我"。创新性使道德内化主体不仅有力量维护道德自我,创新内化的方式与方法,创新性地理解内化内容,形成具有创新性的行为方式的意向,而且能够超越现存的道德规范体系,勇于突破传统和束缚,为新道德体系的建立和完善开辟道路。正是因为内化主体的创新性,优秀的社会道德文化才能通过内化活动不断地被其继承、接受和丰富、创新,才能积极地促进人类道德的发展与进步,使道德更加适合人的需要,成为真正意义上的人的道德。

(二) 内化过程的复杂性

任何事物的发展过程都不是一帆风顺的,是前进性与曲折性的统一,事物的发展呈现出螺旋式上升状态。道德内化过程也不可能一蹴而就,由于主客观等诸多因素影响与制约的原因,决定了道德内化是一个曲折的、复杂的、长期的过程。一个正确的认识,往往需要经过多次反复才能获得,正如毛泽东同志曾经强调指出的:"由实践到认识,由认识到实践这样多次的反复,才能完成。"① 在道德内化过程中,内化主体本已接受的道德观念还可能由于社会、家长的消极影响,或者出现新的情感、利益障碍等诱因,会出现对本已接受的道德观念犹豫不决甚至再次否定的情况,使得道德内化过程容易出现多次反复。因此,道德内化是一个循序渐进、不断发展的过程,不是一次就能够简单完成的。从社会层面讲,社会道德规范和实践是在不断发展进步的;从个人层面讲,道德内化也就持续不断地进行,是没有终点和止境的。可以说,任何一次具体的内化都不可能达到内化的终点,每一次道德内化都是思想道德提升过程中的一个阶段,这一阶段同时又成为下一次新的思想道德内化过程的开端和起点。所以,从

---

① 《毛泽东著作选读》下册,人民出版社 1986 年版,第 840 页。

整体上讲，道德内化是一个连续不止的、循环往复的无限发展过程。

　　埃德加·莫兰的复杂方法论观点对道德内化过程的优化有着重要的启示。对于世界的复杂事物来说，决定它发展变化的因素也往往是复杂的。埃德加·莫兰指出，"常常不能把这多种因素化归为一种因素，甚至也不能在其中确定一个主导因素导致低估其他因素"[①]。道德内化过程受到非常广泛的因素的影响，如社会政治形势、经济发展趋势、大众传播媒体、家庭熏陶、学校教育、朋辈关系等都会影响到内化主体对道德信息的接受。这些影响因素有时是单一的，但更多情况下是几种因素共同作用于道德内化过程；影响因素发挥的作用有时是正面的、积极一致的，但更多情况下发挥的作用不是一致的甚至是对立冲突，这些都使得道德内化过程复杂多变。"如何保证各种影响之间的同一性和互动性，而不是互相冲突甚至对立，就需要从整体性的思维出发"[②]，把道德内化过程的各种复杂影响因素，及时有效地协调、整合和优化，形成更大的正能量合力，才能提高道德内化的有效性。

　　道德内化中，道德内容能否被内化主体所内化，与内化发生的情境、时机也有很大的关系。同样的道德规范在这种情境下内化主体不能接受，但是在另外一种情境下内化主体却很容易接受。如受教育者面对教育者苦口婆心的道德教诲无动于衷，甚至还产生厌恶之感，可往往在某种特定的场合、时机之下，突然良心发现，幡然醒悟，从此迷途知返。可见，选择适宜的情境、时机能够大大提高道德内化的效果。另外，群体效应的特殊社会情境，也会对个体的道德内化产生极为重要的作用。在特定的集体或公众场合中，个体的心理和思想活动在群体环境的氛围中，很容易受到群体效应的影响，保持与群体成员一致的意见或行动（即使群体的观点和行为是错误的），在此情况下，个体的意志就显得非常微弱。不同的群体效应会对个体心理和思想产生不同的制约作用。这时，个体是否会接受和坚持道德观念，则往往受到不同群体效应的牵制，要么是有利于个体内化道德观念，要么就是阻碍个体道德观念的形成。

　　由上可以看出，道德内化并不单纯是内化主体主观意志的结果。个体道德内化的过程是复杂多变的，诸多因素都会对其产生各种不同的影响，

---

　　① 黄志成：《西方教育思想的轨迹》，华东师范大学出版社 2008 年版，第 432 页。
　　② 同上书，第 452 页。

道德文化信息传播者要及时抓住和创造适合的情境、时机，积极优化、协调影响个体道德内化的各种复杂因素，努力推进个体道德内化过程的发生发展，以提高道德内化效果，达到完善个体道德品质的目的。

（三）内化结果的内隐性

内隐性是指其外表与内在原因具有相当的距离，原因不易被人发现、无法直接观察、隐蔽的特性。内隐性虽然难以觉察，但确实客观存在着，并且影响着人的认知和行为。道德内化作为一种内在的积累过程，可以说是一种内隐性很强的心理活动过程，内化主体是否已经接受思想道德信息或在多大程度上接受了思想道德信息往往处于内隐状态，这种心理和思想活动的效果是要通过外显的道德行为来觉察和确证的。所以，道德内化结果的内隐性为我们准确判断道德内化的效果增加了很大难度。

内化结果的内隐性首先表现为内化值的不确定性。道德内化活动中，内化主体总是按照其内化需求来进行内化活动的，这种内化主体对道德规范和要求认可和内化的状态和程度，我们称其为内化值。由于道德内化是一种内隐性的复杂心理活动，使内化值的评判也出现了不确定性。例如，可以用民意测验的办法测出人们对某一社会道德问题的认可度，但测验后的统计结果也只能说是不准确的模糊性表述，因为在不同的时空或不同的情境下，同样的测试对象却会测出不同的结果。这很难说清这种社会道德观念是否真正被内化或内化程度到底有多大。

内化结果的内隐性加大了对个体道德内化活动真实性的判断难度。内化主体即使承认接收了社会的思想道德信息，却不一定真正认同这些社会思想道德观点。口头上的认可并不等于内心的信服。道德内化活动中，虽然在教育者的引导下，内化主体口头或行为上表现出对社会道德规范的内化，但并不意味着内化主体是完全、主动地实现了社会道德规范的真正内化，也有可能是被动地虚假内化或不完全地部分随意性内化。社会实践中，虚假性道德内化或随意性道德内化现象也是时常可见的。如为能评优入党，一些学生特意表现出的"乐善好施、助人为乐"的暂时行为，并不能确证其真正完成了道德内化。只有主动性的道德内化，个体才真正达到了知、情、意、信的统一，不再被外来压力和环境影响所牵制，自觉做出道德的行为，这种道德行为是真实的；而随意性道德内化是指个体并没有达到知、情、信的统一，在一定的道德情景中，也可能作出道德行为，但这种道德行为的作出可能是从众心理的影响，也有可能是习惯使然，带有很大的偶然性，很难判断这种道德行为的真实性；虚假性道德内化是指个体根本没有达到知、情、信的统一，迫于外在压力的干预，也能作出道德行为，但是这种道德行为是不真实的，其实作出这种道德行为的本身就是一种不道德的行为。这种虚假的道德行为，一旦外在的压力消失，其貌似道德的行为则不会再现。由此可见，内化结果的内隐性加大了对道德内化过程进展和效果评判把握的难度，加剧了个体道德内化过程的复杂性和曲折性。

（四）内化途径的实践性

内化途径的实践性是指道德内化实施的具体运作形态和实现形式是在实践中展开和实现的。道德内化可以采取各种各样的方式和途径来进行，但任何方式和途径都必须在实践的基础上体现和进行。实践性的内化途径是道德内化得以实现的关键环节，也是内化目标实现的有效手段。内化是在个体头脑中进行的，然而，其实现却离不开外部的实践活动。德性是在实践中养成的，实践是个体良好品德形成的最根本、最有效的途径和方法。"美德是一种行为。德性是一种技艺，技艺的进步需要实践。"① 个体只有积极参加社会生活实践，才能完成思想道德的内化，在社会生活实践中养成良好的个人品德。否则，脱离实践的以口述式灌输方式进行道德的学习，最终把学生培养成的是"美德之袋"和"道德之洞"，而不是活生生的有道德的人。

内化途径的实践性表现在：第一，道德内化过程的所有环节、步骤的完成都是以实践为基础的，离不开内化主体的学习、工作和生活实践活动。通过开展各种道德实践活动，内化主体在道德实践中学习体验道德，获得道德认知，陶冶道德情操，形成道德信念。在此意义上可以说，内化始于实践，终于实践，实践贯穿于道德内化全过程的始终。第二，对道德规范和要求的内化途径的最终指向是内化主体思想和行为的转化。没有内化主体实际行为的转化，内化就是不彻底、不完整的，道德内化就没能完成其最终任务，实现其最终目标。坚持内化途径的实践性特征，在实际中就要注意防止两种错误倾向：一种是对道德内化"立竿见影""急功近利"的实用主义倾向；另一种是人为地将内化的道德理论与实际相对立，苛求内化理论与实际完全一致性的片面、形而上学的错误。道德内化的方

---

① ［美］布鲁巴克：《高等教育学》，郑继伟等译，浙江教育出版社1987年版，第86页。

法、途径虽然形式各种各样，功能各异、各有特色，但最终都是创造机会，让内化主体积极主动地参与各种实践活动，最终在实践中完成道德内化。可见，整个道德内化过程都是在实践活动的基础上展开、实施和进行的，实践是道德内化过程的基础，也只有在动态的、开放的、丰富的实践活动中，道德内化活动才能更好地完成。

四　道德内化的基本类型

由于道德内化活动的复杂性，内化的类型也呈现出多样性。对各种各样的内化方式进行合理的归类，有助于认识不同内化方式的特殊性，帮助我们进一步准确、全面地把握道德内化。由于内化的特点、途径及形式的多样性，也由于研究的目的、侧重点不同，研究者可以从不同角度按照不同的标准对道德内化的类型进行不同的划分。

道德内化作为个体品德的建构过程，是将外在于个体的社会道德规范和道德原则吸收转化为个体自身内在道德信仰的过程。这个过程是逐步完成、渐进发展的，由于内化主体各方面情况不尽相同，特别是他们的认知水平、价值取向、主观需求及消化吸收能力等诸多方面存在差异，使内化水平表现出不同的深度和层次。在这种意义上，把道德内化划分为认同性内化和信奉性内化两种类型。

（一）认同性内化

认同性内化是一种较为初级的内化方式，是对社会道德规范的一种理性内化。外在的道德规范融入了内化主体的认识、情感、观念之中，实现了社会道德规范向个体道德意识的转化，是个体品德构建的初级阶段。

认同是一个人们熟知而又复杂的概念，在当代学界使用频率极高，被广泛应用于心理学、社会学、教育学及文化学等诸多领域，有多种不同的解释，但它的基本含义有两种：一是相同、同一性；二是身份、特性。认同概念最早出现在弗洛伊德的著作《群体心理学和自我的分析》（1897年出版）中，他把认同解释为，一个人在某些方面心理上成为或者变成另外一个人的一种普遍的心理现象或心理过程。将认同概念成功引入心理学科的是心理学家埃里克森，之后认同被广泛地应用于心理学各领域，使认同作为心理学研究中的一个命题，成为20世纪描述人类发展的最有影响力的概念之一。本书认为认同是个体在认知和情感上对他者的承认、赞同与认可。认同不是对他者的简单的知识性同意接受，而是个体和他者心有灵犀的沟通、融合和在情感意识上的归属感，能够认可他人的观点及态度，使其成为个体人格一部分的心理历程。

认同性内化是指个体在认识与情感上对社会道德规范、道德观念的承认、赞同与认可。认同性内化强调的是个体对社会道德规范、道德准则及道德观念等在心理上的趋同和一致，属于自愿遵从现象。只有被个体认同的道德规范，才可能被个体内化和接受，转化为其道德信仰。认同性内化实质上是指个体对道德规范和要求的深刻认可，是运用理性思维，通过概念、判断和推理的形式对客观外在的道德规范和要求的认同。这种认同是经过深思熟虑、权衡利弊之后作出的判断，是对道德规范的本质、价值的道德意义的深刻认识基础上的认同。为了更好地认识和把握认同性内化的实质，可以对认同性内化进行类型的划分。认同性内化作为道德规范的一种自愿接受方式，可以区分为榜样认同性内化和价值认同性内化。榜样认同性内化是指出于对某人或某团体的崇拜、仰慕等趋同心理而产生的内化现象。这种认同性内化是建立在个体对社会影响反应的基础之上，由于想要与他人或社会群体建立或维持一种令人满意的关系，出于对榜样的喜欢和崇拜而形成的自愿接受其影响的内化。如在我国心理学界，有学者把认同看作是由于某种动机而模仿别人某些特质的行为，还有学者认为认同是社会化过程中个体对他人人格发生全面性、持久性的模仿学习。这些对认同的理解指的都是榜样认同。榜样认同性内化的出发点是个体为了体现自身价值，发自内心地认可榜样、学习榜样，希望自己也能够成为与榜样一样的人，从而同他人或社会群体维持或建立起一种令人满意的关系。价值认同性内化是指个体出于对道德规范本身必要性的价值认同而对道德规范的内化。价值认同性内化是建立在个体对道德规范本质意义理解和认同的基础之上，它表明个体已正确把握了自身品质与道德规范之间的必然关系，是一种积极的、主动的内化方式。如只有认识到诚实守信是一个人最基本的道德素养，人人坚守诚信道德，社会才会变得和谐美好。出于这一认识，学生在考试时诚实作答、公平竞争，交出一份真实诚信的答卷，这就属于价值认同性内化。

认同性内化作为对社会道德规范的一种较高的内化水平，主要有以下特点：一是自觉性。认同性内化是出于对道德规范的价值遵从，是发自个体内部的自我需要，不是在权威或情境的直接或间接压力下的屈从。无论是榜样认同性内化，还是价值认同性内化，都是有其认知或情感基础的。

认同性内化的价值遵从和在压力下造成的屈从的不同之处在于，认同性内化的个体能够相信自己所遵从的道德观点和道德准则，即使这些道德观点和准则还没有形成坚定的信念。这说明认同性内化并非盲目地依从，而是一种自觉自愿的遵从。二是主动性。无论是榜样认同，还是价值认同，都不是权威、情境等外部压力的强制影响使然，而是受个体内部认知因素与情感因素的驱使形成的。因此，认同性内化是个体内在动机驱动的结果，是一种主动发起的有选择性的行动，而不是被动地由于直接或间接的外在压力而作出的被迫的行动。实践表明，个体认同的道德意义愈明确，其认同的内心愿望就愈强烈，认同性内化就愈主动。三是稳定性。认同不仅是基于对道德规范本身意义的必要性认识基础上的，也是建立在对社会道德规范的情感趋同的条件下，使得这种认同不会随情境的变化而轻易发生改变，具有相对的稳定性。因此，认同性内化较少受到情境等外界因素的影响，表现出一定的稳定性。

（二）信奉性内化

信奉性内化是一种对社会道德规范的高级接受水平或高度遵从的内化方式，外在的道德规范与内化主体的认识、情感、观念已经融为一体，实现了社会道德规范的人格化，是个体品德构建的最高阶段。

信奉是个体对社会道德规范的信仰并尊崇、敬奉。信而仰之，敬而奉之。信奉是认同的升华，具有深厚的情感基础，是认知与情感的"集成物"。信奉在心理上表现为对某种事物的仰慕和向往，在行为上表现为以某种价值准则去解释和改造世界。信奉是在认知情感和信念基础上形成的一种非做不可的坚定态度，它是在个体对信奉内容以及对信奉内容必要性和价值明确认识的基础上形成的，是一种高度自觉的信仰。信奉一旦形成，就很难改变，具有高度的坚定性和持久的稳定性。

信奉性内化是个体对社会道德规范高层次的内化水平或高度遵从态度，通过道德规范的信奉性内化，使外在的道德规范融入个体的意识、观念之中，成为个体道德人格的一部分。信奉性内化是道德内化的最高境界。个体通过认同性内化，逐渐对社会道德规范产生了深刻的理解，认识到道德规范对个人和社会的价值所在，从而对道德规范产生了由衷的信仰和敬奉之情，并将这种敬奉之情转化为对道德规范的坚定信念，成为指导个体行为的尺度和准则。

信奉性内化按照不同的标准，可以有不同的分类。从个体对道德规范信奉的性质上，即个体对道德规范的信奉是理性的还是非理性的，是科学的还是不科学的，是建立在理解基础上的信奉，还是建立在盲从基础上的信奉，分为理性的信奉性内化和盲目的信奉性内化。理性的信奉性内化是指建立在对道德规范科学理解的基础上，对道德规范有着深厚情感体验的内化。并不是所有对道德规范的信奉性内化都是科学、理性的，盲目的信奉性内化是指建立在对道德规范片面、错误理解的基础上，产生的非科学、非理性的盲目内化。例如，在"文化大革命"时期，一些人对马克思主义的狂热吹捧即是盲目的信奉性内化，其实他们对马克思主义的了解是断章取义、穿凿附会，是对马克思主义狂热偏激的情感体验和盲从接受，不仅给个体品德成长造成严重的危害，而且给社会道德发展带来了深重的灾难。盲目的信奉性内化是与理性的信奉性内化相对的道德规范内化的一种方式，这种内化方式是非科学的、非理性的，造成的危害也是极其严重的，必须在道德规范内化实践中坚决摒弃。

信奉性内化作为对道德规范的高度信仰和敬奉，是一种高层次、高水平的内化方式，具有深厚的情感性、高度的自觉性和持久的稳定性特点。信奉性内化不仅对道德规范有着深刻的道德认知，而且产生了深切的情感体悟，是道德认识和道德情感的"集成物"。信奉性内化中个体对道德规范本身及其必要性和价值有明确的认识和理解，是一种高度自居的信奉。这种信奉性内化的原因与个体的人生观及价值观密切相关，已经成为个体意义世界的一部分。它既与外在压力强制下的屈从有着天壤之别，也不同于由于榜样的示范作用或对规范一定意义及必要性的认识所产生的认同性内化，信奉性内化是个体坚定地必然如此的道德内化行动。以遵守交通规则为例，认同性遵从是出于榜样的吸引或认识到遵守交通规则存在的必要性（对个人生命安全有利）；信奉性遵从则出于对交通规则本身的价值、意义（防止交通事故，维护良好的交通秩序）的坚定信念。这两种道德内化类型遵从的自觉程度是不同的，认同性内化是主动自觉的遵从，信奉性内化是高度自觉的遵从。由于信奉是由个体对道德规范的价值信念及内在的自我满足所引起的，因而这种信奉的动机是"内在的"，不易受到外力制约和外因暗示，具有高度的坚定性和稳定性。因此，个体对道德规范一旦达到了信奉性内化，外在的道德规范就与个体原有的认识、观念融为一体，成为个体自身道德价值体系的重要组成部分，指导着个体践行道德行为。

尽管道德内化类型的划分可以多种多样，但在具体划分内化类型时有以下几方面的问题是要特别引起注意的。

第一，道德内化类型的划分是相对的。区分不同内化类型的目的在于帮助人们正确认识内化这一重要现象，从不同角度揭示道德内化复杂多变的特点，有助于了解和把握道德内化的本质和规律。但是内化类型的划分并不能取代现实生活中形态各异、生动活泼的内化现象，因此，不能简单化、片面化、极端化地去理解内化类型的划分。

第二，不同道德内化类型是相互交融的。现实生活中，各种内化类型往往存在"你中有我，我中有你"的交融、重叠状态，不能截然区分开来。因而，道德内化活动中不要生搬硬套地"对号入座"，避免犯"标签效应"的错误，应具体问题具体分析，选用适合的内化方式和途径，灵活运用。

第三，道德内化类型的划分要注意坚持辩证法，反对形而上学类型观。首先，要辩证地看待不同道德内化类型的划分。从不同角度，依据不同标准对道德内化类型的科学划分都具有一定的合理性，体现了内化某一方面的特点和不同内化现象的区别，对揭示道德内化活动都有一定的意义，但也仅仅是某一角度、某一标准的划分，难免存在一定条件、一定范围的局限性。因此，要多元互补、相得益彰。其次，要用发展的观点看待道德内化类型的划分。内化类型和形式的多种多样根植于丰富多彩的德育实践，并且随着实践活动的变化和发展，内化类型会越来越呈现出多样化的发展趋势。因此，对道德内化不同类型的认识和理解要紧跟时代发展的步伐，与时俱进，不断丰富和发展。

五　道德内化的主要影响因素

道德内化是一个复杂多变的心理活动过程，会受到各种因素的影响，以下从主观和客观两个角度分别对影响道德内化的主要因素做一简单分析。

（一）主观因素对道德内化的影响

需要是促使道德内化活动发生的内在驱动力。实践经验表明，任何活动的发生和发展都是有其内在理由和原因的，都是在一定的需要推动下实现的。需要是个体在生存过程中对既缺乏又渴望得到的某种事物的一种心理反应状态。需要具有明确的目的性，一旦被个体自身意识到，就以动机的形式激发和支配着个体的意识和行动，进而以行为的实现来满足个体的需要，以解除个体需求的饥渴感和缺失感。马克思主义认为："任何人如果不同时为了自己的某种需要和为了这种需要的器官而做事，他就什么也不能做。"① 需要一旦被意识到，就转化为行为的动机。所以，我们"不仅以他们的需要来解释他们的行为"② 作为基本的思想指导原则，而且要尊重人们的需要。这一原理同样可以用来解释道德内化与需要之间的关系。道德内化活动是人类复杂的、高水平的精神活动，其发生、发展也必然与人类一定的道德需要相联系的。道德需要是推动道德内化活动得以进行的动力和源泉，当个体产生了道德需要的匮乏感时，这种匮乏感就会推动个体积极主动地学习道德知识，进行道德内化活动，以满足自身的道德需求。而且，需要如同过滤器一样，符合个体需要的道德规范就被内化，把不符合个体需要的一概拒之。毛泽东在文章《关心群众生活，注意工作方法》中也指出："满足了群众的需要，我们就真正成了群众生活的组织者，群众就会真正围绕在我们的周围，热烈地拥护我们。"③ 由此，我们必须要重视个体的道德需要，注意在道德教育中避免只追求社会价值的片面现象，要尊重个体的道德需求，积极推动内化主体主动地去内化道德规范的内容和要求，不断提高道德内化的效果，做到德育内化工作真正有实效。

情感对道德内化起着巨大和多方面的影响。列宁告诫我们："没有'人的感情'，就从来没有也不可能有人对于真理的追求。"④ 同样，个体对道德规范没有情感体验，也就不会有对道德规范内容的内化。古人曰，"感人心者莫先乎情"，这就是说人心被感动首先是从"情"开始的。在道德内化活动中，情感有着特殊的地位，发挥着特殊的作用。无论是参与其中的传播者的情感因素、内化主体的情感因素，还是道德规范内容本身的情感因素与内化情境中的情感因素，它们都会直接影响道德内化的进程和结果。马克思指出："激情、热情是人强烈追求自己对象的本质力量。"⑤ 人的活动的方向和目标不仅受理性因素的影响，也受情感因素的

---

① 《马克思恩格斯全集》第3卷，人民出版社1960年版，第286页。

② 同上书，第525页。

③ 《毛泽东选集》第1卷，人民出版社1991年版，第136页。

④ 《列宁全集》第25卷，人民出版社1988年版，第117页。

⑤ 《马克思恩格斯全集》第42卷，人民出版社1960年版，第169页。

影响。情感因素是人的需要是否得到满足而产生的态度体验，对人的活动发挥着非常重要的作用，它在很大程度上决定着人的活动方向和目标。人总是趋向于参与自己喜欢的活动和接受自己喜爱的事物，情感将人的注意力指向其喜爱的活动和事物。在道德内化活动中，凡是能够满足个体的需要或符合个体的愿望、观点的道德规范和道德要求，就能使其产生愉悦的肯定性情感体验，个体就会积极主动地内化这些规范；反之，不能够满足个体的需要或违背个体的愿望、观点的道德规范和道德要求，而教育者又不能转变个体的这种需要和愿望，就会使其产生厌烦的否定性情感体验，个体就难以内化这些内容。

　　道德图式是影响个体道德内化效果的又一因素。图式又称"原型"或"脚本"，一般是指先存于个体头脑中的一种心理结构。最早利用图式理论解读认知问题的是哲学家康德，他指出图式就是联系感性认知与理性认知的桥梁或中介，认为："人类认识中的那种'无经验之内容'、又同时'在一方为智性的，在他方为感性'的纯粹的'中间媒介之表象'，即是'先验的图型'。"① 皮亚杰认为图式是"反映的规范"或"知觉的基本结构"，他非常智慧地把图式理解为主客体之间相互作用的结果。这些阐述可以成为我们理解道德图式的理论起点。本书认为，道德图式是指个体在道德实践过程中对道德知识、道德经验等进行积累、加工而形成的相对稳定的道德意识结构。它一旦形成，就直接影响个体对外在环境输入道德信息文化的判断、评价和筛选。图式作为一种个体先存的心理结构，并不意味着是先天存在的。个体最初的社会生活和实践是图式形成的最初内容和发展基点。个体在道德内化前所获得的一切有关道德意识的要素，都是道德图式的必然组成部分，道德图式展示了道德内化主体完整、系统的内在构成状况。虽然道德图式中的每一个要素都发挥各自不同的作用，但构成道德图式的各种要素均无自身独立的状态，所有要素以极其复杂的机制进行协调融合，浑然而成为道德图式有机整体对道德内化实施着决定性的影响。

　　道德图式在道德内化过程中发挥的重要功能，具体可概括为以下几点：第一，选择定向功能。面对外在道德信息的输入，同样的道德情境和道德要求，有些人会欣然接受，而有些人却置若罔闻，断然拒绝，不能顺

---

① 郑航：《道德教育中道德图式的建构》，《课程·教材·教法》2009年第2期。

利内化这些道德规范。这说明，道德图式制约着内化主体对道德文化信息的选择和摄取，成为内化主体内化社会道德的依据和标准。它决定了外部道德规范和道德要求中那些符合道德图式的就成为主体内化的对象，能够进入内化过程；那些不符合道德图式的则被主体抵触、排斥和放弃，不能进入内化过程。当然，在一些特殊的道德环境中，个体有可能无意识作出与社会道德规范要求相符合的道德行为，但这并不是道德图式选择的结果，不是个体有意识的、自觉作出的道德行为，因而，这种行为是不具有道德意义的。第二，解释整合功能。道德内化过程并非一经选择定向就自动发生，而是要有一个道德信息的解释、整合加工过程，个体才能真正内化这些道德规范。因为同样的道德规范或要求往往蕴含诸多方面的含义，从不同的角度会有不同的理解。例如，对救助失学儿童的行为，不同的人就有不同的解释。有人认为这是助人为善，为社会奉献爱心，是具有社会责任的表现；有人却认为这是求名追利，为了获得个人荣誉。这充分说明了由于个体道德图式的不同，会对同样的道德现象做出不同甚至相反的理解和解释。因此，个体会依据自己已有的道德图式，对道德规范的诸多内涵进行过滤选择，然后进行理解整合，真正达到对道德规范实质性的理解和认同。第三，反馈调节功能。反馈，是现代科学技术的基本概念之一，控制论中的反馈是指将系统的输出返回到输入端并以某种方式改变输入进而影响整个系统功能的过程。道德图式的反馈功能就在于使个体根据行为的结果对道德判断和选择进行新的整合，并对道德内化的后继过程进行调节，达到完善道德内化过程的目的。因为"一个有效的行为必须通过某种反馈过程来取得信息，从而了解其目的是否已经达到"①。道德图式的反馈调节功能主要体现在：一方面，对具体实践过程中出现的对道德内化目标的偏差和失误进行完善和修正，保持个体正确的道德内化方向和途径；另一方面，巩固和坚定具体实践过程中由反馈信息确证的道德意识观念，形成和完善对道德规范的信仰和敬奉。选择定向、解释整合和反馈调节共同构成了道德图式的整体功能，这三大功能之间是互相渗透、相辅相成的有机统一关系。选择定向功能是起点和基础，解释整合功能是途径和手段，反馈调节功能是完善和保证。这三大基本功能在道德内化过程的各

---

① ［美］N. 维纳：《人有人的用处——控制论和社会》，陈步译，商务印书馆1978年版，第44页。

个环节都发挥着重要作用，共同构成了道德内化活动的主观根源。

　　正确认识年龄对个体道德内化的影响有着重要意义。许多心理学家对于年龄关乎个体道德内化的意义进行了卓有成效的研究，并且针对不同的年龄阶段对道德内化的具体作用进行了细致深化的阐释。在此，我们重点强调的是年龄对道德内化的影响和作用只具有相对的意义，道德内化活动及效果和个体年龄的增长并不是完全对应的，高年龄段的学生对道德内化活动及效果的影响并不一定强于低年龄段的学生。对年龄阶段对道德内化活动及效果影响的研究要注意与对道德内化的"年龄主义"的批判理解相结合起来。道德内化的"年龄主义"认为，道德内化水平是随着年龄的增长而不断提升递进的，呈现出从低级水平向高级水平发展进步的等级性顺序，每一年龄阶段都代表着一种相应的道德水平和能力。这实际上是认为年长者的道德内化能力和道德内化水平可能高于或优越于年轻人。例如，中国古代的孔子应是典型的年龄主义论者，他的经典之言："吾十有五而至于学，三十而立，四十而不惑，五十而知天命，六十而耳顺，七十而从心所欲，不逾矩。"[①]"年龄主义"在道德内化活动上虽然也承认每一阶段的道德水平与能力在不同的年龄阶段上有一定的弹性，但仍然认为年长者的道德内化能力和水平比年少者相对来讲更高、更稳定、更丰富，等等，这种理解显然是有失偏颇的。按照年龄的增长来判断道德内化水平和道德内化能力的高低是不公正的，对个体道德内化的评价容易产生"简单化"和"宿命论"的错误思想倾向。加拿大学者克里夫·贝克对此有着客观的论述："在价值上不存在一种随年龄增长而出现的总体上的提高。当然，'总体上'这个限定词是十分重要的。我不想否定有些年长者比一般年轻人更有道德。但是，我要否定的是在价值上年长者总体上优于年轻人的主张。"[②] 因此，我们认为个体的道德认知能力、道德判断能力随年龄的增长而不断提高，个体道德内化水平也随年龄的增长逐步发展和提升，道德图式也会更加稳固和完善。但应引起关注的是，道德内化水平的提高和年龄的增长阶段并不是完全对等的。例如，虽然低年龄段的学生由于抽象思维能力较差，对于一些比较抽象的道德规范不易理解，难以形成真正的、自觉的信奉，很难达到像成年人那样内化这些抽象的道德规

---

① 《论语·为政》。

② ［加］克里夫·贝克：《学会过美好生活——人的价值世界》，詹万生等译，中央编译出版社1997年版，第93页。

范。但儿童的道德内化能力和道德内化水平却不一定在各个方面比成年人都低。事实经验告诉我们，儿童的直觉和悟性往往是成年人力所不及的，因为成年人在同样的道德情境下更易受到外在因素的影响和干扰。由此，我们认为，个体道德内化的能力和水平是一个逐步提高发展和成熟完善的过程，但年长者的道德内化水平与能力并不意味着总体上一定高于年少者，人生的每一年龄阶段都完成了一定意义的道德内化，道德品质都有一定意义的提升和完善。

（二）客观因素对道德内化的影响

每个人都生活在一定的时空环境之中，人的思想无时无刻不受着环境的影响和感染。环境是人的道德内化活动赖以发生、对内化活动产生影响的所有外部因素的总和。道德内化的环境是多个层面的，既有精神的又有物质的，既有自然的又有社会的。基于社会环境对道德内化影响的特殊性，在这里我们主要是指社会环境。一般来说，社会环境包括社会制度、物质条件、精神风貌、人际关系等，还包括家庭成员之间的相互关系以及学校的教风、学风、校风、班风，等等。可以说，凡是与道德内化活动发生联系的一切外在的条件和因素都是道德内化活动的环境，都对道德内化活动起着或多或少的影响。"人创造环境，同样环境也创造人。"[1] 人不能脱离环境而生活，环境对人的道德品质的影响是非常广泛和深刻的。"环境之所以对人的思想和行为具有约束和规范的作用，其原因是，当人们的思想行为在环境中表现后，就会受到周围环境和舆论的评价以及法律、道德、纪律规范的检验，凡符合社会规范的思想和行为会得到肯定和赞扬"，"凡不符合社会道德、法律要求的思想和行为就会受到抑制和批评，甚至受到谴责，使人产生压力。这种压力就会将人的思想和行为约束在一定范围内，使人与环境保持一致或基本一致"[2]。影响道德内化活动的社会环境有许多，如社会经济、政治、文化和心理方面的环境，又如社区、学校、工作场所和家庭等的环境，都对道德内化活动发挥着一定的作用。但对任何个体的道德内化活动来说，内化环境都是具体的、现实的，在不同的社会生活环境下道德内化的效果具有很大的差异性，而个体是不能随心所欲地来选择内化环境的。根据环境对个体内化影响的性质，可以分为

---

① 《马克思恩格斯选集》第 1 卷，人民出版社 1995 年版，第 92 页。

② 邱伟光、张耀灿：《思想政治教育学原理》，高等教育出版社 1999 年版，第 146 页。

良好的外在环境、恶劣的外在环境和冲突的外在环境。良好的外在环境会使人心情舒畅，产生奋发向上的精神激励力量，带给人的是积极、正面的影响，这样的环境可以印证道德规范和道德要求的科学性，增强道德规范的可信性，有助于个体道德内化。恶劣的外在环境可能使人精神萎靡不振，产生消极厌世的悲观情绪，给人造成的是消极、负面的影响，这样的环境会造成理论与现实的巨大反差，干扰个体对道德规范的认知与判断，使个体对社会道德产生质疑、否定、排斥情绪，甚至形成与社会道德要求相反的落后的思想观念。冲突的外在环境是指不同的信息源发出相互矛盾甚至相互排斥的信息，使个体对社会道德规范的理解与认可犹豫不定，不能确认内化的内容，使个体感到无所适从、不知所措，从而会使道德内化的效果大大降低。可见，创设良好的外部环境氛围，是社会道德内化为个体道德的重要条件，是个体接受社会道德规范的主要参照系。尤其在科学技术日新月异的信息化时代，随着各种各样的信息不断融入人们的现实生活，个体的活动交往范围不断扩大，使个体道德内化活动的参照系无限扩大，参照系的选择成为影响道德内化的重要因素。个体在道德内化活动中往往以他们经常接触、熟悉的社会生活环境作为参照系来决定是否内化内容。如果道德规范得到了其接触的社会生活环境的确证，他们就容易内化这些道德规范，反之，如果道德规范与其所接触的社会生活环境不一致，他们宁肯用环境中的事实去否定这些道德规范，有时尽管这些所谓的事实是社会生活环境中的支流，甚至是虚假的。

　　方法是人们为了达到一定目的而采取的活动方式、程序和手段的总和。道德内化方法是道德信息的传递者对内化主体实施道德影响的基本手段，适合的内化方法对完成道德内化活动、达到成功内化道德的目的发挥着非常关键的作用。能否正确选择和运用道德内化的科学方法，是实现道德内化目的、完成内化道德任务的关键。人与动物的根本区别就在于人是有意识的，在于人的一切活动都是具有明确目的性的，在于人具有能够选择合适的方法去实现自己目的的能力。"我们不但要提出任务，而且要解决完成任务的方法问题。我们的任务是过河，但是没有桥和船就不能过。不解决桥和船的问题，过河就是一句空话。不解决方法问题，任务也只是瞎说一顿。"① 内化方法是连接道德信息传递者和内化主体的桥梁和纽带，

---

① 《毛泽东选集》第 1 卷，人民出版社 1991 年版，第 139 页。

是重要的中介因素。道德内化过程的顺利运行，既取决于信息传递者的实施活动，又取决于内化主体在传递者引导下的学习接受活动。只有选择那些合乎人的身心发展特点以及思想品德发展规律的方法，才能在传递者和内化主体之间建立起协调互动的关系，促使道德内化活动有序进行。而且方法一旦确定下来，就在某种程度上预示着道德内化活动的基本方向，为道德内化活动的有效性提供条件和保证。科学的内化方法就成为道德内化目的实现和任务完成的关键因素，否则，选择了不科学的内化方法，就可能造成道德内化效果事半功倍、劳而无功，甚至会造成事与愿违。

进入个体道德内化活动领域的道德文化信息（德育内容）是道德内化的对象，因此，道德文化信息自身具有的特性也是影响道德内化的一个重要因素。道德文化信息的科学性和时代性等影响着道德内化。道德文化信息的科学性是指其与社会现实的相符度，是影响个体道德内化的一个重要因素。道德文化信息与社会现实的符合度越高，越能准确地反映社会现实，科学性越强，可信度越高，个体就愿意接受，内化值也就越高。反之，道德文化信息不能如实反映社会实际情况，与社会现实相背离，可信度就低，个体则不愿意接受，内化值也就越小。时代性是一种伴随着时代的发展变化而不断进步的特性。任何一种道德文化信息都是特定时代的产物，与它所处的时代有着不可分割的内在联系，应该体现出相应的时代特性。道德文化信息的时代性对个体的道德内化产生着重要的影响。符合时代要求，随着时代特点的发展变化而不断与时俱进、创新发展的道德文化信息，才能拥有强大的感召力和旺盛的生命力，对个体产生吸引力和感染力，使个体形成积极的道德情感和道德态度，从而有助于个体对道德文化信息的内化。任何一项工作，究其目的来说无不是为了人的发展，道德内化活动也不例外。而人又是社会的人，人的发展具有时代性，不同的时代，人的发展有不同的要求。因此，道德文化信息必须要适应时代的特点，才能满足个体的道德需求，这样的道德文化信息才容易被个体内化。

第二节　高校德育始于道德内化

高校德育是教育者遵循大学生身心成长的客观规律，教育引导大学生将外在的社会道德准则和规范内化为自身的道德品质，促进大学生道德品质的理性成长，并外化为良好的道德行为习惯的过程。道德内化是高校德育的起始阶段，高校德育始于道德内化。可见，道德内化在高校德育中处于重要的基础地位，对高校德育发挥着关键的作用。

一　德育概念的界定

一般认为，"德育"一词是在 17 世纪七八十年代形成并开始进入人们的视野之中。英国学者斯宾塞在《教育论》一书中，对教育进行了较为细致的划分，认为教育包括智育、德育和体育。至此，"德育"才作为教育领域的一个基本概念被逐渐认可和运用。此概念在 20 世纪初期传入我国。1912 年，中国国民政府颁布当时的教育宗旨："注重道德教育，以实利主义教育、国民教育辅之，更以美感教育完成其道德。"[①] 这一宗旨的实施意味着"德育"一词开始成为我国教育界通用的概念。但"德育"一词自提出到现在，虽已历经几个世纪的发展，但对此概念的解释依然众说纷纭、各种各样，仍旧未能有一种明确且获得公认的界定。"德育"概念的内涵与外延在不同的历史时期和不同的国度对其有不同的认识和理解。在中国，由于所处社会背景以及社会发展要求的影响，国内的教育家们都试图使"德育"的概念逐步完善并期待获得最终确立。在我国，人们在实践中对德育的理解和说法异常丰富，基于语言背景、习惯经验、逻辑需要及分类标准等不同，对"德育"概念给出了诸多不同的表述，都从不同侧面反映出德育的本质。对当前我国关于德育概念的不同界定，总体上可以归纳为两种不同的观点，即狭义德育和广义德育。狭义德育又称"小德育"，坚持认为德育即道德教育。广义德育又称"大德育"，坚持认为德育应该涵盖道德教育、政治教育、思想教育、法制教育和心理教育等方面的内容，甚至包括其他更多方面内容的总称。在此，笔者无意对德育概念有关广义或狭义的理解作评析和审理，也不对德育范畴的内涵和外延作更为细致深入的探究。只是为了本书研究的需要，结合自身德育实践经验的体会，认为德育是教育者根据一定社会和受教育者的需要，遵循受教育者思想品德生成的规律，将社会道德规范内化为受教育者的品德并引导其外化为道德实践，以实现其道德人格建构和道德品质提升的教育活动。简言之，德育就是培养学生道德品质的教育活动。由此，本书所指的德育是狭义的德育。

---

①　舒城新：《中国近代教育史资料》（上册），人民教育出版社 1981 年版，第 223 页。

二　道德内化是高校德育的起始阶段

从学生品德的形成和发展来看，德育过程要经历两个不同阶段发生两次质的飞跃，第一次飞跃是指外在的社会思想道德规范转化为学生道德品质阶段的内化；第二次飞跃是指把内化的社会思想道德规范转化为学生道德行为习惯阶段的外化。道德内化是德育过程的第一次飞跃，是高校德育的起始阶段，是高校德育要完成的首要环节和基本使命。

（一）道德内化是高校德育的首要环节

德育是一个长期的复杂的过程，其任务是在教育者的教育引导下把社会道德原则和规范内化到个体道德意识之中，并外化为个体的道德行为习惯，提升个体道德品质的过程。把道德规范的基本要求转化为个体的道德信念，形成明确的道德价值观的内化过程是高校德育的首要环节和基础阶段，在德育过程中发挥着至关重要的作用。社会道德原则和规范只有被个体内化为自身的道德信念，才有可能外化为道德行为，因此，道德内化能否实现在很大程度上决定着德育是否能够取得成效。

内化阶段是德育全过程中的一个有机组成部分，是德育首先要进行的将一定社会道德要求依据个体内在的道德需要，转化为个体道德信仰的过程。内化阶段作为德育全过程的首要阶段和初始阶段，决定着德育过程后续阶段——外化环节的继续进行。因为内化阶段是教育者采用科学的内化方法和途径，将德育内容传授给受教育者，实现受教育者的道德内化，使德育内容成为受教育者自身道德意识一部分的过程。受教育者只有完成道德内化，才有可能自觉去进行道德实践，外化道德行为。由此，德育过程也才有可能继续下一阶段的外化过程。并且，内化阶段的效果即德育内容能否被受教育者所接受不仅是衡量德育效果好坏的主要标志，而且还会影响整个德育质量和水平的高低。经过内化阶段并收到较好的内化效果，意味着德育内容能够顺利地被受教育者认可接受，外化阶段才能够继续进行，德育就能顺利展开，德育实效性就高。相反，没有内化阶段或内化效果不好，德育内容不能被受教育者真正认可和接受，就不会有外化阶段的继续。或者即使学生有一些外化行为，但这种外化不是在内化的道德规范指导下进行的，很容易出现形式主义的错误，只是为应付而做的一些表面文章，是不能持久稳定的，这样的德育就很难取得好的效果和达到预期目的。因为没有内化阶段或内化效果不好，德育内容再重要、再丰富也不能引起学生心理活动的发展和道德品质的提高。可以说，内化是德育过程的基础阶段，没有内化过程，没有个体对道德规范的接受，就没有外化过程，德育过程就不能完成，德育要求和德育目标的实现也就无从谈起。

找准内化的最佳激活点和切入点，促使受教育者积极主动地学习和接受道德规范及准则，能够促进个体道德内化的有效实现。社会道德规范是外在于个体的客观存在，它是社会向个体提出的种种思想道德要求和行为规范准则等的综合道德体系，每一个体要想成为社会的一员并融入社会集合体中去，就必须要认真恪守道德规范和准则，并移植于自身道德意识之内，升华为个体的道德品质。这一融入过程的完成既需要教育者的正确教育和合理引导，又要依靠受教育者的积极配合和主动参与才能实现。所以，找准受教育者内化和接受的切入点和激活点，能够使教育者有效实施教育引导，促进受教育者对道德规范和准则等德育内容的吸收和接受，这是完成德育任务实现道德内化的共同关键点和一致需求。首先，研究和掌握受教育者个体的身心发展规律能够有效促进道德内化，保障德育顺利实施。个体的身心发展遵循着某些共同的规律，掌握和利用这些规律，才能帮助和引导个体有效内化德育内容，使德育取得较好的效果。反之，若违背个体身心发展的规律，个体不仅不能顺利内化，还可能事倍功半，甚至挫伤个体道德内化的主动性和积极性。如，再饱含激情地对小学生进行抽象高深的"共产主义崇高理想"教育，小学生也不会理解和接受，是不会收到好的德育效果的。掌握和结合个体发展的身心规律，是德育科学有效地实施道德内化，使德育内容向受教育者自身道德品质转化需要把握好的激活点和切入点。其次，尽可能采用自然和谐的潜移默化的方式，有助于道德内化过程顺利进行，推动德育过程高效进展。在道德教育就是"空讲大道理"几乎成为公众皆如此话说的形势下，自然和谐、潜移默化地对受教育者进行德育氛围和德育情境的熏染，反而成为效果不错的道德内化方式，可以获得出人意料的良好德育效果。如人格魅力法，就是受教育者在教育者高尚人格魅力的吸引和感染下，自愿地去接受和内化道德规范和道德要求，从而使之内化为自己稳定的道德个性特征。采取自然和谐的潜移默化的方式成为成功实现道德内化的切入点，可以有效提高德育实效。可见，只要教育者采取适合受教育者的教育方式和手段，找准内化的切入点和激活点，把握内化的时机，创设积极的内化情境，受教育者实践内化道德的活动就能顺利开展，从而保证德育过程有效完成。可见，道德内化是高校德育的首要环节和基础过程。

（二）道德内化是高校德育的首位使命

高校德育把人作为研究的主体，把培育"道德的人"作为研究的目的。道德是对一定社会关系的反映，促使人的道德内化，努力提升人的德性，使社会关系得到协调与改善，就成为高校德育的首位使命和精神追求。

德性是个体在履行义务基础上形成的一种道德责任感和稳定的道德品质，也是个体对社会道德正确的需求及其价值的体现。德性作为人的品质不同于规范与制度，它是沉淀于个体意识之中内在的指导个体进行价值选择的道德心理因素。德性是人精神生命的存在的方式。孟子指出："仁，人之安宅也；义，人之正路也。"[①] 他明确告知人们仁、义等德性是一个人安身立命之根本。有了德性，人的心灵就有了寄托和遵循的秩序，是使人能够幸福生活的重要条件和途径。麦金太尔在《德性之后》一书中写道："德性就是去做公认的秩序要求做的事情。"[②] 德性能使我们在社会共同体中尊敬他人，讲礼仪廉耻。德性就是那些能够使我们心灵得到安稳生活获得幸福的内在品质。"依德性理论，一个没有德性的人根本就无法获得幸福。与此同时，一个幸福的人就不可能没有德性。"[③] 德性是人类精神的灵魂，在逆境之中为人生把航。无人之屋犹如坟墓，无德之人则同行尸走肉。"德性能够使人从自然性中脱离出来而成为人；使人能够挖掘自身的潜力而具有生命的动力，成为人类精神的灵魂；能够提升人生的价值目标，实现生命价值。"[④] 人正是有了德性，才成为真正意义上的人。德性不仅是个人幸福生活的前提和基础，也是维护社会和谐、公正的重要标杆和尺度。判断一个社会道德的优劣，就要看社会成员的德性体现如何，要看个体对道德规范的内化和遵守程度。但是，社会道德规范毕竟是外在于人的，外在的道德规范是不会自然而然地成为人的德性的，必须通过内化才能成为人的德性。所以，提升个体的道德境界，培育个体道德品质，养成个体德性的道德内化就成为高校德育的首位使命。具体体现在：

---

① 《孟子·离娄上》。

② ［美］麦金太尔：《德性之后》，龚群、戴扬毅译，中国社会科学出版社1995年版，第169页。

③ 陈根法：《德性论》，上海人民出版社2004年版，第3页。

④ 同上书，第5—6页。

1. 道德规范由认知到认同

道德规范由认知到认同既是道德内化过程实现的主要阶段，也是高校德育要完成本质任务的关键环节。道德认知是道德内化的基础和必要前提，是履行道德行为的先导，要实现道德规范的内化，首先需要提高个体的道德认知水平。丰富学生的道德知识，提高学生的认知能力，也是高校德育的首要工作。道德认知是对思想道德知识的了解和掌握，对道德内容的思考和评价，对是非、好坏、善恶的判断和衡量。个体思想品德的形成和发展都要经过认知这一阶段，道德认知水平的高低直接影响到品德水平的发展，道德认知始终贯穿于个体思想品德形成的各个方面。但是，个体学习理解、掌握了道德知识，并不一定会按所学道德知识的要求去行动，因为他们不一定完全认可和赞同这些道德知识。只有被个体认同的道德规范，才有可能转化为个体的道德信仰，形成其道德品质。所以个体要实现道德内化，对道德规范和道德要求的认知必须上升为认同。高校德育要完成德育任务，也必须教育引导学生理解认同道德规范和道德要求。道德认同本质上是个体对道德规范在认识、情感和态度上的认可、承认和赞同，认同过程就是道德规范在情感、态度和认识上向个体的道德图式的融入过程，是个体道德内化的根本环节。"认同性学习的心理机制是'义情沟通'，即通过消除意义障碍与情感障碍，唤醒积极情感体验，激发规范行为意向。"① 可见，义情沟通是道德认同实现的关键。在高校德育中，要顺利实现学生的道德认同，就要采取有效措施，力求消除学生的意义障碍和情感障碍，激发、唤起学生的积极情感，以实现道德认同，促进道德内化过程的完成。可见，道德规范由认知到认同实现道德内化是高校德育要完成的首位使命。

2. 道德观念由外在到自觉

德育的目的在于培养人们形成道德观念，达到道德自觉，实现道德内化，完善道德品格，养成道德行为的习惯。可见，培育个体的道德观念由外在到自觉是德育必须首先完成的任务。自觉是指人类在社会实践过程中，对自己思想和行为的自我觉醒和自我觉悟，具有自知性、自明性和自主性。道德自觉是人们在正确认识和把握道德价值、作用和发展规律的基础上，对道德的觉醒和觉悟，是个体对道德的自我体认和自觉坚守。长期以来，

---

① 王健敏：《道德学习论》，浙江教育出版社 2002 年版，第 74 页。

德育惯用声势浩大的运动、会议等方式来强制进行，结果是雷声大、雨点小，其效果可想而知。如，各机关单位大张旗鼓地开展学习雷锋活动，但活动过后，一切涛声依旧。从形式上看是学习了雷锋精神，拥有了多份总结汇报和宣传的事迹材料及统计数字，但实质上雷锋精神仍然是外在于个体的观念，根本没有被个体接受内化为自觉的道德观念。相反，却容易使一些人成为口是心非的"两面人"。这种由外界环境压力强制影响下产生的"道德观念"是外在于个体的，是不会进入个体的内心世界，不能为个体所接受和内化的，从而使道德异化为社会生活的装饰品。这种方式非但不能促进个体良好品德的形成，反而会因过分渲染激起个体内心的反感，还可能阻碍道德内化过程的顺利进行，甚至可能成为导致社会上产生道德失范现象的诱因。外在的道德观念必须转化为个体自觉的道德观念，才能促进道德内化顺利进行，提高德育实效性。自觉的道德观念是已经实实在在地渗透于个体自身及其日常生活之中，融合于个体的道德需要、道德意志里，形成为个体真挚的道德情感。个体具有了自觉的道德观念，才能够潜移默化地把道德规范的基本要求内化为自身意识的一部分，在面临不同的道德情境时能够进行正确的道德选择，自觉地按照道德的要求作出道德的行为。

3. 道德主体由他律到自律

德育的目的是把学生培养成为具备自律品质的道德主体，能够自觉遵循道德规范实施道德行为。但"道德规范在尚未为个体接受前时，总是表现为一种外在的律令，它与个体的具体行为之间往往存在着一种距离"①。社会道德规范相对个体而言，是以一种他律状态客观存在着，个体要在外部权威影响或社会舆论的压力下才会表现出道德行为。但这种行为是个体由于自己对权威的敬畏，或担心自己不遵守道德规范会受到社会舆论的谴责而作出的，充其量也就是一种他律行为，是不具有道德性、没有道德意义的行为。个体只有实现道德内化，道德规范才成为个体内在的自律规范形式，成为个体作出道德行为的尺度和准则。个体此时的行为才是真正意义上的道德行为，个体也实现了由他律到自律的转变。实现了道德自律的个体，已经真正内化接受了道德规范，把这些道德规范融入了自己的道德图式之中，成为指导自己行动的道德律令与准则。当然，"任何人所信奉的行动准则都不是主观自生的，而是一定社会经济关系客观要求

① 杨国荣：《伦理与存在——道德哲学研究》，华东师范大学出版社 2009 年版，第 46 页。

的产物。道德的自律不是别的，归根结底是个体在内化社会道德律令基础上自己立法的结果"①。因此，高校德育要注意结合社会发展实际和学生道德发展的需求状况，完成道德规范的内化，使学生成为自律的人，实现高校德育的首位使命，使学生由道德他律向道德自律提升，以最终实现学生道德的自我完善，过上美好的、真正的、道德的生活。

第三节　高校德育内化的价值探寻

学校德育实质上就是在教育者的引导下，将一定社会的道德规范和道德要求内化为学生的道德意识，形成学生的道德信念，外化为学生道德行为的过程。可见，德育的关键在于首先要帮助学生内化社会道德规范和要求。只有完成内化，才有可能继续进行外化，学生也才有作出道德行为的可能。由此，将德育要求的一定社会道德规范和道德准则转化为学生自身道德意识的德育内化，就成为德育过程实现的必然和必要。以内化视角审视德育，对提高高校德育实效性具有重要的现实意义。

一　内化是增强高校德育实效性的基础

学校德育的根本出发点和最终目的，就是要帮助学生把德育影响变成自身道德需要，实现道德内化，提升学生的道德品质，使学生养成良好的道德行为习惯。其中，内化是学生德性养成的根本环节，也是德育的基本目标和衡量德育效果的重要标准。德育内化是增强学校德育实效性的关键，在学校德育中具有极其重要的地位。

（一）内化是德育的基本目标

高校德育的最终目标是培养大学生的道德素养，铸造良好的道德人格，实现理想的道德境界，践行稳定的道德行为。这一最终目标的实现包括两大基本目标，首先要将社会思想道德规范被受教育者所接受并融入其思想道德意识之中，成为受教育者思想道德意识结构的组成部分的内化目标；然后是受教育者将思想道德意识外化为行为实践，形成稳定的道德行为习惯的外化目标。可见，将社会思想道德规范转化为个体思想道德意识的一部分，成为个体内在的行为准则和价值尺度的内化，既是高校德育的

---

① 胡林英：《道德内化论》，社会科学文献出版社 2007 年版，第 159 页。

首要环节，又是高校德育的基本目标之一。高校德育就是教育者从大学生的实际情况出发，凭借有效的教育方法，教育引导和帮助大学生学习理解、接受外在社会道德规范和准则，使其内化为大学生内在的道德认知与道德意识，提高大学生的道德素养，培养大学生优良的道德品质。

学校德育就是培养学生形成道德观念，提高道德素质，养成道德习惯的活动。这一活动的实现首先要使学生形成道德观念，而学生的道德观念是不能自发形成的。马克思指出："观念的东西不外是移入人的头脑并在人的头脑中改造过的物质的东西而已。"① 观念是指客观存在的主观映像，是对客观现实的主观反映形式。正是通过内化，个体才能把外部客体的东西转化为内部主体自身的东西，形成对外在客体的主观映像。在德育活动中，通过内化才能把外在的社会道德要求转化为学生自身内在的道德意识，形成道德观念，提高学生的道德素质。内化过程标志着人作为主体对客体对象的承认、接纳、选择和认同的过程。外在的社会道德原则与规范，能否被转化或在多大程度上转化到大学生的道德品质结构中去，关键取决于内化过程。正是有了道德内化过程，才使得反映客观社会道德关系、道德要求的社会道德准则和规范能被内化主体所认识与理解、认同与信奉，从而才能够转化为个体的道德品质，实现道德对个体由"他律"向"自律"的转化。而且，内化的水平与程度也是衡量德育成效高低的主要标志。社会道德原则与规范必须真正地为学生所内化，让学生发自内心深处地相信这些思想道德要求，并把其纳入自己的思想道德体系之中，而不是表面行为上的服从，也不是单纯情感上的认同，而是意识观念的改变，这是教育应该达到的基本目的和要求。所以，内化是德育的首要的基本目标，是实现学校德育目的要完成的一项基本任务。而且，德育过程是内化和外化的有机统一，内化是把一定的道德规范、要求内化为个体的道德观念，外化是把内化了的道德规范、要求表现为个体的外在行为。内化是外化的前提和基础，体现了德育过程发展的总趋势；外化是内化的目的和归宿，体现了德育过程发展的总目的。德育不仅首先要完成内化，还必须要继续实现外化，才能达到德育"塑造道德主体"的最终目的。但外化是以内化为前提和基础的，外化的继续和进行首先要实现内化。只有实现内化这一基础性目标，外化这一最高、最终的目标才能实现。因而，内

---

① 马克思：《资本论》第 1 卷，人民出版社 1975 年版，第 24 页。

化不仅是德育的基本目标，也是德育的基础性目标。早在 2500 年以前，孔子就非常重视道德的内化教育。孔子指出："不学礼，无以立。"① 要达到"礼"，就要做到"内省、改过、克己"。苏霍姆林斯基认为："道德准则，只有当它们被学生自己去追求、获得和亲身体验过的时候，只有当它们变成学生独立的个人信念的时候，才能真正成为学生的精神财富。"② 也就是说，德育必须通过学生的内心转化，才能形成为学生自身的道德观念。教师的教育代替不了学生的内化过程，只是为学生的内化活动提供必要的引导和策略。教是为了不教，教师要培养学生逐步提高自我教育的能力，使自己成为一名善于学习、善于内化、有效内化的积极实施者。德育通过内化，不仅传承了优秀的社会道德文化，而且唤醒了人的生命意识，丰富了人的精神世界，构建起人类的道德的生活方式。

因此，培养学生的内化意识，促进学生进行道德内化，是学校德育的重要目标之一，是保证德育效果的关键所在。教育者要尊重学生的道德需求，借助有效的教育手段，将传授的德育内容充分融合内化到学生的道德品质结构中去，努力完善大学生的道德品质，使学生的道德行为表现出稳定的一贯性，德育的实效性才能得到进一步的提升。

（二）道德内化是学校德育得以完成的基础

学校德育的根本目的在于培育大学生形成高尚的道德品质，使学生养成良好的道德行为习惯。学校德育培养学生具有优良的品德素质，必须要在德育过程中实现两个转化，一是把教育者传递的社会道德规范内化为学生的道德观念；二是把学生的道德观念外化为道德行为并养成良好的行为习惯。其中，德育过程的内化环节是外化环节的前提和基础，没有内化就没有外化，学生的道德行为也就无从谈起。从某种意义上说，道德内化就是学校德育的灵魂所在，是学校德育取得实效的关键所在。而当前我国学校的一些做法仍以应试教育为主，德育智育化倾向严重，如，无视学生主体的德育目标模式，基本上忽视了道德教育的个体功能；机械单一、强制灌输为主的德育方法很难得到学生情感上的认同和接受；惯用的考试型德育评价方法更是容易导致学生知而无情、知而不信。严重的德育智育化使学生成为被动接受道德观念的"美德之袋""道德之洞"，成为具有丰富

---

① 《论语》。

② ［苏］苏霍姆林斯基：《给教师的建议》（修订版），杜殿坤译，教育科学出版社 1984 年版，第 79 页。

道德知识的"道德人"，却使他们远离了真正应过的道德生活，学校德育也因此而偏离了"育德"的本体定位。由此，内化问题成为当前学校德育审视和研究的重点和关键，也给我们提供了道德内化理论在高校德育工作中运用的可能空间。因此，把握好道德内化活动是顺利完成学校德育的基础和基本要求。但是，当前学校德育对学生是否真正内化和怎样内化考虑较少，学校德育实践也多为外在的单向灌输，缺少对学生身心特点、价值取向及已有道德图式的考虑，仅停留在满足于搞几次讲座培训、开展几次声势浩大的德育活动上，至于这些讲座培训和德育活动能否被学生入耳、入心、入脑，则很少顾及，学校德育工作化、形式化、模式化现象必然导致德育效果不高。可见，提高学校德育实效性，必须要重视德育的内化并掌握内化的基本规律。"规律就是联系。……本质的联系或本质之间的联系。"① 规律是事物发展的本质、必然的联系。学校德育内化规律就是学校德育内化过程中各种要素之间固有的、内在的本质联系，它对德育内化过程起着支配性作用。只要德育内化过程存在，其内化规律就必然存在并支配着整个德育内化过程。教育者在进行道德教育时必须尊重德育内化规律，而不能违背德育内化规律。只有这样，才能保证学校德育的顺利实施与完成。

学校德育内化过程是一种具有自身规律性的内在动态关系系统，由于其构成因素的复杂性使其内化规律也体现出多种多样性，可作如下简单表述：一是德育内化活动与学生思想品德发展之间保持适度张力的规律。这一规律揭示的内涵是德育内化活动与学生思想品德发展之间的本质的必然的联系及其矛盾运动的必然趋势。在德育内化过程中，教育者所传授的社会道德规范信息与学生已有品德之间要保持一种动态的平衡关系。即教育者提出的社会道德规范要求适当超越学生已有品德基础，既不能高到学生再经过努力也难以达到的高度，又要有提升学生品德水平的可能。一定社会的道德规范要求与学生品德水平之间的矛盾是学校德育内化过程的基本矛盾，德育内化的基本任务就是通过解决这一矛盾，来推动学生品德的完善和发展。可见，要提高学校德育内化效果，教育者就应根据这一矛盾的具体情况，在深入了解学生已有品德的基础上，根据社会道德规范对学生提出品德方面的适度要求，并采取适宜的教育方式解决矛盾，以提升学生

① 列宁：《哲学笔记》，人民出版社1974年版，第161页。

的思想道德水平，使学生的品德不断向社会道德规范要求的方向发展。二是德育内化效果取决于德育内化过程诸要素构成的合力作用的规律。这一规律所揭示的内涵是德育内化效果与德育内化过程诸要素的影响所构成的合力作用之间本质的必然的联系。在学校德育内化过程中，主要存在着教育者所施加的自觉影响和社会环境的自发影响两大方面的影响因素。前者主要包括教育者群体和个体所施加的教育影响；后者包括各种纷繁复杂的社会环境因素对个体品德和德育内化过程产生的自发影响。不同教育主体施加的影响可能一致也可能不一致，各种社会环境因素的影响既有积极的正面的，也有消极的负面的，德育内化效果正是取决于这些因素发挥影响的合力作用。这就要求我们在德育内化过程中，对不同教育主体的影响进行自觉协调，充分发挥社会环境因素的积极影响作用，形成良好的德育内化氛围，收到较好的德育效果。

（三）内化是衡量德育效果的重要标准

德育的本质就是按照一定的社会道德要求，有目的、有计划、有组织地对受教育者进行教育引导，把一定社会道德要求转化为教育者所期望的思想品德的活动。评判德育活动是否成功或其效果如何，关键要看受教者是否已经把社会道德要求内化为自身的道德意识。只有内化了的社会道德规范才能形成学生的道德品质，才可能指导学生做出道德的行为，从而养成良好的道德行为习惯。相反，通过强制单向灌输给学生的社会道德规范和道德要求，学生可能也会熟记，但并未内化，学生是不会形成道德观念，也根本不可能作出道德的行为。所以，学生是否内化道德是衡量德育活动有无效果或效果好坏的重要标准。这就要求教育者进行道德教育时，必须要注意使受教育者"心悦诚服"，即让受教育者情感上接受、心理上认可、判断上认同，只有这样才能把外部的德育影响内化为自身的道德素质，真正掌握德育要求和内容，德育效果也就大大增强。如果受教育者只是熟记德育内容，那么社会道德规范还是一种完全外在的客体而没有真正地内化形成为其自身的道德素质，那么不能认为受教育者已经实际具有道德品质。可见，德育的效果是可以用内化来衡量的，从这个意义上看，内化不仅是德育的结果，更是提高德育实效性的必要保证和必然支撑。

二　内化是促进个体品德完善的必要条件

自我品德的完善是个体自身发展的需要和精神追求。个体品德需要经过内化和外化才能不断积累和养成，内化是促使个体道德品质不断发展、道德境界不断提升的必要条件，也是个体得以生存于社会、适应于社会，从而维系社会稳定运转的必然要求。

（一）道德内化是个体自身完善发展的需求

人与动物本质区别的显著特征之一是人的精神属性，正是因为人具有精神的需求，人类才能超越动物的"本能的活着"而成为社会存在物，人类才不像动物那样依赖于生理的存在，而是依赖于精神创造去追寻自身生命存在的意义。人的发展不只是生理机能上的成熟，更多的是精神世界的富有和精神境界的提升。正如马斯洛所说："精神生命是人的本质的一部分，从而，它是确定人的本性的特征，没有这一部分，人的本性就不完满。"[①] 个体存在和发展的最终价值和目的在于其自身的自我完善。道德以能动的方式来把握世界，具有引导和规范人们社会实践活动的功能，它是对一定社会经济关系的反映。道德作为一种人类社会特有的产物，掌握它不仅有利于个体自身的发展，而且有利于个体获得社会的肯定和认可，提高个体的社会性。个体正是通过对社会道德规范的内化，来把握自身生存发展与社会和自然的关系，感受社会关系的脉动及识别社会发展的方向，认识人生的价值和意义，并确立自己的道德理想，自觉地明辨荣辱、扬善抑恶，保障社会和个人的健康发展。道德内化即以内化视角来研究个体品德的形成和发展，来完善个体的德性和提升个体的道德境界，进而推动道德文化的继承和传扬。其实质就是把一定社会道德规范转化为个体品德，以实现个体自我道德的完善。只有完成道德内化，才能使个体自觉地将社会要求的思想道德观念纳入自身道德图式结构之中，使个体真诚地信服、接受和遵守社会的道德原则和规范，并使之成为指导其思想、行为的内在精神力量。一方面，道德内化满足了个体的精神需求，提高了个体品德素养，不断促进个体人格的全面、健康成长；另一方面，道德内化也使社会道德原则和规范实现了其存在的意义和价值，成为引领现实社会道德风尚不断创新进取的精神力量，推动着社会不断地进步和发展。

（二）道德内化是个体生存于社会的必要条件

个体作为一种客观存在，是不能脱离社会独自生存和发展的。因为"人的本质并不是单个人所固有的抽象物，在其现实性上，它是一切社会

---

① 王家云、张启树：《现代教育学基础》，安徽大学出版社 2004 年版，第 44 页。

关系的总和"①。人是一种社会意义的高级动物，社会属性是人的本质属性，人之所以为人就在于其社会属性。人是群居于社会、依赖于社会的，对社会有着一种归属的需求和获得认可的渴望。由诸多个体构成的社会有机体，维持其正常有序运行必然要靠一定规范的保障，道德就是其中尤为重要的一种。道德作为维系人们共同社会生活的准则，是处理人与人、人与社会之间关系及实现自我完善的一种重要精神力量，是保障社会这一"人的集合体"有序运转必不可少的手段。因此，个体具有道德的需求并以此为动力去认同道德、内化道德，进而融入社会成为这个集合体的一员以获得社会的认可。但在当今多元化发展的社会现实下，大多数社会成员认同社会道德规范和要求，有科学的人生价值观和坚定的理想信念，对中国特色社会主义事业的建设发挥着重要作用。但有些社会个体不乏具有良好的道德认知水平，却不注重自身道德素质的养成，长期忽视道德内化，不认同、不接受社会的道德规范和要求，在社会现实中的道德表现实在令人担忧。现实生活中有些个体在实际行动中，特别是在无人监督的情况下往往作出背道而驰的不道德行为。"言行不一""知行不一""表里不一""德性和德行不一"的"说一套、做一套"的不道德现象屡见不鲜。其所作所为跟社会格格不入，自诩为愤世嫉俗、清高、个性，实际上是不愿接受社会道德的规范和制约，自身道德素质不高的表现。这些状况足以体现出个体道德内化的缺失问题，这也是导致某些个体不能融入社会、不被社会所接纳和认可的根源所在。学生的道德品质不只是一个认知问题，更重要的是将道德认知转化为道德需要，进行道德内化的问题。一个道德缺失的人，人们会因担心其不道德而拒绝与他进行交往与合作，使之被排斥隔离在社会群体之外。相反，一个道德的人会有明确的道德意识和强烈的道德责任感，能够为社会群体所容纳和接受为社会有机整体的一部分，从而使其获得一种社会归属感和安全感。因此，道德内化是个体融于社会的客观要求，也是个体生存与发展的必要条件。

（三）道德内化是维系社会稳定的必然要求

没有秩序社会便无法正常运行，任何社会的有序运转都要通过一定的规范、要求和制度等来维持和保障。列宁指出，道德是"多少世纪以来

---

① 《马克思恩格斯选集》第 1 卷，人民出版社 1995 年版，第 60 页。

人们就知道的，千百年来在一切行为守则上反复谈到的、起码的公共生活规则"①。道德就是维护社会生活秩序，对保障社会的稳定有序发展发挥着积极作用的规范和准则。客观存在的道德规范和准则本身是不会自动对社会关系进行维护调节的，必须被社会个体所接受内化为自身的道德观念和道德意识，才能以个体外化行为的方式来体现调节功能发挥的作用。良好社会生活秩序的形成、巩固和发展离不开道德，道德通过内化对人的意志、行为和品格发生深刻而广泛的影响作用，来促进人类群体间的友好合作与和谐相处，不断推动社会文明持续向前发展。反之，如果道德不能被个体所内化，社会道德规范就不能被成功地转化为个体道德，无道德引导的社会很难保障人们真正过上安居乐业、和谐相处的美好生活。即使有法律的严厉制约，但其发挥作用的范围是非常有限的；而道德发挥作用的领域是极其广泛的，它不仅深入社会生活的各个方面，而且深入人们的精神世界。可见，道德内化是维持社会稳定的必然要求，对于社会和谐有序发展尤为重要，是构建和谐社会的重要条件和经济社会健康发展的必要前提。但反观我国社会道德现状，诚信缺失、作假盛行、道德冷漠、行为自私的无视社会道德的知而不信、知而无情现象屡屡出现，究其原因在于社会道德规范未能够被社会成员所内化，道德内化的缺失已成为当今社会的严重问题，对社会的健康稳定发展造成了一定程度的危害。因此，要加大社会主义道德规范体系建设力度，加强社会主义核心价值观教育，积极引领和促进社会成员对社会道德规范的内化，以不断提高社会成员的道德素养，维持和构建和谐稳定的社会，促进经济社会有序、健康发展。

三　内化是应对高校德育现实挑战的需要

当今世界，在科学技术迅猛发展、知识经济日益突出、各种竞争异常激烈的新形势下，德育在人才培养过程中发挥着越来越突出的作用。我国正处于巨大的社会变革时期，不断深入的改革开放和现代化建设，使高校德育内化所依存的国内条件和国际背景发生了巨大变化。全球化、网络化、文化多元化和后现代主义等具有时代特征的新情况、新形势，使高校德育面临着极为严峻的现实挑战。德育内化是优秀人才培养的基础内核，加强德育内化，坚定个体的道德信念，培养个体优良的道德品质，是高校

---

① 《列宁选集》第3卷，人民出版社1995年版，第191页。

德育应对现实挑战，面对世界和未来，勇于创新和发展的客观需要。

（一）全球化给高校德育内化带来的挑战

全球化是当今世界不可阻挡的发展趋势。全球化作为我们时代的特征，"从许多意义上讲，同任何政治字眼相比，'全球化时代'都是一个远远准确得多的标识"①。在轰轰烈烈的社会发展进程中，以"经济全球化"为核心的全球化，辐射到了政治、文化以及人们生活的各个领域。肩负培育思想道德主体使命、传播道德文化信息的德育，最能敏捷地感受和把握时代的脉搏，也最容易受到全球化这把"双刃剑"的影响。全球化时代的到来，既使传统道德观和价值体系受到一定的冲击和挑战，也开拓了我们德育内化研究的新视角。因此，对全球化现象的解读是我们研究全球化背景下高校德育内化问题的基础和前提。全球化已经波及全球经济社会发展的每一领域和地球的每一个角落，全球化也深深地影响着我国高校德育，对我国高校德育造成深刻的影响和挑战。全球化促使国际社会交往频繁、影响加深，带来了不同思想文化的相互影响和碰撞，人们只能利用而不可违背它。在全球化的融合性、矛盾性、动态性的发展进程中，也给不同思想文化的借鉴与吸收的德育内化带来了巨大的挑战。大学生往往对全球化的本质认识不深，只看到全球化对世界经济和文化发展的推动和促进，看不到少数发达国家利用全球化实现其操纵发展中国家和欠发达国家的目的。西方发达国家通过全球化不择手段地拉拢其他国家的优秀人才为其效力，大肆宣传西方腐朽的思想文化价值观念和堕落的生活方式，造成学生道德认知不科学、道德信念不坚定、道德内化功利化思想严重等问题，对我国德育造成诸多挑战和难题。

首先，全球化使德育内化环境更加复杂。环境是指围绕着某一事物周围并对该事物产生影响的所有客观现实，即某一事物生活的所有外部条件的总和。德育内化环境即是指对德育内化活动产生影响的所有外部因素的总和，它是由各种各样的环境因素构成的复杂系统，对德育内化的影响无时无刻不在发生着，它们从各个方向形成一种"合力"，影响着德育内化以及个体品德的形成。随着全球化时代的到来，我国德育内化环境受到严重影响，尤其是社会环境因素发生了巨大的变化。经济全球化促进了我国

————————
① ［美］佛朗西斯·福山：《全球化：时代的标识——国外著名学者政要论全球化》，中国现代国际关系研究所全球化研究中心编译，时事出版社2003年版，第2页。

社会生产力的发展，提高了我国经济发展水平和生活水平，使人们的居住、交通、通信、文化、教育、卫生、社会保障等条件得到极大改善。同时，人们的思维方式、价值观念、生活方式等也受到深刻的影响，一些人自觉不自觉地接受了"消费主义""享乐主义"的错误观念，形成金钱、消费和享受是人生唯一目的的错误认知，没有高尚的道德信仰与追求，只是贪图获得一时的虚假幸福和感官暂时的满足。其实，在这背后隐藏着的却是对生命存在价值的焦虑和道德意义的缺失。而且，"由于人类面临的全球性问题日益突出，如核武器的扩散、贫富差距、温室效应等，需要人们从一种抽象的以全人类共同利益出发，超越国界的价值观和思维方式来思考问题，很容易被鼓吹用'全球一体化'来模糊主权的界限，弱化人们对国家和民族的感情"[1]。全球化很容易淡化人们对本民族和自己国家的情感，以国家和民族的道德情感作为根基的德育内化将受到很大的影响。因此，全球化时代趋势下要求我们必须勇于面对环境复杂化的挑战，及时调整德育内化方式和手段，教育引导学生以正确的道德认知和思想观念去面对纷繁复杂的物质世界。

其次，全球化使德育内化面临多元化价值观的影响。全球化已经成为当今时代发展的重要趋势。新技术革命极大地推动了全球生产力的发展，商品和资本市场的扩大化促进了世界各国和地区在经济、政治、文化上的联系，使不同国家不同民族之间人们的思维方式和价值观念相互碰撞、相互影响。在我国，随着全球化浪潮的推动和改革开放的不断深入，自由、民主、平等等西方思想观念对人们的道德价值观造成了严重的影响和冲击。尤其是心理、思想尚未成熟的学生极易陷入盲从，对原有道德准则、道德信念产生质疑与动摇。很容易面对蜂拥而至的各种思潮、观念和消费观等，既不去考究其产生的社会历史根源，也不去做深入细致的是非优劣分析，只是一味茫然地"跟着感觉走"，盲目崇拜、迷信、效仿和复制，使得现有生活中出现了进步的与落后的、健康的与糟粕的、文明的与腐朽的现象良莠并存。学生不再是只受一种核心价值观的影响，而是往往受到多种价值观的冲击，特别是腐朽没落价值观的消极影响，使他们的原有道德价值目标被湮没在多元化的价值目标中，造成价值判断标准和价值选择

---

[1]　朱世宏、王巍巍：《全球化时代我国高校思想政治教育方法创新》，《西南石油大学学报》（社会科学版）2011年第3期。

混乱，丧失了对各种不同价值观念的甄别和判断能力，使学生感到无所适从，不知道应该去追求什么、应该反对什么，表现为实际生活中的道德困惑和道德信仰危机。这些现象的存在直接削弱了德育内化的一元价值观导向，对社会主流价值观的培育实施带来了困难，影响了德育内化的顺利实施，给学生对社会主义核心价值观的认同也带来了障碍。当然，在全球化背景下，这种多元文化、多元价值、多元道德共存的状况，如果按传统做法那样利用一元的文化、价值、道德同化异质的文化、价值、道德，已经是不可能了，而是要采用兼容并蓄的包容态度来对待。要注意培养学生具备宽广的胸怀，既对不同的思想文化、价值观念、道德取向采取兼容并蓄的认知态度，又不能走向道德情感的冷漠、纵容与盲从，能够切实把握好自己的道德底线。党的十六届六中全会指出："坚持以社会主义核心价值观体系引领社会思潮，尊重差异，包容多样，最大限度地形成思想共识。"① 因此，学校德育内化要加强学生的社会主义核心价值观教育，引导学生利用全球化的背景条件丰富正确的道德认知，帮助学生形成坚定的道德信念，使学生作出适当合理的道德行为选择。

再次，全球化使德育内化面临文化霸权的冲击。"文化霸权"的概念是由意大利思想家葛兰西提出的，他把霸权理解为"强制"或"同意"的意思。文化霸权是指"霸权国家从本国的利益和战略目标出发，立足于自身的文化强势地位，向世界上其他国家尤其是落后国家进行文化渗透和扩展，迫使别国接受其价值观念和意识形态，以达到制约、影响世界事务以及发展中国家内部发展过程为目的的一种国际霸权行为"②。西方发达国家凭借其全球化背景下经济、政治的强势地位，强制推行、渗透和扩张它们的文化意识，试图实现西方文化的全球化和一体化。社会主义的中国，当然地成为文化霸权攻击的主要目标，传播道德文化的德育不可避免地也会受到影响和冲击。而且，由于道德文化表现形式的丰富多样性决定了其交流与渗透往往是无形之中的，可以发生在政治生活、经济生活和文化生活等社会生活的各个方面，文化霸权主义可以通过多种渠道进行渗透，如外交活动、商业活动、电影娱乐、广告宣传、语言渗透，等等。尤

---

① 党的十六届六中全会，《中共中央关于构建社会主义和谐社会若干重大问题的决定》，2006 年 10 月 11 日。

② 俞可平：《全球化：西方化还是中国化》，社会科学文献出版社 2002 年版，第 248—250 页。

其是网络对道德文化造成的冲击，使德育内化面临巨大的挑战。有数字统计，全球90%的互联网业务量发生在美国，全球访问量最大的网络站点几乎都建立在美国，互联网的网页81%是英语的，在互联网上的输入、输出信息流量中，美国达到85%以上，而中国则仅占0.1%。正因如此，"阿尔温·托夫勒曾在《权力的转移》中写道：'世界已经离开了暴力与金钱控制的时代，而未来世界政治的魔方将控制在拥有强权人的手里，他们会适用手中掌握的网络控制权、信息发布权，利用英语这种强大的文化语言优势，达到暴力金钱无法征服的目的。'"① 阿尔温·托夫勒的描述深刻地揭露出"文化霸权"的实质。文化代表着国家、民族的精神特质，道德文化更是国家、民族精神特质的集中体现。为了"历史地终结"中国的社会主义制度，西方资本主义国家凭借其经济、政治优势，对我国意识形态进行肆意攻击，严重影响了我国优秀文化的繁荣发展，对我国道德文化的发展和弘扬造成巨大的覆盖和威胁，对包括大学生在内的年青一代产生同化和销蚀作用，最终会造成我国优秀传统道德文化的扭曲和流失。为此，我们应该提高警惕，在吸收西方积极文化、先进文化成果的同时，高校德育一定要加强对大学生科学人生信仰、正确道德价值观的内化和培育，增强大学生对中国特色社会主义文化的认同，坚定社会主义道德信仰，勇于应对西方文化霸权挑战，保持本民族文化的健康发展。

（二）　网络化对高校德育内化的挑战

在互联网风靡全球的今天，网络已经超越了其内在技术层面的意义，成为继报纸、电台和电视之后最具活力、开放度最高的"第四种媒体"，它以独特的展现方式和丰富的信息内容向人们提供了一种全新的认识和把握事物的环境。牢固的大学围墙已经难以抵御信息网络的渗透和冲击，具有独特魅力的网络文化使越来越多的大学生趋之若鹜，学习、生活和行为模式被迅速网络化，各种思维方式、价值观念与思想体系在网络上相互碰撞、相互交融，强烈冲击着当代大学生的思想道德体系，给高校德育内化带来了新的挑战。

网络是一种传输和接收信息的虚拟平台，为了达到资源共享的目的，可以通过它把各个点、面、体的信息相互联系。在计算机领域中，为了达到资源共享和通信的目的，就是利用特殊的物理链路，将各个孤立的工作

---

① 陈立：《中国国家战略问题报告》，中国社会科学出版社2002年版，第40页。

站或主机相连在一起组成庞大的数据链路。计算机网络本质上就是一种实现资源共享的系统，它是利用通信设备、通信线路和功能强大的网络软件（相关网络协议、信息交换方式及网络操作系统等），把具有独立功能但处于不同地理位置的多个计算机系统连接起来实现的。美国是网络的发源地，它是电子技术与现代通信技术集合结晶而成的产物。当前发展较为成熟的互联网络是 Internet，它能把全球各种丰富的信息资源通过电子技术和通信技术等，即时即发地传送给拥有符合技术要求设备的每一个人。"网络的自由性和多元性、即时性和放大性、隐匿性和表达的真实性"[1]等特点，使思想活跃、视野开阔、勇于创新的大学生成为网络的忠实群体，也使培养高端人才的大学一直是处于利用和发展"网络化"的前沿。高校充分发挥和利用网络的优势，大量增加相关专业理论知识，学生可以利用超文体的结构形式，选择适合自己的知识内容。网络化条件下增强了师生互动性，使教学更具有交互性，更有利于学生主观认知的形成与发展。自 1994 年 4 月中国正式获准成为国际互联网成员以来，我国国内网络用户迅猛飙升。中国互联网络信息中心统计数据显示，截至 2014 年 6 月，我国互联网普及率达到 46.9%，网民规模已达 6.32 亿。在我国互联网用户中，20—29 岁的年轻人占 30.7%，大专以上学历的占 51.7%。2014 年上半年，网民对各项网络应用的使用程度更为深入，网民生活开始全面"网络化"。[2] 毋庸置疑，网络化对高校大学生的思想观念和道德品质产生了不可避免的重要影响，并呈现出积极和消极同时并存交织的矛盾状况，这给高校德育内化工作带来严峻的挑战。

网络化降低了德育内化的权威性。学生对道德教育的认可是学校德育取得良好效果的前提和保证。没有权威性的德育，是不容易得到学生信任的，德育内化的效果也就可想而知。无网络时代学生获得德育信息的渠道主要是学校，学生学习生活的范围主要在学校，信息来源相对来说比较单一和封闭，所以不管德育的方法和效果如何，其权威性对学生来说还是非常强大的。因此，无网络时代学校德育所传输的思想道德观念是高高在上的，其权威性和强制性很少受到学生的质疑，学生往往是毫无选择地接受和内化，德育的内化目标很容易完成。但是，由于网络化时代的到来，网

① 马军红：《网络舆情对大学生的影响及教育对策》，《中国成人教育》2014 年第 1 期。
② CNNIC 发布第 34 次《中国互联网发展状况统计报告》，2014 年 7 月 21 日。

络信息的多元性和开放性使学校德育的权威地位受到很大冲击，以往学校德育只靠单向传输就可以对学生形成强大的教育优势，其主导作用很容易得到发挥。而现在，大学生通过网络了解的道德信息呈几何倍数增加，他们对海量道德信息的自主选择性又空前增加，甚至有时仅凭自己的好恶去判断。网络化背景下海量的网络信息错综复杂地交织在一起，使学校营造的德育环境和组织的德育内容不再处于优势地位，学生也不会再义无反顾地去接受和内化，使德育内化任务的完成和内化目标的实现有了一定的难度。高校德育在大学生思想成长空间中的主导作用受到严重冲击，德育无可置疑的权威性地位已成为过去。由此，网络化给德育内化造成的是如此的现实困境：一方面是学校思想道德教育的努力引导；另一方面是网络传播的一些消极腐朽的不良信息的诱惑。这样，就造成了学生内心的道德困惑和矛盾的冲突：是相信学校传授的道德知识还是相信网络上流行的有关道德信息，究竟哪一种是真实的、合理的？其结果只会导致学校德育的权威性和德育内容的正确性被学生质疑，不可置否会使学校德育内化的效果大打折扣。

网络化弱化了核心价值的影响力。过去，在我国信息渠道相对单一的时代，由于相关部门对道德信息传播的控制力和影响力都非常强大，再加上传播道德信息的渠道非常有限，学生受到消极的、不良信息影响的可能性很小，获得的道德信息基本上都是积极的、正面的，容易形成思想道德观念和价值取向的一致性。因此，社会和学校所传递的核心价值观能够被学生比较容易地认同和内化，引领学生形成正确的道德观念，起到完善学生道德品质的作用。但是，在网络化时代，可以说传播的不可控性造成的网络道德信息是铺天盖地、泛滥成灾，各种思想道德观念和价值取向形式多样、千姿百态地展现在学生面前，让学生感到眼花缭乱、无所适从。互联网的自由性和开放性使得一些不健康的垃圾信息和腐朽落后的思想观念充斥其间，极大地消弭了社会核心价值观的引领作用，为消极道德观念和不良思想倾向提供滋生的温床，阻碍了学生对德育内容的理解和内化。并且，这些相互对立、相互冲突、虚假、不健康的信息极易造成学生的价值冲突和心理困惑，会使部分学生信以为真，盲目跟风，对于科学人生观和道德风尚在形成之中的学生会产生极为有害的误导，对学生道德认知和道德观念形成消极的影响，严重危害了学生的德性养成。甚至一些学生轻信网络不良信息的影响，把享乐主义、拜金主义作为自己的价值取向和生活理想，人生观、道德观发生严重扭曲和错位，盲目崇拜所谓"自由"的西方意识形态，抵制不住西方一些腐朽生活方式的诱惑，成为"西化"的忠实俘虏，对社会核心价值观不屑一顾，根本就不去认知和内化，对学生思想品德的形成与发展产生极大的消极影响。"尤其是在当下，市场经济的趋利性和消费主义价值观的蔓延，使人们更多关注自身利益的诉求，而较少接纳和认同所谓'理想信念'。时下，一些世俗化的大众网络文化极为盛行，往往对主流意识形态的表达话语进行曲解或肆意调侃，主流意识形态的影响力和凝聚力、严肃性和权威性受到严重挑战。"① 世俗化的网络传播更使得学校德育内化步履维艰。如 2013 年 5 月 2 日广西某大学学生廖某因沉迷网络欠下债务实施抢劫被依法逮捕。诸如此类案件的频发说明大量的网络消极信息已极大弱化了核心价值观的影响力，严重危害了大学生正确道德价值观的形成，加剧了学校德育内化的复杂性和艰巨性。

　　网络化对教师素质提出新的要求。德育教师是思想道德教育的主体，他们的素质状况直接关系到思想道德教育工作的成败。传统的德育内化观念中教师具有崇高的地位，是道德知识的拥有者和监督者，他们的职责就是对学生进行道德规范和道德要求的传递。传统的德育内化采取"国家制定德育内化目标—学校安排德育课程—教师在课堂上灌输德育结论—通过卷面测试进行主观评价"的模式进行，教师只要按照德育课程内容尽心尽力地"传道、授业、解惑"即可。但在这种德育内化中，教师的讲授完全脱离了学生的实际生活，对学生空谈崇高的理想和崇高的道德目标，忽视学生的亲身感受和情感体验，往往把学生的专业学习和道德学习混为一谈，用智育的方式进行德育，再加上内容枯燥抽象，手段呆板机械，使学生感到厌烦，造成"老师讲半天，不如学生网上转一圈"的事倍功半的效果。学生即使学习了不少道德知识，但真正能够接受和内化的并不多，甚至就没有内化只是全盘接收而已。但随着网络化时代的到来，道德信息知识的取得方式发生了转折性的变革，学生自己就可以通过网络能够轻而易举地获取大量的道德知识信息，而且互联网以其现代化的手段和声、图、文并茂的传输方式深得大学生的喜爱，如此传播的信息很容易被大学生接受内化，甚至对大学生的思想道德、价值取向起着颠覆性的影

---

　　① 叶政：《略论信息网络化条件下的主流意识形态建设》，《淮北煤炭师范学院学报》（哲学社会科学版）2006 年第 5 期。

响，这不能不引起教师的重视和反思，也对德育内化中的教师提出了新的要求。网络化使高校与社会的联系日益紧密，德育教师再运用僵化的、落后的德育内化理念和手段传授德育内容显然已不符合网络时代发展的要求。网络化正在使德育教师失去教学中的绝对主导地位，使其不再仅仅只是道德信息的传递者，而是具有高水平道德素养的处于教与学互为一体位置上的指导者和督促者。德育教师的作用更要体现在引导和帮助学生掌握道德信息处理的方法和分析问题、解决问题的能力上。因此，可以说，当前网络化对德育教师最大的挑战就是其是否具备处理网络信息的综合素质。"在信息社会，一个人拥有知识的标志是什么？回答是：信息素养。"① 2003 年，联合国教科文组织发表了《布拉格宣言：走向具有信息素养的社会》，这意味着信息素养已经成为当今时代人们应具备的基本素质。"信息素养是一个比较宽泛的概念，它着重于信息内容的分析、检索和评价，是一种理解、发现、评估和利用信息的认知能力和逻辑推理能力，属于人的智能。"② 网络化背景下德育教师必须具备较高的信息素养，才能有效帮助和教育学生正确认识网络环境中各种现象的复杂性，提高学生获取、辨别、选择和运用信息的能力，以批判的眼神对待海量流通的信息，使大学生能在良莠并存的道德信息大潮中去伪存真，辨别道德信息的虚实真伪，接受和内化正确的道德信息，引导学生形成科学、正确的道德价值观，促进学生的道德内化，防止学生湮没在网络信息的汪洋大海之中。

（三）文化多元化对高校德育内化的挑战

文化是人类的各种活动在思维中的反映，是人的精神需要和价值追求的体现。文化是一个内涵非常丰富的概念，在这里我们所理解的文化，是指作为观念形态存在的，有关人类社会生活的思想理论、道德风尚、文学艺术、教育和科学等精神方面的内容。③ 文化的产生和发展是由一定社会经济基础所决定的。毛泽东曾指出："一定的文化（当作观念形态的文化）是一定社会的政治和经济的反映。"④ 改革开放以来，我国社会由计

---

① 马和民、吴瑞君：《网络社会与学校教育》，上海教育出版社 2002 年版，第 240 页。

② 朱银瑞：《网络道德教育》，社会科学文献出版社 2007 年版，第 227 页。

③ 本书编写组：《毛泽东思想和中国特色社会主义理论体系概论》，高等教育出版社 2010 年版，第 248 页。

④ 《毛泽东选集》第 2 卷，人民出版社 1991 年版，第 663 页。

划经济过渡为市场经济、由封闭型转变为多层次多领域的开放型、民主政治制度越来越完善和健全，社会发生了重大的变化。经济市场化、社会多样化、政治民主化成为文化多元化形成和发展的根本推动力，当今我国文化发展已经呈现出多元化的趋势和格局。文化多元化是指一个国家或民族在不断发展过程中形成的以本国或本民族主流文化为主的多种文化兼容交织的发展态势，具有多样性、稳定性和交融性的文化多元化已成为社会发展的现实背景和必然的历史客观趋势。当今社会，纵观多元文化的发展状况，既形成了多种文化之间相互交流、融合的时代格局，也有着多种文化之间的相互背离、纷争与冲突，使价值标准的多元性和意识形态的差异性日益凸显。文化多元已成为当今世界文化发展的一种客观现实和历史趋势，深刻地影响着社会生活的各个领域。在我国，既要面对文化已呈现出多元发展的现实格局，又要防止文化多元化带来的道德相对主义的危害，尤其是多元文化对学生思想观念和价值取向造成的冲击与挑战。防止和避免文化的无序导致青年学生伦理道德的困惑、价值观的混乱以及道德信仰的危机，是当前高校德育内化亟待解决的现实课题。

多元文化冲击核心价值观的认同。在过去较为单一、封闭的环境下，社会主流价值观在思想文化领域中处于核心地位，其他思想文化几乎都被边缘化，社会利用一些行政手段去压制、排斥其他思想文化来消灭差异，以达到思想观念的一统化。但是在文化多元化时代，社会承认文化的多样性，不同特点的文化都被得到包容与认可，使各种不同类型的文化得以传播和张扬。特别是处于强势地位的西方文化的大肆渗透和扩张，严重威胁着社会主义先进文化的主导地位，弱化了我国社会核心价值观的认同。诸如，自由主义、个人主义对集体主义的消解；消费主义所带来的拜金主义、享乐主义使一些人日渐疏离核心价值观；大众文化的商品化、快餐化、低俗化、娱乐化更能吸引公众的眼球而被接受，对核心价值观的传播和认同产生遮蔽，等等。凡此种种情况，都使我国核心价值观的认同遭受到不同程度的冲击和影响。大学生思维敏捷、思想活跃，但心理、人格尚不够成熟，对新生事物比较感兴趣，更容易受到西方文化的影响，被西方的价值观念所诱惑。尤其对一些来自西方的腐朽文化不加辨别地去追求和崇拜，导致价值取向和生活方式出现明显"西化"，而对本民族文化却不屑一顾。如在当今大学校园中流行的庆祝西方节日的狂热，像情人节、圣诞节、愚人节，等等，学生们盛情以待、无一不隆重度过，而对我国的一些传统节日，若不是法定节假日的假期，甚至连具体时间都忘记了，更不要说其丰富的内涵和重大的意义所在了。在注重个人人权和自由观念的西方文化影响下，有些学生片面强调个人利益和讲究个人权利而忽视集体利益与他人利益，把金钱作为衡量人生是否有意义的价值尺度，把追求奢侈的物质生活作为人生的目的，把及时行乐作为人生追求的最高境界。这些现象屡屡发生在当今的大学校园中，甚至正在被部分大学生所推崇。长此以往，对我国社会主义核心价值观认同造成严重冲击，会导致整个民族的道德观念认同危机，而离散和衰弱民族文化的凝聚力。在此情况下，加强德育内化，坚持社会主义文化的主导地位，引导大学生认同社会主义核心价值观，对我们来说已是一个无法回避的现实问题。

多元文化使德育内化面临相对主义的危险。文化多元化的客观发展趋势，使传统社会的一元价值观、一元文化逐渐被瓦解。哲学家鲍曼指出："我们的时代是一个强烈感受到道德模糊性的时代，这个时代给我们提供了以前未享受过的选择自由，同时也把我们抛入了一种以前从未如此令人烦恼的不确定状态。"① 多元文化背景下，个体可以自主选择自己喜欢的生活方式，只要对他人和社会没有危害即可，从而摆脱了一元文化的强制束缚。但同时，多元文化会使个体在某种程度上失去终极价值的依托，不可避免地陷入道德相对主义的危险，导致价值观的困惑和道德的模糊，甚至如奥地利哲学家费耶阿本德所说——怎么都行。的确，在文化多元化时代，社会承认文化的多样性，承认文化要素之间的平等、差异，强调对不同文化的包容、认同。这就很容易使人产生相对主义价值观的错觉，以为无论什么样的文化都是社会允许和认可的，没有科学合理的是非、美丑、善恶的评判标准。相对主义价值观给片面强调个人价值，按照自己喜好和价值意向去追求生活真谛的个人主义给了借口和理由。相对主义对差异性、主观性和不确定性的过分包容，很容易动摇大学生的价值取向和理想信念，导致大学生道德内化选择的迷茫，不能形成正确的道德认知和道德观念，使德育很难准确把握学生的思想道德状况，给学校德育内化实施造成很大困境。况且，大学生自控能力并不强，受文化多元背景下相对主义价值观的影响，容易在道德原则上摇摆不定，不能确定什么是该做的，什

---

① ［英］齐格蒙特·鲍曼：《后现代伦理学》，张成岗译，江苏人民出版社2003年版，第24页。

么是不该做的，往往处于道德选择的困惑与矛盾之中，相对主义恰好为他们的选择找到了开脱的理由。可以说，相对主义价值观实质是降低了大学生道德内化选择的难度，使他们有了推卸道德义务和道德责任的借口。实际上道德相对主义必将导致对道德决定性的抹杀，是对大学生道德内化选择的迷惑，很容易使大学生在多元文化的冲突中陷入道德价值迷失的泥潭。相对主义道德认为没有绝对正确的标准来评价一个人的善与恶，其结果会导致德育内化没有存在的必要性。"相对主义价值观教育理论主张价值观多元与相对，单纯进行所谓的道德选择、道德判断等价值能力的培养，但这种道德价值观教育模式由于破坏了人们对共同的道德规范的信仰，反而使得学生在具体的道德情境中因失去判断的依据而无所适从。"①道德相对主义的最终后果会使学生不相信存在任何一种正确评价标准，也就不信服德育传输的"应该做"或"不应该做"的德育内容，当然不会去认同和内化德育内容。道德相对主义使道德成为"唯我"的道德或无善的道德，抹杀了道德的绝对性，不仅抹杀了德育的意义，消解了德育的本质功能，更影响了学生道德品质的健康发展。

多元文化使德育内化遭遇困境。"明明德，新民，止于至善"是中国传统文化的道德价值诉求，也是德育的根本宗旨。把社会公认的道德规范内化于学生的身心，培养和塑造学生优秀的道德品质，使其无限接近"至善"的道德目标，成为单一文化背景下学校德育的主旨。学校德育在各种制约下围绕着一元文化来进行，任何个体的思维方式都紧紧围绕这一核心价值要求来体现，人们的道德价值观一以贯之。但在存在着多种文化和道德价值观的多元文化社会中，它们都有其存在的客观性。因为多元文化强调各种文化之间相互地位的平等，包容文化的特殊性和差异性。由此，多元文化强调没有绝对价值和绝对权威，任何文化都只是众多文化中的一种。认为任何一种文化强调的道德只是意味着一种道德上的追求，不存在具有唯一正当性的道德教育要求。所以，尽管多元文化对一元文化的反动使人们在思想上和行动中获得一定的解放和自由，摆脱了一元价值独尊的局面，但是，由于多元文化缺少发挥引领作用的核心文化价值观，这就极易使个体在现实生活中发生道德冲突。尤其对青年学生来说，思想活

---

① 蔡鹤：《当代大学生加强自教自律的必要性》，《长春理工大学学报》（高教版）2009 年第 10 期。

跃、个性张扬，极易受到多元价值观的诱惑而陷入激烈的道德心理冲突之中，扰乱了学生价值标准的评判和道德行为的选择。因此，学校德育内化在多元文化社会中将遭遇如何把握好"一元"与"多元"之间关系的困境。这就要求我们在德育实践中，正确认识多元文化的多样性和同一性、差异性和共同性，注意在承认多元文化差异性的前提下努力扩大共识，坚持"承认多样，包容多样，尊重差异，谋求共生，倡导主流，确保底线，追求和而不同"①。

（四）后现代主义对高校德育内化的挑战

后现代主义是指 20 世纪 60 年代产生于欧洲大陆，70 年代末 80 年代初风行于西方社会，在一些来源广泛、观点各异、风格独特、观念体系相去甚远的思想基础上整合建构起来的一种思想流派。它的产生与当时西方社会的现实背景密切相关。首先是世界大战的残酷现实，使人们不再相信理性是为人类谋求幸福的工具，开始对资产阶级所提倡的以理性为核心的现代主义提出质疑；其次是新科技革命使人们在进行物质享受的同时，却要面对环境污染、温室效应、人口爆炸、贫富分化等种种问题导致的人类生存环境危机，人们开始对科技理性的功用问题产生质疑，以怀疑和否定为思维特征的后现代主义应运而生。后现代主义拒绝简单化的还原论倾向解释，不是一种传统意义上的严密思想体系，其自身是相当复杂和多元的。因此，"后现代"一词虽然频频出现、流传至今，但是它并无一个被普遍接受的确定性范畴。一般意义上讲，把后现代主义理解为是对现代主义的挑战、消解和颠覆，是对一些不言自明的主流观念的质疑，是一种崇尚多元和差异性的思维方式，是对"现代主义"或"现代性"的反思、否定、批判或超越。也有学者指出后现代主义者是悲观主义者，"他们期望发现多样性、无序、非一致性、不完满性、多元论和变化"②。正是基于这样的理解，有人把后现代主义简单概括为"对现代性的反思"。③ 由此，可以把后现代主义理解为对现代社会发展的负面影响进行深刻反思的一种思想运动，它是一种非本体论、非协同论以及断裂的历史观，以非理性、反基础、反中心、多元视角、反传统为其核心理论。

---

① 范树成：《多元化视阈中的德育改革与创新》，中国社会科学出版社 2010 年版，第 5 页。

② 王治河：《后现代哲学思潮研究》（增订本），北京大学出版社 2006 年版，第 10 页。

③ 陆有铨：《躁动的百年》，山东教育出版社 2001 年版，第 146 页。

后现代主义是对现代文明的批判和反思，已经成为当今时代精神状况的一种体现，其许多观念以丰富、新颖、独特的视角逐渐渗透和影响人们思想和生活的各个方面，为不同领域的研究开启了新的思考方向。高校德育也同样要不可避免地遭遇后现代主义的文化背景。后现代主义在为高校德育改革创新带来重要启示的同时，也为高校德育内化的理论研究和实践提出了许多挑战和值得思考的问题。后现代主义反对理性至上原则，排斥逻各斯中心主义，具有差异性、不确定性、多元性、宽容性、非理性等特点，后现代主义的思维方式已经渗透和影响了人们的生活，它是当今时代精神状况的一种体现。它对现代主义的理性至上进行了彻底的解构，鼓励人们重新审视一直被视为理所当然的现存道德信条和道德规范，后现代主义已经成为德育内化的现实境遇，对当前高校德育内化提出了新的挑战。

后现代主义使德育内化模式受到冲击。当前德育遵循一种强调统一、以教师为中心、以说教灌输为主的权威模式。学生作为被动的接受者与服从者其主要任务就是服从和遵循，教师是处于权威和统治地位的道德知识传播者和守护者，学生自主发展的空间极其狭小，主体性得不到应有的尊重，学生实际上异化为"道德知识袋"或"道德知识接收器"，不愿内化也根本就没有真正内化德育内容。在这种德育内化的权威模式下，学生的主体性被遮蔽和抹杀，师生之间缺乏平等的交流沟通与合作，师生关系是对立的、不和谐的。事实证明，学生往往通过抵制、反叛来宣泄对这种权威德育内化的不满。权威德育内化容易造成学生的逆反心理，影响学生对道德内容的认同，妨碍学生品德人格的发展，使德育内化收不到良好的效果。后现代主义反对教师在德育内化中的中心地位以及单向的道德灌输，认为教师不是道德价值观念的缔造者，更不是真理的化身，教师不能代替学生的道德内化判断和选择，教师只是德育内化过程的一个环节而已。后现代主义注重德育内化的对话性和理解性，反对权威，倡导多元性。主张德育内化应该采用对话方式进行，使学生能够以不同方式接受道德教育，以促进学生德性发展。后现代主义提出"教育即理解，通过教育，达到人与人之间的理解，从而使教育领域中的每一个成员都是其社区中的平等的一员，教师与学生的关系，不再是一种有知识的教师教无知的学生，而是在共同的教学过程中相互学习、相互影响"①。后现代主义主张，教师不能总是作为优势地位的一方出现，而应该更多地尊重学习者一方，特别是学习者的经验，因为学习效果最终取决于学生自己做了什么而不是教师，更何况教师传授给学生的也只是在某一领域、某一特定范围内有效的道德知识。权威德育内化无视学生既有的道德经验和道德价值观念基础，一味地强制灌输，无法保证学生道德内化的真实性和客观性，不能有效促进学生德性的完善。后现代主义对权威德育内化模式的批判给高校德育的改革创新以重要启示和反思。

后现代主义消解了德育内化目的观。德育内化目的是德育内化活动预先设定的所要达到的结果。崇尚理性、片面强调功利主义、凸显教育的工具性价值是现代教育目的的一大特色。现代德育也不可避免地沾染上这一功利性色彩，畅想让学生无条件地接受既定的道德价值和道德规范，培养具有理性的"完人"目标。认为人具有一致性均衡发展的理想状况，德育可以通过固定统一的模式大批量"生产"现代社会所需的"人才"，可以通过内化相同的德育内容培育具有一致高尚道德情操的"完人"。后现代主义认为"完人"教育目标的假设是把现实教育与理想教育混为一谈，因而对教育的作用不再抱有期望。后现代主义主张教育应以个体独特性发展为目标，强调教育目的的异质性，这样才能够让学生学会理解和接受道德的差异性。后现代主义者指出德育内化培养"完人"境界的教育目标存在一定的弊端。过于理想化的"完人"目标屏蔽了受教育者的自我思维，教育以统一的标准要求所有的人，其结果并不能培养出健全品格的个体，也不能更好地适应社会的发展。后现代主义者反对理性主义的话语霸权和德育内化目的的研究，认为那些界定性、精确性的话语只会导致思维的呆滞和骄傲的情绪。德育目的对未来人的发展作出规定是非道德的，在德育内化目的表述和选择上都应保持一种开放状态。后现代主义尊重个体的尊严和价值，主张德育内化目标的异质性、独特性，积极弘扬人的主体性发展，这些都对高校德育的有效开展起着积极的促进和借鉴作用，尤其在德育内化过程中需要引起足够的重视。

后现代主义对德育内化内容的影响。德育内容是指用来培养受教育者思想品德的原则、规范的体系，由社会发展的内在客观规律决定，是一个

---

① 黄志成：《西方教育思想的轨迹》，华东师范大学出版社 2008 年版，第 492 页。

社会历史时代发展的产物。在现代德育内化中，学校向学生传授烦琐、枯燥的道德规范、原则的知识信息作为德育内化的主要内容，将学生理解掌握僵死的道德规范教条作为德育内化的目的和核心，不仅使学生对抽象、枯涩的道德知识不理解、不认同，也造成德育内化重教书轻育人、重知识轻情感的现象。这种只见知识不见人的德育内容远离了德育内化的根本使命，违背了德育的道德性，使学生在情感上享受不到道德生活的愉悦，反而给学生带来的是心理上的负担和精神上的枷锁。学生不能接受和内化的德育内容，就成为堆砌起来的毫无用处的道德符号，使德育内化背上沉重的内容"包袱"，德育内化的效果也就可想而知。"后现代主义教育思想正是强调要通过教育，使人们对社会发展中的另一面——文化精神意识的重视，将科学理性与文化精神结合起来。在教育中更重视关注人，关注人的情感精神，使人们在受教育的过程中，既接受科学知识、理性思维，又具有丰富的人文情感精神。"① 后现代主义反对现代德育内化知识化、僵硬呆板的道德规范内容的传授与讲解，反对现代德育外在的、固定的、统一的理性基础，使道德知识远离了学生的实践，成为脱离了真实道德情境的形而上的东西，学生是很难理解和认同的，更不愿意去接受和内化。后现代主义认为知识是通过人的现实生活建构出来的，因此，不能把德育内容从现实生活中剥离出来，德育内容要取材于生活、回归生活。这对高校德育内容的组织有着非常重要的启示。高校德育必须回到学生的道德生活情境中来，以贴近学生的生活实际为原则的形而下的东西来丰富德育内容。后现代主义提倡"开放"的德育体系，就是要勇于面向社会、面向生活、面向未来，让学生在开放的社会实践中吸纳新的气息，锻炼道德的选择力和认识的创新力。因此，高校德育内容应从生硬冰冷的课程知识向具有生命灵性的现实生活的根本性转变。后现代主义教育思想坚持课程的建构性，主张"课程在本质上是建构性的。所谓的建构性，指课程不是预设的，而是由课程的各方参与者的行为及交互作用构成的；课程不是封闭、固定的，而是开放的、可调整的、随情境而变的"②。这就需要拓展高校德育课程，除了必须具备基本的道德规范和道德知识之外，还应该纳入学生在自身实践中获得的道德经验和学到的道德知识。所以，教育者要

---

① 黄志成：《西方教育思想的轨迹》，华东师范大学出版社2008年版，第492页。

② 同上。

鼓励学生主动参与社会实践活动，积极探讨社会热点问题，让大学生在丰富的、具有现实意义的德育生活中发挥自由和自主的权利，强化他们的道德责任意识和道德判断能力，在实践中树立科学的世界观、人生观和价值观，增强大学生道德知识与道德情境的融合。只有这样，才能使大学生积极内化德育内容，增长道德智慧，成长为符合社会发展需要的具有创新能力的合格人才。

第二章

不同视角道德内化的理论借鉴

道德内化是高校德育的首要环节，是学生品德形成的关键和基础。研究道德内化的基本理论，从不同视角对道德内化进行审视和理论借鉴，多方位观照道德内化，深入理解道德内化的本质和内涵，掌握道德内化的基本规律，有助于创新高校德育路径，提高高校德育实效性。

第一节　心理学视角的道德内化

道德内化是研究"人"对道德的内化，理所当然离不开人的心理活动。道德内化实质上就是一种高级复杂的心理活动变化过程。内化概念和内化理论被广泛应用于心理学领域，取得了颇为丰硕的研究成果。从心理学视角对道德内化给予观照，借鉴心理学的一些研究成果，对道德内化的心理因素、运行状态、心理结构及心理冲突进行分析，有助于我们进一步深刻地领悟道德内化。

一　道德内化的心理因素及作用

人的"心理"活动是思想品德形成的基础，任何人的道德内化都是在一定心理变化的基础上形成的。人的心理既是道德内化的发端与起点，又是道德内化形成发展的动力和条件，缺乏积极健康的心理素质就很难内化道德。人的心理因素主要包括知、情、意、信等因素，这些因素在人的道德内化过程中各自发挥着不同的作用。

（一）认知是道德内化的基础

道德认知是指个体对一定社会道德及其要求、原则和规范的理解和认识。个体品德的形成和发展离不开一定的道德认知，它是道德内化的前提和基础，也是个体品德养成的必要条件。道德认知并非对思想道德要求和规范原始的、单一的表象再现过程，而是个体在已有道德知识结构的基础上对思想道德要求和规范进行"加工"获取道德新知的过程。在这个过程中，个体不仅有对思想道德要求和规范的感性认识，更有对思想道德要求和规范的理解和创新。个体只有不断地进行道德认知，才能积累丰富的道德知识内容，提升道德意识水平和能力，促进道德内化的高效进行。

　　道德认知是道德内化活动的开端，它以自己独特的方式反映着道德内化活动的本质和促进个体道德的不断发展和完善。个体只有在积极的道德实践活动中接触和了解社会道德规范及要求，对相关道德规则、道德概念等有了正确认识，对道德是非问题有了正确的判断和推理，并逐步形成一定水平的道德认知，才有可能将道德规范及要求进行内化，来达到完善自身道德品质的目的。但道德认知不同于一般的认知，有其自身的特殊性。第一，道德认知是一种特殊的价值认知，这是区别于其他认知活动的显著特征。认知是一种以观念性或意识性的反应来把握客观世界的活动，一般的认知提供的知识是普通的客观知识，而道德认知提供的知识是特殊的价值知识。一般的认知是以描述和认识客观事实为对象，是在因果联系的基础之上建立的真理系统。而道德认知是以理解和认识人与自然、人与社会的利益关系为对象，通过对利益关系的规约而建立起来的关于对象的价值系统。第二，以正确反映社会利益关系的道德范例为主要对象是道德认知活动的又一特征。道德实质上是对蕴含利益关系的行为的一种协调与规定，个体对行为的协调与规定进行学习和认知的有效途径就是道德范例。它是"在道德实践中产生的，具有肯定意义的现实生活的典型，是能够使人产生美感的崇高形象，是内在的善品和外在的善行的统一。是'诚于中而形于外'的正面人物风范"①。道德范例是道德内容在客观世界中生动直观的表现形式和形象具体的事实确证。道德认知以道德范例为对象，有利于个体对道德规范和要求的确认和理解，促进个体道德认知水平的提高，有效提升道德内化的效果。从认知对象中获取价值取向是道德认知活动的第三个特征。价值取向是选择某种价值观念作为行动目标的心理活动依据。通过道德范例的感染和对道德范例的效仿，个体获取了一定的道德知识和经验，在此基础上结合自身的道德需要决定对道德知识的取舍

---

① 曾钊新：《道德心理论》，中南工业大学出版社 1987 年版，第 145—146 页。

和确定价值取向。可见，道德认知活动的根本目的在于通过认知对象获取价值取向，它不同于一般认知活动中认知主体对认知对象仅仅是为了达到认知的目的。

道德认知作为一种有自身特殊性的心理活动，对道德内化发挥着重要的功能。一是整合功能。道德认知的整合功能就是对进入道德图式的道德知识信息进行有机整合，经过丰富和创新进而形成新的道德图式。道德图式实质上是个体对道德知识、道德经验及道德习惯等各种道德信息加工、积累、沉淀建构起来的道德意识结构，任何个体的道德图式都会在对社会道德规范认知的过程中不断得到丰富和完善。个体的道德认知过程体现着道德继承旧知和探索新知的统一，这就需要通过整合功能使新知纳入已有认知结构中，为个体道德认知结构增加新内容，使个体道德图式得以丰富和发展。二是定向功能。道德认知的定向功能即是确定个体道德内化的方向和趋势。活动需要理论的指导，没有一定思想观念指导的活动是盲目的活动。道德认知规定着道德内化活动的基本趋势，是道德内化活动的先导。首先，道德认知是道德内化的基础和前提，道德内化是在一定道德认知指导下的活动，不是一时盲目的冲动。道德内化离不开道德认知，道德内化是在一定道德认知的基础之上产生的。其次，道德认知可以直接变为道德内化的动机，推动道德内化活动。虽然道德认知并不必然就是道德内化的动机，但它成为主体的需要推动主体进行道德内化时，它就成了道德内化的动机。道德内化过程往往是在由道德认知转化而来的动机推动下进行的。再次，道德认知给道德内化提供准绳，帮助道德内化主体选择内化内容。当道德内化主体面临道德信息时，先要对这一道德信息进行分析，然后，才确定是否内化及选择采取何种方式进行内化。这些分析、判断、选择的标准均是道德认知。一般来说，个体头脑中的道德认知愈丰富、愈正确，道德意识的积淀就越深厚，就越有助于道德内化的顺利实施。

（二）情感是道德内化的动力

道德情感是人们对现实社会思想道德关系和道德行为评价时所表现出来的一种爱憎好恶的情绪态度体验。个体道德情感是个体把握世界的一种特殊方式，它往往以个体的爱憎好恶、喜怒哀乐等具体情绪形式表现出来，是个体道德心理中最深刻、最活跃的内容。道德情感是个体道德内化活动得以正常进行和发展的动力保证，同时又是个体完善自身的重要方面。任何道德内化活动都不单是理性因素的作用所致，而均有深刻复杂的情感体验相伴随。道德情感同人们的情感需要密不可分，因为人是一种不能缺少情感的社会关系的存在。即使情感冷漠的人，"冷漠"也恰恰意味着他也有情感需要，只是情感"冷漠"而已。道德情感同道德认知相互交织、共同作用，构成整个道德内化活动过程的"润滑剂"，保障道德内化活动得以顺利实施和进行。

　　道德情感因素作为道德内化活动的重要组成部分，有其自身的特殊性。首先，道德情感的产生和存在是以个体的精神需要为基石的。由马斯洛的需求层次理论可知，精神需要比安全需要和生理需要更细微、更难以捉摸，因为这种需要是无法直接探知和难以度量的。精神上的需要是道德情感产生的心理基础，心理活动的变化多端使得道德情感的表现异常复杂和微妙。道德情感是人的道德需要是否得到满足时的内心体验，道德情感表现取决于人的需要是否得到满足时的状况，道德需要满足与否的程度会在主体身上产生不同的情感体验。其次，道德情感与道德认知相互融合互补。道德内化的实现过程其实也是道德认知与道德情感的相互融合过程，也就是说，道德情感是在一定道德认知基础上，对现实道德规范和道德要求爱憎、好恶的情绪体验，它是个体依据已有的道德认知图式，在处理相互道德关系和评价自己或他人行为时产生的一种情绪体验。道德情感形成后会反过来进一步促进和深化道德认知的发展。道德认知揭示道德内化中道德知识信息的性质，道德感情表达个体道德内化中对道德知识信息的评价。道德认知决定着道德情感的内容、方向以及道德情感的强弱程度，有助于克服道德情感的盲目性。个体认知了道德现象才会产生情感，而且"知之深"，才能"爱之切"。但是，道德情感并不是消极被动地存在，它一旦形成就会激励和鼓舞人们继续深化道德认知。而且，没有认知前的情感陶冶和渲染，道德认知活动也难以展开，也就达不到道德认知的目的。总之，没有对道德知识信息的自觉认知就不可能产生浓厚的道德情感，反过来，没有浓厚的道德情感也不会深化对道德知识信息的深刻认知。道德情感与道德认知相互融合、相互诱导，推动着道德内化活动的顺利进行。

　　道德情感是道德主体需要得到满足的一种情绪体验，是道德主体精神大厦中最深沉、最核心的部分，对道德内化的进行发挥着巨大的强化和定式功能。道德情感的强化功能是指在由道德认知转化为内心信念的内化过程中，道德情感起着催化剂的作用。况且，对现实道德关系以及处理这些关系的原则和规范的道德认知，也要受到情感的激发和诱导才能形成。正如朱小蔓教授指出的：“关注人的情感发展是教育中的一个本源性、根基性的问题。因为只有情感才是真正属于个体的，它是内在的、独特的，是人类真实意向的表达。”① 因此，道德情感应该成为德育的重要内容。要提高道德内化的实效性，就必须重视个体道德情感的需要和共鸣。道德情感对道德内化活动过程还起着一种定式功能，这表现为个体在生活实践中产生的道德情感体验，会在记忆中得到强化形成稳定的情感背景，在我们触及新的问题时，会制约个体对认知对象的选择。一般情况下，积极健康的情感能够使人充满活力地进行道德认知；而消极颓废的情感则压抑着人的道德认知能力，不能进行科学的认知。“君子洁其身而同者合，善其音而类者应。”只有产生了情感共鸣，外在道德才能融入个体的内心世界，个体才能自觉接受道德舆论的监督，根据社会道德规范的要求及时进行道德内化，以调整自己的行为。

（三）意志是道德内化的保障

道德意志是个体按照道德规范和要求形成道德意识、践行道德行为的过程中，自觉克服困难和排除障碍的决心和毅力。道德意志体现在个体的道德行为从心理、思想到实际实现的整个心理过程，它总是指向高尚的道德目标，调动自身全部的力量来实现道德目标。道德意志是道德内化的有力保障。顽强的道德意志以深刻的道德认知、强烈的道德情感和持续的道德实践为基础，是个体提升道德境界的坚定保证。如果缺乏坚强的意志，很难做到道德内化过程的持之以恒，因而，强调意志的磨炼与坚韧，向来都是道德教育范畴的重要话题。坚强的意志会使道德内化过程持续进行并持之以恒。如果缺乏坚强的道德意志，道德认知就难以被内化。可见，果敢坚毅的道德意志是调控道德行为的重要精神力量，是促使道德内化实施的有力保障。

道德意志是在道德认知和道德情感相互交融的基础上形成的，但又不同于道德认知和道德情感，既不是对道德规范的直接反映和体验，也不是对道德规范表面的静观与沉思，而是力求使自身和社会发生某种变化的坚定的毅力和执着的精神状态。道德意志以更丰富、更深刻的内容展现着个体的道德内化活动，它具有鲜明的自身规定性。具有明确的目的性是道德意志的首要特征，也是意志活动的基本前提。所谓意志的目的性是指个体

---

① 朱小蔓：《儿童情感发展与教育》，江苏教育出版社1998年版，第6页。

的内化活动自始至终都具有明确、稳定的目标指向，它对个体的思想和行动具有强大的约束力，积极发动符合目的的思想和行动，努力制止漫无边际、盲目、无规律的畅想和行动。意志的目的性越明确，人的自觉性越强，对内化活动的约束力就越强，人的思想和行为就越有规律、越不含糊，人就能够内化和坚守道德原则和规范，形成坚定的道德信仰和追求。但是，在实际生活中，并不是人的所有目的性行动都是意志的表现，有些行动虽然也有明确的目标，但如果不与克服困难相联系，就不属于意志行动，意志往往体现在一定思想动机的冲突之中。例如，一个人因为感到饥饿产生了吃饭的动机，这不需要坚韧的意志。但革命英雄在牢狱中的绝食斗争就是坚强意志的表现，因为革命斗争的需要比吃饭的动机更重要。其次，道德意志具有坚韧性特征。意志的坚韧性是指个体在思想行动中能以坚韧不拔的毅力克服种种困难而坚持到底的良好品质，具有不达目的不罢休的勇气和信心。具有这种品质的人做任何事情都能够持之以恒、锲而不舍，可见，坚韧性特征是意志活动的本质和核心，个体意志的坚韧性特征体现得越充分、越鲜明，个体道德内化活动就越能稳定进行。当然，如果是个体价值观发生了错误与偏差，意志的坚韧性就会起到相反的作用，反而会使个体固执己见、一意孤行，阻碍道德内化活动的实现。再次，道德意志具有自控性特征。意志的自控性是指能够自觉、灵活地控制自己的情绪，以保证思想行动的有序性、方向性。自控性能够对道德内化活动进行调节与控制，使道德内化活动不偏离既定方向和目的，保障道德内化活动的顺利实施。道德意志的自控性具体表现为对道德内化活动的自主、自决和自律。自主意味着道德内化活动是有明确活动目的的主体自身的活动，自决是主体道德意志发挥自己的功能、达到自己目的的果断决定，自律是主体道德意志为自己立法、自己约束自己、自己律令自己的活动。道德意志的自主、自决与自律，意味着个体有着较强的自控力。有较强自控力的人，善于控制自己的思想和调节自己的行为，能够有效克制来自外部和内部的诱因干扰，坚定地进行道德内化。自控力弱的人，不能有效调节自己的思想和行为，不能保证道德内化的顺利实施。

道德意志作为个体道德内化活动的有力保障，并非是个体与生俱来的，它需要个体在不断的道德实践活动中长期磨炼而成。坚强的道德意志往往取决于崇高的道德理想。崇高的理想是道德意志活动的奋斗目标，它可以使人在各种复杂的社会环境中保持高尚的道德情操，坚强不屈、百折不挠、勇往直前。而崇高的道德理想又来源于深刻的道德认知和浓厚的道德情感。可以说，坚强的道德意志离开正确的道德认知和浓厚的道德情感就难以形成，甚至会使意志与自身行动目的对立起来。因此，只有提高道德认识，浓厚道德情感，才能树立道德理想，磨炼道德意志，把握道德内化的基本内容和正确方向。其次，设置磨炼道德意志的情境。意志磨炼的情境设置就是根据个体在已知情境中的态度、意志水平进行锻炼，使个体在另一情境中也同样表现出良好的意志品质。道德意志是在与困难作斗争的实践过程中形成和发展的，有目的地设置一些磨炼道德意志的情境，可以使个体从中经受意志的锻炼和考验，能够有效提高个体意志的坚韧性和自控力。著名教育家马卡连柯曾运用抗拒金钱诱惑的方法来磨炼有偷盗习惯的流浪儿童谢苗的道德意志，取得了很大成功，这种利用特定情境锻炼个体道德意志的有效实践成为道德教育的典范。再次，模仿和学习榜样是磨炼道德意志的有效方式。教育实践表明，利用一些坚强道德意志的榜样来激发个体锻炼道德意志的愿望，可以对个体产生强烈的示范效应，激发意志锻炼的自觉性，是一种很有效的德育方法。但要注意选取生活中的道德榜样来教育、感染个体，远离生活、高高在上的英雄人物是起不到示范作用的。来自生活的榜样才具有真实感和亲切感，通过榜样的可亲可敬来激发个体磨炼道德意志的自觉性，引起个体的情感共鸣和心理认同，模仿榜样的道德行为和学习榜样的优秀品质。

（四）信念是道德内化的目标

道德信念是道德内化的目标和最终的追求，是道德内化过程的核心内容。"信念"一词本身的含义即是对有关知识、观点、主张的确信无疑，是个体对某种现实和观念深信不疑的精神状态。信念，"我们把它界定为默认某命题或学说依据充足，从而在情感上予以接收和肯定"①。道德信念就是个体对道德理想和道德要求的真理性和价值性的确信无疑，道德信念是深刻的道德认识、炽烈的道德情感和顽强的道德意志的融合体。道德理想构成道德信念体系的核心内容，在整个道德信念体系中处于统帅和支配地位。道德信念的基石是个体对道德理想的"笃信"，这种"笃信"的根据来自个体对该道德理想和道德要求的深刻认同和浓厚的情感。道德信念的形成，意味着个体对社会道德规范接受和内化的最终完成，具有强烈

---

① 鲁洁、王逢贤：《德育新论》，江苏教育出版社 2002 年版，第 220 页。

的道德责任感是个体道德信念执着的体现。一个具有执着道德信念的人，会产生一种尽力去履行道德义务的心理倾向和需要，会把社会道德的原则和要求深深地内化为自己内心的思想行为准则，此时，履行社会道德义务完全成为个体自身内在的需要，成为一种完全自觉的尽心尽责行为，而不再是出于某种权威或社会的压力强制作出的行为。个体具有道德信念，不仅能够在复杂多变的道德冲突情境中做到辨明是非、区分善恶，也能够在日常生活中毫不犹豫地遵循道德规范和道德要求，作出道德的行为选择，从而使个体感到一种心理上的满足和精神上的愉悦，否则个体就会感到不安或内疚。而且，具有坚定道德信念的人，也会对他人的思想道德行为是否符合社会道德规范的要求作出明确的评价。对他人符合社会道德规范要求的行为表现出满意、赞扬或敬佩之情，而对他人不符合社会道德规范要求的行为表现出明显的不满、蔑视甚至愤恨等。可见，道德信念是个体道德内化的最终结果，是推动个体道德行为实现的内部强大动力，是个体意识中强烈的道德责任感的体现，也是个体自我监督、自我反省和自我强化的重要因素。

道德信念作为一种观念形态，是一种被个体所理解的认知，是一种被个体情感所肯定的认知，并带有个体坚守这种认知的意志成分。道德信念与道德认知、道德情感、道德意志相比，具有综合性、稳定性和持久性的特点。它一旦形成，不仅意味着个体道德内化活动的完成，而且对个体巩固和继续进行道德内化发挥着促进和保障作用。首先，信念作为个体思考问题、评价事物、选择行为的依据，在信息化的社会中意义更显重大，个体据此对海量信息进行筛选和过滤，以保证道德内化活动的完善和继续。在信息泛滥的当今时代，具有坚定道德信念的个体，可以据此控制自己的需求和理想目标来筛选信息、影响行为，加强对积极道德信息的接受和内化，避免消极道德信息的熏染和影响，使自身养成内化道德的习惯。道德习惯的形成离不开个体执着的道德信念，在道德信念的支配下，个体在社会生活中经过不断反复的道德实践，把外在的道德要求和价值取向真正融入个体的内心深处，成为个体的一种道德自觉才能实现。其次，道德信念是道德内化继续进行的精神动力，这种精神动力作用通过激发和强化个体的道德需要与动机实现的。个体依据已内化为自己道德信念的一定准则对自身需要和动机进行分析，对符合自己信念的道德规范的需要和动机加以肯定和强化，而这种得到道德信念支持的需要和动机就会推动个体自觉实施道德内化，使个体道德内化活动得以继续进行而不断巩固完善。

二　道德内化的心理结构及功能

结构一词，原是建筑学上的一个术语，指的是建筑物的内部构造、整体布局。随着社会的进步和科技的发展，结构成为诸多研究领域的重要概念。西方的结构主义所说的结构概念，接近于事物的普遍本质，是抽象的和内在的。法国人类学家列维·施特劳斯把结构看成"超越经验的深远的实在"，认为结构是内含有观察者本人的内心体验和感受的系列与模式，是一种非感性的客观存在，是主观赋予客观现象的结果。列维·施特劳斯在《社会结构》一书中对结构进行了系统的阐释："'结构'一词根本与经验的实在无关，而只是与某种依据经验实在建造起来的模式有关，他强调了五个方面：第一，尽管'结构'与'关系'有关，是在各种'关系'的基础上构造而成的，但是必须严格区分'结构'与'关系'，'关系'是可以体验和观察到的；而'结构'是超越经验的'深远的实在'，'结构'绝不仅仅归结为所有'关系'的总和；第二，'结构'呈现出系统化的性质与特征，'结构'是一个完整的整体，它虽然由许多元素构成，但这些元素之间是相互制约的，以致其中任何一个都无法独立发生变化；第三，每个模式（结构）都可能或者说允许发生一系列的变化，其结果并非从一个模式变成另一个模式，而是从这一特定模式演变出一群同样类型的模式；第四，如果一个结构中的某些元素发生了特定的变化，该结构就不复存在了；第五，结构应该体现于一切被观察的事实的模式，也就是说，'结构'的意义就在于'直接地认识被观察的一切事实'。"[①]

借鉴以上观点，我们认为把握事物的本质和规律，就要研究和把握构成事物的各个要素相互联系构成的结构。道德内化活动作为人类社会道德传递和发展的重要精神活动，也是个体颇为复杂的心理活动过程，由多方面的要素和多种多样的连接方式组成的复杂的结构。在前面道德内化的心理要素及作用分析的基础上，下面从结构的角度，运用结构的研究方法，对道德内化心理各要素相互联系形成的结构和发挥的功能进行研究，以更加深入、细致地认识道德内化过程。

（一）形式结构对道德内化过程的动力功能

人的任何心理变化都具有内隐性特点，所以必须借助于一定的形式而

---

① 转引自黄志成《西方教育思想的轨迹》，华东师范大学出版社 2007 年版，第 172 页。

存在和体现。道德内化的心理变化从形式上主要通过道德认知认同、道德情感体验和道德意志支撑三大要素来体现，由认知认同、情感体验和意志支撑三大基本要素相互联系、相互作用构成道德内化的心理形式结构，决定着道德内化发展和变化的过程状况。

认知认同是道德内化形式结构的基本要素。认同的基础是认知，道德认知是个体对社会思想道德规范、要求的理解和认识。只有具备一定的道德认知，个体才能通过自身的思考对社会道德规范和要求进行选择，理解和领会社会道德规范的意义和价值，才能认同和内化社会道德规范。道德领域的认知与其他学科领域的认知有着根本的不同，其他学科的认知一般是通过对知识的理解就信服了，而道德认知却不能将道德规范作为一般知识来学习。道德认知不仅是对道德规范的是非判断，更是对道德规范的价值判断。个体道德认知的过程经历的主要环节有：首先，个体要了解、掌握社会道德规范和要求，形成自己初步的道德观念。然后，个体初步的道德观念经过道德实践的验证后形成一定的道德认知。不同个体由于认知能力的制约会形成不同水平的道德认知；但是，认知只是个体对道德知识所代表的道德意义本身的理解，并不一定达到完全相信，因为理解所包含的只是一个较为理性的事实判断，认同才是个体结合自己的道德认知结构所做出的价值判断，道德内化必须实现由认知向认同的提升。在心理学意义上，认同是指认识和感情的一致性。[①] 社会学意义上的认同是指个人与他人有相同的想法。在交往活动过程中，个体为他人的情感和经验所同化，彼此间产生内心的默契，或者自己的情感和经验足以同化他人。可见，认同是深层次的道德认知，是指个体对道德规范、准则等所代表的道德意义的承认、认可和赞同，其实质是个体在思想与行为上对道德规范、准则等心理上的趋同，是个体自主建构品德的关键环节。如果说认知表明个体对外在道德规范的理解和掌握，但对道德规范是否正确还未确定，那么认同则是完全肯定了道德规范的正确性和合理性，对道德规范不再有丝毫的质疑。可以看出，认同不仅是个体对外在道德规范的深度认知，排除了对道德规范正确性的怀疑，而且是个体在没有任何外在压力的影响和干扰下，没有任何盲目和冲动的主动接受过程。认知认同是个体道德内化的关键。

情感体验是个体在道德认知基础上产生的道德情感与自身体验的有机

①　夏征农：《辞海缩印本》，上海辞书出版社1989年版，第43页。

融合，是个体对现实社会思想道德关系和道德行为评价时所表现出来的一种爱憎好恶的情绪态度体验。心理学研究认为："情感是人对客观现实的一种特殊反映形式，是人对于客观事物是否符合人的需要而产生的态度的体验。"①《心理学大辞典》也有类似的界定："情感是人对客观事物是否满足自己的需要而产生的态度体验。"可见，情感是一种心理体验的结果，属于主观意识的范畴，可以说情感的丰富内容是个体内心体验的结果，没有体验就没有情感。体验是一个诸多学科领域都在运用和研究的概念，但对此概念的内涵不同学科有不同的理解。《现代汉语词典》关于"体验"的解释是："通过实践认识周围的事物；亲身经历。"这种解释很注重实践对体验的决定作用，如果没有实践，就没有对事物的体验，也就不会产生情感；实践是体验的基础和途径，只有通过实践，才能产生情感体验过程。体验是实践活动和心理活动的统一，是"心理和生理、感性和理性、情感和思想、社会和历史等方面的复合交织的整体矛盾运动"②。道德情感体验是主客体间关系的一种特殊反映，这种反映与感受不同，感受是主体对客体的刺激影响而产生的一种心理活动；体验是主体通过把自己当成客体去获得客体信息的一种感知方式。感受是体验的一定状态和结果，体验是感受的一种途径和方式。道德情感体验不仅是一种心理体验，也是一种实践体验，是实践→心理统一的过程。这一过程主要由实践、经验、理解和移情等四个基本环节构成。个体只有在实践中才能形成对道德现象的认识并产生情感体验，实践是情感体验的基础和前提，道德准则其实就是人类在实践活动中情感体验的理性概括而已。经验是传承道德精神并加以情感体验的有效方式，它是生活赋予人与世界的特殊联系，实际上体验者是在经验中存在着。③ 一个人保存的生活经验越丰富，他就越能够体验生活的真谛。正如心理学家鲁克所言："个人的情绪经验越是多样化，就越容易体会、了解、想象别人的精神世界，甚至会有密切的'情感交流'。"④ 理解是道德情感体验的重要一环，它是个体对生活价值和意义的自我认可。理解是对所经验的人或事采取一种认同的态度或情感的渗入，是人生经验的一种表达方式。"理解也是一种再体验，体验他人的人

---

① 李建周：《心理学》，高等教育出版社 1991 年版，第 113 页。

② 沈建：《体验性：学生主体参与的一个重要维度》，《中国教育学刊》2001 年第 2 期。

③ 殷鼎：《理解的命运》，生活·读书·新知三联书店 1988 年版，第 144 页。

④ 鲁克：《情绪与个性》，上海人民出版社 1987 年版，第 68 页。

生同时体验自己的人生，因为理解他人总是在自己的生活经验中进行。"①
移情是指个体能够设身处地地理解和同情他人情感、欲望及行为的特殊能
力。人只有进行道德情境的假设，把自己摆在对方的位置上才能设身处地
地理解他人，才会有道德情感产生，人是需要"移情"的。道德情感的
共鸣、道德评价的协调等都需要通过移情把情感体验引导到实际生活中来
完成。移情是一种有效的理解，是情感体验内化为道德意识的关键。由
此，不能把情感体验简单地作为单一的体验活动，它是基于道德规范认同
基础上并带有个体道德情感判断的复杂的体验活动，对促进个体进行道德
内化具有重要作用。

意志支撑是道德内化形式结构的又一重要因素。"意志是个体所具有
的自我意识的一种特殊的心理现象"②，意志对认知认同的形成和情感体
验的产生起着重要的支撑和激励作用。道德意志是个体的道德行为从心理
思想到实际体现的整个过程中，按照道德原则和要求自觉克服困难和排除
障碍的决心和毅力。它是个体践履道德的心理定式。意志支撑过程，就是
个体在道德认知认同的基础上，凝聚道德情感，发挥道德意志激励作用，
促进个体道德内化的过程。意志支撑既是认知认同和情感体验的保障，也
是道德内化得以实施和坚持的重要精神力量。一般来说，个体的道德意志
过程有四个主要环节构成：一是准备，了解行动动机，确定行动的目的。
任何意志行动都与一定的动机相联系，动机是意志行动的内部原因和动
力，决定着意志行动的性质和方向。二是抉择，抉择是主观意志愿望发展
为现实活动的关键环节。因为个体的愿望往往是多方面的、多层次的，究
竟哪种愿望应该是道德意志活动的动机，个体意志必须及时作出判断决
定。三是计划，计划是确定最有利于实现意志愿望的方案和手段的依据，
是实现行动结果的必经阶段。四是执行，这是意志活动的最后环节，也是
最为重要和困难的环节，执行更需要意志自主、自觉地调整自己，尽一切
努力战胜困难。

形式结构对道德内化过程而言，不仅是道德内化心理发展状况的具体
体现，也是道德内化过程得以展开和完成的内在驱动力量。任何道德内化
活动总是在一定的认知认同的基础上进行的，没有对社会道德规范和要求

---

① 鲁克：《情绪与个性》，上海人民出版社1987年版，第236页。

② 沈建：《体验性：学生主体参与的一个重要维度》，《中国教育学刊》2001年第2期。

的了解和掌握，道德内化就不可能发生。但仅有认知认同，而缺乏丰富的情感体验和坚强的意志支撑，也不能保证道德内化过程的完整实施。认知认同是情感体验和意志支撑的前提条件，情感体验是认知认同和意志支撑的催化剂，意志支撑对认知认同和情感体验的发展起着保障和定向的作用。对于一个具体的内化过程而言，就是个体在对道德规范和要求认知认同的基础上，在意志激励作用下，通过积极的情感体验践履道德的心理过程。由认知认同、情感体验和意志支撑三大基本结构要素相互联系、相互作用构成的道德内化的心理形式结构，是推动道德内化实施的内在动力，决定着道德内化过程发展和变化的基本方向和发展趋势。

（二）内容结构对道德内化过程的定性功能

道德内化心理过程的形式与内容是不可分的，一定的内容总是寓于特定的形式之中，而一定的形式也总是通过具体的内容表现出来，但是它们又各自构成道德内化心理结构的不同维度。分析道德内化心理结构的另一维度即是内容结构。内容结构是指个体在道德内化过程中形成的，主要包括由道德观念、道德原则和具体道德规范组成的道德规范体系。研究道德内化的心理过程，不仅要探索形式结构对道德内化形成和发展的作用，更应深入了解内容结构对道德内化形成和发展的价值。而后者比前者往往有着更为复杂的体系和重大的意义。

道德观念是道德内化过程中内容结构的核心内容。观念是人们在长期的生活生产实践中形成的对周围事物的系统认识和看法。一个人行为的性质往往由其自身的观念所决定。道德观念是个体对自身、他人及所处社会关系的系统认识和看法。一个人拥有什么样的道德观念能够影响和决定其行为的善恶美丑，树立正确的道德观念有利于创造和谐的人际关系，使道德内化活动更富有价值意义——使其富有人性的本质。正确的道德观念是个体自觉协调各种关系的意识准备，是维系个体之间各种关系的内在法度，是个体走向美好生活的自我心理约束机制。道德观念的形成与个体的努力、教育及所处社会现实环境密不可分。马克思曾在《资本论》中指出："观念的东西不外是移入人的头脑并在人的头脑中改造过的物质的东西而已。"① 可见，观念赖以产生的基本条件有两个：一是发育健全的大脑；二是客观存在的社会现实环境。在具备基本条件的前提下，积极发挥

_____

① 马克思：《资本论》第 1 卷，人民出版社 1975 年版，第 24 页。

教育的引导作用，鼓励个体参与各种道德实践，使个体主动形成自身的道德观念。但要注意的是，道德观念不同于"关于道德的观念"。"关于道德的观念"一般是采取知识的形式（即知性道德）来表现，这种知识不一定必然地影响行为的变化，但这是形成道德观念的必要前提。道德观念是道德内化的中心问题之一，是关乎个体道德品格发展和完善的，它内在地规定着个体行为的意向。可见，道德观念和"关于道德的观念"有着根本的不同。在实际生活中，通过对社会道德规范的学习和践履，个体必然首先要在意识中形成"关于道德的观念"，然后还要经过整合、择取和提升发展，努力完成对道德观念的转化。教育在此转化过程中发挥着极为重要的作用，培育个体具有一定的道德观念也是道德教育的一项分内职责。对此，哲学家贺麟先生有着深沉的思考："没有光，整个世界黑暗了；没有观念，整个人生盲目了。一个个的观念，就好像黑暗中一个个的星光和灯光一样。"① 因此，加强道德观念教育，培育个体的道德观念，发挥道德观念的巨大价值和功能，成为道德内化的基础内容。

　　道德原则是道德内化过程内容结构的重要组成部分。原则，是指说话或行事所依据的准则或标准。道德原则就是人们在观察和处理道德问题时所依据的标准，它是在一定社会物质生活条件的基础上产生和发展的。马克思说："人们按照自己的物质生产的发展建立相应的社会关系，正是这些人又按照自己的社会关系创造了相应的原理、观念和范畴。"② 为了适应社会发展需要，人们在协调和处理实践中产生的社会关系的过程中，形成了激励或约束行为的各种褒贬评价，从而形成了道德的原则和规范。可见，道德原则是对社会各种道德关系的概括和总结，或多或少都不可避免地打上了道德主体意志的烙印。道德原则一旦形成，就具有高度的概括性、稳定性和一贯性，成为人们必须遵循的根本道德行为准则。道德原则是整个道德规范体系的精髓，不仅在道德规范体系中居于主导地位，而且对其他道德规范具有统率和指令作用，也即是说每一具体道德规范必然遵循着某种道德原则。道德原则对个体的行为具有最根本、最普遍的指导性约束力，必然制约个体道德内化活动的进行，规定道德内化活动的性质和方向。因此，德育必须重视个体道德原则层面的培养，将经过社会长期选

---

① 贺麟：《文化与人生》，商务印书馆1988年版，第125页。
② 《马克思恩格斯选集》第1卷，人民出版社1995年版，第108页。

择而建立起来的道德原则纳入个体的品德结构，以保证个体道德内化活动的顺利实施，使个体的各种具体规范和行为能够在原则的支配下具有一贯性和持续性。

具体道德规范是道德内化过程内容结构的基本内容。具体道德规范是指不同条件、不同领域、不同范围下所遵循的道德准则，如爱国主义规范、集体主义规范，以及婚姻、家庭、职业等的规范。具体的道德规范虽受道德观念和道德原则间接或直接的支配，但是它构成了道德规范体系中相对独立的层面，是道德内化内容结构中不可缺少的更为现实和具体的内容。实践已经证明，只进行崇高方向的引导，认为"只要方向对一切都会正确"的做法是极其错误的。德育在进行道德观念和道德原则培育引导的同时，更要重视个体具体道德规范和行为培养的"养成教育"，积极促进个体对日常生活中各种具体道德规范的内化，才能不断提升道德品质，养成良好的道德行为习惯。只抓道德观念、原则的学习，不重视个体具体规范的培育，道德观念、原则将成为束之高阁的空洞理论而难以被个体内化；反之，只抓具体道德规范，忽视道德观念、原则的概括与建构，具体道德规范则成为无源之水、无本之木，个体也难以保持对具体规范内化的方向性和一贯性。

内容结构对道德内化过程而言，是内化活动具体内容的实施与开展，也是道德内化活动性质的外在体现。从具体道德规范的内化，到道德原则的形成，再到道德观念的建构，揭示了个体道德内化具体进展的过程，符合个体品德从低层面逐渐发展到高层面的成长过程。对于一个具体的内化过程而言，个体在对具体道德规范内化的基础上形成道德原则，培育起道德观念，进而融合建构起特定的道德内化图式，在作出行为时进行判断和选择，最终对个体的思想行为进行道德的改进或改善。内化的心理内容结构中的道德观念、道德原则和具体道德规范，是道德内化内容体系的实施与展开，由这三大基本结构单位相互联系、相互作用形成道德内化的心理内容结构，决定着道德内化的性质，促使个体道德品质的不断提升和完善。

三　道德内化的运行阶段及状态

道德内化是一个由相关环节连续不断变化发展的运行过程。一般而言，道德内化的运行过程由反应—接收、理解—择取、认同—信奉等阶段组成，呈现出常态积淀过程、非常态波动过程、理想态质变过程三大运行状态。

（一）道德内化的运行阶段

反应—接收阶段是道德内化运行过程的初始阶段。是指个体以其先天形成的感官系统对进入大脑的外在道德规范或道德要求等信息刺激的能动应答。外在的道德信息能够引起个体注意并进入个体的主观意识之中，一般要具备两个必要条件：一是外在的道德信息具有相应的意义。凡是能够满足个体的需要、引起个体兴趣的道德信息，就容易顺利、迅速地刺激个体大脑皮层的神经细胞作出反应。反之，就不容易刺激个体的神经细胞作出反应，即使有反应强度也较弱小。二是外部道德信息刺激要有特点。信息刺激的强度、频率及新颖性等都直接影响着内化活动的起始状态。外部道德信息丰富、表现方式新颖，就容易引起个体的反应，而陈旧枯燥、千篇一律的道德说教则会降低个体反应的强度，甚至还会引起个体的反感。只有同时具备上述两个条件，信息的内化者和信息之间才能建立起联系，外在的道德信息就会通过大脑皮层感官系统的反射整合功能"移入大脑"，在个体意识中进行复制、再现，形成对道德信息的表象和认知，这时也就说明个体接收了外在的道德信息。一般来说，具备以上条件的道德信息，被移入个体大脑并对道德信息作出一定程度的接收思考后有了反应结果即形成一定的道德认知。道德认知的形成不仅使个体具备了道德内化活动的前提，而且还规定着个体道德心理发展的基本方向。这一阶段的道德认知还处于感性认识阶段，具体包括感觉、知觉和表象三个环节。首先必须对某些道德规范或道德要求有一个基本大致的感觉了解，掌握一些零散、片面的感性知识。然后对这些相关的感觉信息进行初步的综合和概括，形成对道德规范或道德要求的整体知觉。在已有感觉和知觉的基础上能够对道德规范或道德要求进行回忆或再现，具备一定的道德表象，仔细观察对道德表象的形成起着重要的作用。丰富的道德表象有助于对某些道德规范或道德要求综合全面的了解。在反应—接收阶段，个体通过外在道德信息的刺激反应形成了一定的道德认知，但这仅仅是信息表面、字面的意义，还没有对道德信息包含的内在社会价值、对个体德性发展的意义及其精神世界的影响有深刻的认识，没有涉及价值问题，个体还没有对道德信息进行价值判断，没有运用自己的道德内化图式对其进行评判。在此阶段，个体只是将道德信息作为与其他信息等同性质的认知与接收，甚至仅仅是出于功利的目的去接收这些信息，而没有真正将其纳入自己的道德系统，可以说，这些道德知识仍然是游离于个体心灵之外的，对个体德性的形成和发展的价值也是非常有限的。

理解—择取阶段是道德内化运行过程的关键阶段。此环节是指个体运用一定的思维方式，根据已有的主观评价标准，对通过反应接收进入认知领域的道德信息进行本质和意义的深刻领会，并在此基础上进行事实判断和价值判断，从而决定何种信息作为自己的接受对象加以内化的阶段。反应接收基础上的理解择取体现了个体认识的能动性和指向性，是内化过程的重要环节。在理解择取过程中，道德认知已从感性认识上升到了理性认识，分析综合、抽象概括、演绎归纳等思维方法起着重要的作用。个体对道德信息的理解不只是对道德信息所代表的道德意义本身的理解，在理解的同时还要根据自身的主观评价标准对各种道德信息进行筛选与取舍。个体对道德信息进行筛选、取舍的标准是不同的，"有以内储知识为参照作出科学判断，有以往经验为参照作出事实判断，有以利害关系为参照作出价值判断"①，个体依据不同的标准对内化的内容作出轻重度和可信度的分解，进而作出认知取舍、价值取舍、情感取舍以及兴趣取舍等。而且，作为具有主体性的个体，在理解—择取过程中体现出明显的自主性特点，对道德信息总是进行扬弃。个体"在获得新的认识基础上，将德育要求的思想、道德准则和原有的思想品德基础加以对照，进行判断和选择。对符合原来思想品德结构的特性同化、吸收，产生新的成分，形成新的结构体系；不符合原来思想品德结构特性的，则产生矛盾斗争，结果可能被吸收，可能被拒斥，也可能存疑"②。这正体现了理解择取过程的自主性特点。个体的理解择取是自觉、自主、自愿的，是不受外力强制的主动选择，由于受主、客观因素的影响，不同的个体对道德信息的取舍可能会有所不同，但个体在理解择取之前都有分析、辨别和思考的自由，任何人都无法迫使个体作出自己的选择。个体虽然理解择取了一些道德信息并对其道德本质和意义有了一定的认识，但并不意味着个体已经完全相信了这些道德，因为理解只是一种深刻的理性判断，个体还未能将这些道德信息与自身相融合，未将这些道德信息纳入自身道德体系之中。因此，在理

---

① 张世欣：《思想政治教育接受规律论》，生活·读书·新知三联书店 2005 年版，第 119 页。

② 鲁洁、王逢贤：《德育新论》，江苏教育出版社 2002 年版，第 358 页。

解择取的基础上，还要进一步形成对这些道德规范的认同和信奉。

认同—信奉阶段是道德内化运行过程的完成阶段，是个体实施道德行为的关键。认同本质上是个体已达到对道德规范和道德原则在心理上的趋同，通过对道德规范和道德原则的感性认识和理性认识，认可相信这些道德规范和原则的合理性和必要性。如果个体认为社会道德规范和道德要求是正确和合理的，就意味着个体认同了该社会道德规范和道德要求，这也正是个体内化社会道德形成自身道德信念的前提。也就是说，个体经过自主选择接受的道德规范信息，就意味着认同了该道德规范信息；但如果是迫于外在压力接收的道德信息，个体就不会认同。因为认同蕴含着个体对所接受信息深度理解和思考，是在相信其正确的和合理的基础之上发生的。个体只有通过深思熟虑后的认同，并在浓厚情感的参与催化下，被认同的道德规范和道德原则才能转化为坚定的道德信仰，达到一种高度自觉的信奉。所以，信奉并非个体对外在道德信息简单、单向的获得。信奉的形成要经历一系列的认知、情感、态度和价值观的冲突和斗争。个体在头脑中对道德信息进行认知、加工、整合，按照道德信息知识与自身道德内化图式的关系重组与建构。"被认同的信息要成为主体的道德信念，必须与主体已存在的道德观念进行整合，只有通过整合，已认同的信息才会形成为主体的一种心理结构或融入原有的心理结构之中去。认同与整合之间并没有绝对的前后秩序间隙，有时甚至是同时发生的。"① 只有到了认同信奉阶段，个体对道德规范和准则才达到了信仰并尊奉，将外在的道德规范变成指导自身行为倾向的尺度和法则，这时，外在的道德规范与个体的认知观念已经融为一体，生成了一个新的意义世界，这也意味着内化目标的实现和内化过程的完结。

（二）道德内化的运行状态

道德是一种复杂的社会现象，道德实践活动中人的道德内化效应差异很大，而且表现出各种不同的形态，出现各种不同方式的内部联系。由于个体的复杂性，道德内化过程中呈现出不同的反应形态和不同的回应方式是很正常的，对此应进行正确的认识和分析。

积淀过程的正常态。个体的道德内化一般是一个由浅入深、逐步递增的量的积淀过程。特别是道德内化的效果——道德品质的完善和道德境界

---

① 曾钊新、李建华：《道德心理学》，中南大学出版社 2002 年版，第 264 页。

的提升往往是在量的积累中逐步实现的，是一个渐进的正常态的积淀过程。道德内化过程的一蹴而就，只是人们一种善良的愿望和内心的期盼，但绝对不会是个体道德内化的实际状态。从社会意义上说，由于道德的人为性和为人性以及主体人的心理活动的内隐性，再加上特定社会现实环境条件等的影响，决定了道德内化过程是一个曲折的、长期的复杂过程。在此过程中，道德意识观念不断得到丰富和完善，个体的道德境界正是在这种道德意识的积累和沉淀中得到了提高和升华。当然，这需要道德信息传播者的耐心与细致，更需要道德信息内化者的恒心和毅力。教育者长期的思想道德教育逐渐培育出个体的世界观、人生观和道德价值观，个体的道德品质在道德传播的坚持不懈和内化的日积月累过程中日益塑造和养成。因此，在道德内化的长期积淀过程中，由于个体内部原因或者外部原因可能导致出现反复、波动现象是很正常的，是道德内化积淀过程的正常态。实际上这正是个体的道德旧知与道德新知相互融合的过程，是个体面对各种道德信息进行扬弃和取舍的过程，表现出犹豫、冲突、高涨或低落的思想斗争状况，甚至给人以零内化状态的错觉假象，这些都是很难避免的，也是很正常的积淀过程。我们不能因为发生在道德内化中的犹豫迟疑就轻易地否定，也不应视隐性的内化为非正常态就轻易地拒斥。在德育过程中，教育者的润物无声，接受者的潜移默化，恰恰是教育者与受教育者联系紧密、配合默契的表现，是一种能收到良好效果的教育过程，属于个体道德内化活动过程中正常有效的运行状态。

异动过程的非常态。道德内化过程运行中的非常态情况比较复杂，由多种原因造成，表现出多种形式和后果。首先是由外因导致的非正常内化形态，如由错误教育导致的内化。由于教育者自身的因素或者社会环境的原因，可能出现教育本身的错误。在现实社会中，普遍出现的"考考考，老师的法宝；分分分，学生的命根"，这种教育理念及与之相应的教育方式显然是错误的，但是在应试教育的背景下，却得到人们的普遍认可。这种对学生健康成长和全面发展有重大危害的教育方式，却成为人们无奈和盲目的选择，甚至在我国某些地方还在盛情演绎"考试工厂"的壮观和"考试机器"的荣耀。又如，在特殊环境中的内化。由于特殊环境中时空条件的限制，人们面对各种现象只能问其然，不能问其何以然的被迫内化。像在极"左"思潮泛滥的"文化大革命"时期，饭前必须要先唱"万岁、万岁、万万岁的语录歌"，但人们竟然都能够接受，这主要是因为在特殊环境的影响下而导致和存在的非正常内化现象，是被迫与勉强地接受。其次是由内因导致的非正常内化形态。个体在道德内化活动中，可能由于利益关系或其他原因导致对道德信息的解读变异，个体内化的不是道德信息的本意，出现对道德信息有意或无意的曲解，导致道德信息传递的偏失。其中有一种虚假内化的非正常形态是需要特别引起注意的。虚假的内化是指面对道德规范和准则不愿接受却由于种种原因虚于应付而表现出已内化的假象。如一些人在公共场合表面应付，私下却依然我行我素、依然如故。虚假内化现象的发生或是迫于压力，或是迎合需要，而非真心实意的内化，其目的是为了满足个人的私利。虚假内化很容易导致虚浮不实、虚张声势的形式主义后果，会造成比不接受不内化更为严重的后果，在道德内化过程中要特别引起注意。

　　质变过程的理想态。道德内化过程运行的理想状态有以下几种：一是内化中的矫正与建构形态。这是指个体的思想道德现实状态与道德传播者的期望有着太大的差距，甚至他们之间存在着激烈的思想矛盾与冲突，经过学习教育之后，个体经历了思想上的震动、反省、认可和改正等几个阶段，最终作出了否定自我、改过自新的抉择，使个体的思想道德状况发生了巨大的良性变化，向道德信息传播者所期望的应然状态转变，出现了质的飞跃，个体对人生的价值有了新的感悟，提升了道德境界，赋予了自己人生新的规定性。二是内化中的创新与整合状态。这是指个体在道德内化活动中得到启示与引导，引起其思维跃动，豁然开朗或幡然醒悟，使原有道德知识经验进一步创新和发展，产生了超出内化内容范畴的新思想、新认识、新创意，提出新的道德观点，发现了新的未知世界，对人生的价值有了新的感悟，赋予自己新的规定性。表现为个体的道德认知由简单变为复杂，由肤浅变为深刻，道德情感得到丰富，道德意志得到锤炼，使个体的道德素质得到有效提升。

四　当代大学生道德内化的心理冲突

　　当今社会，全球化、网络化引发世界范围内思想文化的激荡。社会结构由传统到现代的转型，经济体制由计划向市场的转轨，导致了我国社会多元、多变、多样的发展态势，使人们的思想意识和价值取向受到不同程度的冲击。大学生思想活跃、视野开阔、富有批判精神，受多元化思想文化的影响更是势所难免。尤其是一些消极因素与大学生自身弱点交织在一起时，会造成大学生道德内化过程产生剧烈的心理冲突，影响大学生的道德内化。

（一）义利冲突

义利冲突是大学生道德内化过程中心理冲突的主要表现。在中国人的传统思想中，关于"义利之争"是一个永恒的主题，国人长期以来都把它们视为对立面，而且多耻于言利，这是有失偏颇的。社会主义的义利观坚持义和利的辩证统一关系，既把国家和集体利益放在首位，又充分尊重和满足个人的正当利益。我国现实社会发展中，重利是市场经济的题中应有之义，重义则保证了市场经济在社会主义制度下合乎规则地运行。只强调国家和集体利益，忽视个人的正当利益，不讲利，个体正当合理的利益得不到满足，义就会失去存在的物质基础；只关心个人利益，不顾国家和集体利益，不讲义，社会经济活动将陷于无序与混乱之中，利就不能公正合法地获得。社会主义义利观要求的义，是让人们在对待物质利益问题上，要有一个正确合理的取舍标准，而不是要人们只是单纯地去追求所谓高尚的思想道德境界，放弃自己正当的物质利益。但是，当今有些大学生不能正确处理义利之间的矛盾和冲突，重利轻义的思想倾向严重，背弃了正确的社会主流道德价值观，"一切向钱看"的见利忘义思想繁衍滋生，逐利弃义的行为举动屡屡发生。在面对"利我"与"义他"的现实选择时，缺乏团体意识和合作精神，只关心个人价值的体现和物质的享受，陷入个人利己主义的泥潭。错误的义利观和严重的义利冲突已大大阻碍了大学生道德内化的进程。

（二）知信冲突

知信冲突是大学生道德内化过程中心理冲突的现实表现。长期以来，有些高校习惯用智育的理念、手段和方法来解决德育问题，把德育完全当作智育来进行，甚至连德育评价也是通过卷面测试来进行。致使一些大学生形成了熟记德育知识，学好德育课程，就可以取得德育好成绩的错误思想。受这种错误观念的影响，道德内化的知、情、意过程轻易就被简化为记诵道德知识的过程，由此造成了大学生对德育内容"知而不信"的不争事实。再加上当前社会就业形势严峻、竞争压力不断加大，大学生把更多精力投入专业知识的学习，把进行道德学习看成浪费时间和精力。诸如此类的原因导致了近年来有些大学生的知信冲突已经非常明显，严重影响到大学生的道德内化，也是大学生道德品质出现问题的重要原因。有些大学生只重视知识和能力的提高，轻视道德的内化和实践熏陶，专注致力于自我成才的奋斗中，忽视自身良好品德的养成，重智而轻德。似乎在市场经济的竞争机制中，思想、觉悟、修养、道德均成为束之高阁的空话，而只有知识和能力才是成功的硬条件。这种知信的冲突与分离，使现实生活中出现了一些有才无德的大学生，在部分大学生身上出现了高学历与低素质的强烈反差，这在我国的道德教育中必须引起高度重视。

（三）权责冲突

权责冲突是大学生道德内化过程中心理冲突的社会表现。当代大学生渴望个性的张扬和发展，厌恶世俗的约束和限制，注重个人对拥有权利的维护和享用，在伦理道德和思想行为方面都比以前更为追求个性和自由。但他们往往又缺少必要的克制与规约，缺乏对社会义务的担当与应有的责任感，在道德内化形成道德品质的过程中表现出严重的权责不一的心理冲突。在社会现实发展中不乏具体体现，部分大学生不注重对社会责任的履行，一味地以个人为中心，只关注个体权利的享用，只讲从社会的索取不讲对社会的奉献。在个人生活态度及对同学、对社会的关系方面，他们追求的是个性的标新立异与多样化的发展，强调更多的是个人得失。在国家、集体与个人发生利益冲突时，做不到顾全大局，以国家、集体利益为重，把国家、集体利益放在第一位。认识不到只有在集体中并勇于履行维护集体利益的职责，个人才能获得真正的自由和发展，心理上的责权冲突就凸显出来。大学阶段是一个人心智成熟的关键时期，高校德育要正确引导大学生处理好责权冲突的矛盾，帮助大学生牢牢把握自我的价值底线和对待社会的基本处世准则，积极内化符合社会发展规律的道德规范和原则，能够做到"铁肩担道义，妙手著文章"，表现出一名知识分子对国家和社会责任的勇于担当。

第二节　教育学视角的道德内化

内化与教育有着辩证统一的关系。内化是教育要达到的基本目标，教育是内化的一种有效方式。可以说，内化过程是一个长期复杂的教育过程，教育过程也是一个循序渐进的内化过程。德育是教育的有机组成部分。由此，从教育学视角对道德内化给予观照，借鉴教育学的研究成果，把握内化与教育的密切关系，有助于我们进一步深刻地理解道德内化的本质。

一　内化是德育过程的第一次飞跃

完整的德育过程包括内化和外化两个阶段，两个阶段中发生两次飞跃。把外部的社会思想道德规范转化为个体的道德品质，是德育过程的内化阶段，内化是德育过程的第一次飞跃，它要实现的是从外在规范到内在品质的转化；把内化的社会思想道德规范转化为个体的道德行为习惯，是德育过程的外化阶段，外化是德育过程的第二次飞跃，它要实现的是从内在品质到外在行为的转化。

（一）内化是完成德育过程的关键

德育过程本质上把一定社会的思想道德转化为受教育者的思想品德，进而践行道德行为的过程，也就是社会道德的个体化过程。德育实效性的提高，关键就在于社会思想道德向受教育者思想品德"转化"过程的实现。这种转化需要受教育者在理智的辨认和信念的支撑下，发自内心地相信并接受这些社会道德规范，不是表面行为上的服从和单纯情感上的认可，受教育者要把社会思想道德融入自己的思想道德体系之中，是教育所要达到的让受教育者把社会思想道德规范的"内心化"。没有受教育者对社会思想道德规范的"内心化"过程，也就意味着受教育者根本没有认可这些道德规范，即使表面接收也是出于某种目的应付了事，德育的实效性也就可想而知。因此，内化是完成德育过程的关键，实现了德育过程的第一次飞跃。但是，要完成这种转化过程，不仅需要教育者的教育引导，还必须要通过受教育者的心理内部矛盾运动来完成，通过受教育者自己的理解、选择、吸收而实现。这种德育运动过程自身固有规律决定了教育者无法超越、脱离受教育自身的活动而为所欲为。因此，教育者在进行教育引导时，不能只停留在按社会要求对教育内容的组织选择上，不能只注重自己的教育引导，而关键是要考虑受教育者能否内化、如何才能内化。立足受教育者的内化，教育者才能对教育内容进行有效的传导，达到教育的目的，体现教育的价值。没有内化，受教者不接受外在的教育影响，教育没有效果，教育引导就没有了存在的价值。所以，德育重在内化，内化是完成德育过程的关键，要不断提高内化水平，来提高德育实效性。

（二）德育过程中内化和外化的关系

内化是指一定的社会思想道德要求转化为个体内在的道德需要并成为个体的道德品质，它体现了德育过程发展的基本趋势和方向。外化是指个体将内化的社会思想道德要求表现为外在实践行为，它体现了德育过程发展的总目的和总归宿。内化阶段和外化阶段构成了一个相对完整的德育过程，二者具有相互依存、相互渗透、不可分割的辩证关系。内化是外化的基础和前提，外化是内化的归宿和目的。实现外化一定要先进行内化，完成了内化才可能实现外化。外化行为必定以内化内容为指导，内化内容又必然通过外化行为来检验和确证。内化和外化的相互关系体现了德育过程中社会道德内化与个体品德外化的辩证统一。其内在的运行机制并非二者的静态结合，而是二者相互影响、相互变动却又循环往复的动态过程，往往在内化中体现着外化，在外化中又渗透着内化。尽管二者是德育过程中截然不同的两个阶段，却蕴含着相同的基本内涵，表现为三个方面：一是内化与外化反映了过程的一致性，都是个体的思想、观念、品格、行为等变化发展的过程；二是内化与外化反映了发展趋势的一致性，即它们都体现于德育实践活动之中，为了实践并随着实践的发展而发展；三是内化与外化反映了结果的一致性，即二者都是个体通过社会实践实现本我向自我的飞跃，不断追求超我的人生境界，共同推动个体的思想和行为向社会要求的方向发展。

二　内化是主体间的互动过程

道德内化是指个体在社会实践中，通过环境的影响和教育的引导，将社会道德转化为自身内在的行为准则和价值尺度，从而不断完善自我道德品质的过程。道德内化要通过环境的影响和教育者的引导，实现受教育者道德品质的完善。因此，从教育学的角度讲，道德内化是一个教育过程，而且是一个体现主体间性的互动过程。

（一）对主体间性的理解

主体间性又称交互主体性，是现代西方哲学中一个重要的理论范畴。对主体间性研究颇具贡献的德国哲学家胡塞尔认为，主体间性是以"共主体（交互主体）"为中心的和谐一致性，"每个认识主体都有一个'自我的'生活世界，每个人都是一个'自我'，这些诸'自我'拥有共同的世界……于是，自我与他我通过拥有共同的世界而成为一个共同体，这时单一的主体性也随之过渡到主体间性"[①]。胡塞尔认为主体间性蕴含着集

---

① 冯建军：《当代主体教育论》，江苏教育出版社 2001 年版，第 253 页。

体主义之意，因而极力主张主体间性原则。主体间性作为主体间关系的一种规定，体现了主体之间相互平等、相互理解、双向互动的特点和关系。可以说，主体间性是建立在主体性基础上并对主体关系进行发展的新阶段，它不是对主体性的全盘否定，而是对主体性的一种超越。

道德内化活动与一般活动的不同之处，就在于它体现了主体间性特点。主体间性意味着，在道德内化活动中教育者与受教育者没有了主体与客体的区分。主体间性是两个或多个主体之间的内在关系的规定性。对主体间性的理解涉及以下几方面："第一，它意味着双方的共同了解，不仅了解交往的对方，也了解共同的交往中介；第二，它意味着交往双方的彼此承认，既墨守共同原则，也承认对方与自己有相同的地位、权利；第三，它意味着交往双方的互惠性质，异质性的主体通过交往互相满足对方的需要；第四，它意味着交往双方的人格平等和机会均等，在交往中地位的平等，反对强制和压迫。"① 所以，道德内化应以主体间性的充分发挥作为根本出发点，内化主体和道德规范的传播者是地位平等的双方主体，体现了主体间性关系，道德内化过程是一种主体间性的互动过程。

（二）道德内化过程的主体间性特点

传统的道德内化观将学生作为客体，把学生当作接收道德知识的工具或手段，忽视学生的主体性，学生缺少内化的主动性和积极性，教育者的生硬灌输，很难使学生达到内化的目的。依据主体间性理论，教育者与受教育者之间都是作为完整独立的个体在交往，要把对方当作和自己地位平等的主体，不能把对方视为工具或手段，教育者与受教育者要通过对话、交往达到彼此的和谐相处。将主体间性理论引入道德内化中具有特殊的作用和意义。道德内化过程中的教育者和受教育者就是要把对方当作和自己地位平等的主体，对道德信息共同进行认知、理解、交流、沟通与创新，更好更快地实现道德内化，双方共同达到道德的自我完善，即通常所说的"教学相长"。道德内化过程既然是体现主体间性的互动过程，它就要以个体的主体性为基础。不把受教育者视为主体，忽视受教育者的主体性，教育者与受教育者之间就不会有主体间的互动性。② 道德内化是一种有目的的而非盲目的主体间性的互动活动，这种互动活动是一种以变革教育者

---

① 冯建军：《当代主体教育论》，江苏教育出版社 2001 年版，第 255 页。
② 同上书，第 263 页。

和受教育者双方为根本目标的实践活动。把道德内化过程理解为主体间性的互动过程，其优点表现在：第一，道德内化过程是社会思想道德规范的传播者与接受者以共同的客体为中介的过程，是一种多重主体的关系，不再是单一主客体之间两极摆动的僵化模式。第二，突出了道德内化的主体性体征。培养个体的主体性，是近年来德育理论界的共识。但德育过程中怎样培养人的主体性，关键怎样看待个体在教育过程中的地位。对德育过程主体间性的理解较好地解决了这个问题。道德内化过程是以客体为中介而联结起来的诸主体模式，道德内化活动实际上是道德规范传播者与接受者双方对内化客体的一种共同操作的过程。传播者在共同的活动中引导接受者的发展，接受者是自我发展的主体。第三，道德内化过程作为主体间性的互动过程，克服了以掌握知识为中心的片面的教育关系，内化过程成为完整的精神整体的个体的自觉沟通和理解的过程，使个体获得了全面发展及其完整人格的条件。第四，主体间性的道德内化观，沟通了内化与生活的联系，使道德内化获得了完整的内涵。在道德内化活动中，教育者与受教育者之间是一种主体间相互交往的关系，这种互动的交往关系是现实社会关系的具体体现，这从逻辑上决定了内化是广布于社会生活之中的，正如杜威所说的："一切教育都是通过个人参与人类的社会意识而进行的。"① 德育弥散在社会生活的方方面面，德育与生活具有同构性，德育也是一种生活。道德内化过程不再是知识授受的简单体现，而是在生活中完整个体间的相互交流与沟通，也是个体在体验、内化着生活的要求，从而在不断构建生成着"自我"。主体间性特点体现了道德内化为了人更好的道德生活的本质，实现了道德内化的完整内涵。

三　内化与教育的辩证关系

内化是教育的基本目的。成功的教育必须能够做到使学生接受、吸收和内化教育内容；教育是内化的有效方式。通过科学合理的教育手段和方法的引导，使学生积极内化接受教育内容，提升自身素质的一种有效的内化方式。内化与教育是相互影响、相互促进的辩证统一的关系。

（一）内化是教育的基础目标

教育是根据一定社会的要求，有意识、有计划地改变人的观念，提高

---

① 杜威：《我的教育信条》，《杜威教育论著选》，华东师范大学出版社 1981 年版，第 1 页。

人的素质和能力，以培养人为根本目的的活动。而内化则是把外部的东西转化为学生自身的素质。由此，教育要实现塑造人的根本目的，必须使人内化社会要求，内化是教育的基本目的。教育者努力引导受教育者学习和内化社会要求，才能使受教者在教育影响下提高自己的道德素质，养成道德的行为习惯，也就达到了教育的目的。所以，受教育者能否内化，不仅直接关系到教育的效果，而且还会影响到教育任务的完成和教育目的的实现。没有受教育者的内化，教育者传递的教育信息再重要、再丰富，也不能被受教育者接受，不能提高受教者的道德素质，也就谈不上教育的最佳化和效率化。因此，从教育的目的看，教育首先要使学生内化教育内容，才能提高学生自我教育的能力，达到"教是为了不教"的效果。这既是教育艺术、教育质量和教育水准的体现，又是教育的本质要求。实践证明，对学生的教育，必须要通过学生对教育影响的接受和内化才能实现。那么，教育的实效关键是体现在学生内化能力的培养和提高上。从此意义上讲，不引导学生进行内化，教育就失去了其存在的实际意义。内化既是自我教育的重要组成部分，又是教育活动中学生活动的关键环节。也就是说，教育其实就是教育者引导学生形成内化机制，提高学生自我教育能力的一种手段。正如苏霍姆林斯基所说："只有能够激发学生进行自我教育的教育，才是真正的教育。"① 通过教育使学生形成了内化机制，具备自我教育的能力，就能主动、顺利地适应新环境，接受新观念，不断完善和发展自己，为社会作出更大的贡献。因此，教育重在内化，内化是教育的基本目的。以内化为目的的教育能够增强学生自我教育的能力，让学生真正成为教育的主体，才是一种有效的教育。

（二）教育是内化的有效途径

教育实践中学生思想观念、品德素质的形成，最终要在学生自身的矛盾运动过程中经过学生自己的选择、吸收和内化来实现。教育要遵循学生内化运动的固有规律来进行，教育者也无法超越、脱离学生的内化活动而为所欲为。学生内化的方式和途径多种多样，其中，教育是学生内化的一种有效方式。不仅学生对教育内容的内化过程是由教育引发的，而且，科学的教育能够有效促进内化过程的实施和完成。因此，教育者在进行教育时，不能只停留在按社会要求对教育内容的组织和选择上，也不能只注重

---

① ［苏］苏霍姆林斯基：《给教师的建议》，教育科学出版社 1984 年版，第 341 页。

自己对教育内容的实施和教育任务的完成，更关键的是要考虑采取怎样的教育手段和教育方法促进学生的内化。只有立足学生内化的教育理念和教育方式，才能有效实施教育内容的传导，达到教育的目的。强制使学生内化的教育理念和教育方式，对学生的健康成长是没有教育价值的，从表面看来即使有些作用，也是暂时的、微乎其微的，甚至还会给学生的长远发展造成心理障碍等消极影响。所以，要选择合适的教育理念和教育方法、手段，有效促进学生对教育内容的内化吸收。通过教育做好学生的内化工作，要注意以下几方面：首先，教育者要研究和掌握学生思想品德形成与发展的规律，帮助学生实现内化，可以使教育获得良好的效果。反之，如果不顾学生身心发展特点进行教育，则可能事倍功半。"低效教育"和"无效教育"在当今教育中屡屡出现，其根本原因就在于无视学生的思想品德形成与发展规律。学生思想品德的形成与发展不仅具有顺序性、阶段性规律，而且还有不平衡性、互补性和差异性等规律。教育者要掌握和利用这些规律，才能有效促使受教育者接受和内化德育内容，提高受教育者的品德素质。其次，要采取合适的教育方法，寻找内化的切入点、激活点。教育是一种教育者和受教育者双方互动的活动，只有教育者的努力引导，受教育者不积极配合和主动参与，教育是不能获得好的效果的。教育者采取适宜的教育方法，积极探寻受教育者内化的最佳激活点和切入点，能够有效推动受教育者的主动内化。例如，运用潜移默化的教育方式，像陶冶熏陶法，等等。教育者把教育内容融合于日常生活情景之中，让学生在一种不易觉察教育痕迹的自然的生活氛围熏染中自觉、自愿地接受内化，达到"不教而教"的最高教育境界。再次，要做好道德内化，还要积极采用疏导的方法，对学生的思想道德问题进行细致的说服教育，而不是采取强制、压服的命令办法。说服教育中要注意广开言路、集思广益、循循善诱，要实事求是、以理服人、讲求实效，要动之以情，晓之以理，以诚感人，才能达到"善歌者使人继共声，善教者使人继共志"的效果，有效促进学生道德内化。

第三节 伦理学视角的道德内化

个体道德意识不是纯粹由主观产生的，而是在个体心理和环境的互动中生成的。这里的环境是指个体所处的各种社会伦理关系，包括社会道德规范、社会舆论、风俗习惯等社会道德意识。内化就是社会道德意识向个体道德意识的转化过程，内化因而成为一种重要的道德现象。从伦理学视角对道德内化给予观照，认识内化范畴在伦理学中的特殊地位，分析道德内化进程的阶段和动力，有助于我们进一步理解道德内化这一深层次的道德现象。

一 内化范畴在伦理学中的特殊地位

一部伦理思想演变的历史，即人类对道德现象的认识不断深入发展的历史。道德领域是广泛而复杂的，因而伦理学的内容也非常丰富。但是，作为体现社会伦理关系特殊形式的道德，在实际生活中往往要以个人品德的形式表现出来，社会道德向个体品德的转化即道德内化问题就显得异常重要。坚持根据道德内化规律进行个体德性的塑造，是伦理学研究的基本目的。

（一）内化是伦理学体系的基本范畴

道德是社会用来调节人与人、人与社会、人与自然之间关系的行为准则，是以规范、要求为核心的社会道德意识。自古以来，随着道德规范的产生与发展，社会就以种种手段使之得以遵守，就要实现从社会道德规范到个体道德品质的内化。道德内化，"就是个人以心理活动去认识、理解和接受社会道德规范，并上升为自己的意志感情而付诸行动，把外在的道德规范转化为内在的自我规范"①。可见，社会道德规范功能的发挥，必须以内化的普遍发生为依据，没有道德内化就没有社会道德的实现，因此，内化也就成为社会道德发展的必然和必要。

道德现象不仅是一种社会规范形式，而且最终是以个人品德行为来体现。一个社会的道德现象不仅表现为这个社会通行的道德规范，而且更体现为各个社会成员的品德风貌，个人的品德是社会道德现象的实际存在和具体表现，是道德的重要存在方式。个体道德的核心是道德意识，道德意识是来源于社会道德并对其进行内化的结果。非经道德内化，个体道德意识就不会生成。"德者得也，得其道于吾心者。"道德意识究其生成和发展来说，均是通过内化的过程来实现的。因此，自古以来内化作为伦理学研究的重要范畴，受到伦理学家的高度重视，从我国古代伦理学发展过程

① 王育殊：《道德的哲学真义》，中国社会科学出版社 2008 年版，第 141 页。

中对道德内化的重视也可以看出。有研究者把我国的传统伦理学划分为道德理论、道德境界和道德教育三大组成部分。其中，道德境界就是指经过内在意志的锻炼得到道德品质的提升。中国伦理十分重视个人道德境界的提升，《大学》《中庸》中的"正心、诚意、修身"等讲的就是道德内化的方法和途径，其成德之学获得大力提倡而影响深远；周敦颐所讲的"圣人之道，入乎身，存乎心"，实际上都是对道德内化过程的深刻阐述，体现了内化对个体道德品质形成的决定性作用。

内化决定着社会道德功能的发挥和个体道德的形成与发展，对研究道德现象的伦理学来说，内化必然成为伦理学体系的基本范畴之一。范畴是人的思维对客观事物本质的概括反映。内化范畴是指社会道德规范向自我品德转化过程的概括反映，或社会道德意识向个体道德意识过渡的环节及个体道德意识发展的阶段和形式的反映，包括义务、良心及幸福等具体范畴。义务和良心是反映道德内化具体进程和不同阶段的范畴，义务是指个体对他人或社会应尽的职责或应履行的责任，是道德内化进程的初始阶段；良心是指人们对社会和他人担当道德责任的自觉意识和相应的自我道德评价的一种能力和要求，是道德内化进程的完成阶段。关于义务、良心等具体的内化范畴历来受到各派伦理学家的重视和青睐，对其开展研究也有几千年的历史。当然，各派的伦理学家从各自的理论基础出发，对这些范畴有着各自不同的解释。他们共同的缺点是不能从一定社会关系出发去科学地揭示内化范畴的本质，而把它们看成永恒不变的超阶级、超历史的抽象化的东西。他们往往片面强调其中一个或几个，仅仅按照自己的需要和理解，来把义务、良心等内化范畴纳入自己的伦理学体系。例如，有不少伦理学家把良心问题看作道德的实质问题，认为道德产生的根源是良心。因此，以往的伦理学由于研究的片面性或抽象性，虽然都很重视内化范畴的研究，但都没能够形成一个科学的内化范畴体系。

（二）马克思主义伦理学的道德内化观

马克思主义伦理学是适应时代和理论发展的需要，根据无产阶级的道德实践，对人类道德史、伦理思想史和现实道德现象的科学总结和概括。在马克思主义的经典著作中没有关于道德内化问题的系统论述，甚至都没有出现"道德内化"的概念，但这并不意味着它们没有研究和分析社会道德意识向个体道德意识的转化问题。在一些主要的著作中，它们关于社会历史环境、物质生活条件等对道德的影响和制约的论述中，充分体现出马克思主义关于道德内化的基本观点。

马克思主义伦理学克服了旧伦理学体系的唯心主义和形而上学的理论基础，科学阐明了马克思主义关于道德的基本理论。在道德的起源和本质问题上，马克思、恩格斯认为研究道德不能从道德本身出发，也不能从抽象的人性出发，只能从人们生活的现实社会物质条件出发。马克思主义伦理学以辩证唯物主义和历史唯物主义为理论基础，从现实的社会经济关系出发去认识包括道德关系在内的"思想的社会关系"，揭示了经济关系是社会关系中最基本的关系，思想的社会关系则是社会经济关系的反映，认为"人们自觉地或不自觉地，归根到底总是从他们阶级地位所依据的实际关系中——从他们进行生产和交换的经济关系中，吸取自己的道德观念"①。道德实质上是社会经济关系发展的产物，道德不是"上帝的意志"，也不是人类先天具有的"善性"，更不是人的感官"趋乐避苦"所致，而是由人们所处的经济关系所决定的，是一定社会经济关系客观发展的产物。马克思主义关于道德的起源和本质的论述为道德内化的发展奠定了深厚的理论基础。

马克思主义不仅指出了道德产生的客观经济基础，而且明确肯定了道德的主体性。因为人不仅仅是受制于一定社会关系的"社会存在物"，而且是现实的、具有主观能动性的"有意识的类存在物"。人的品德是对社会道德规范内化的结果，这一内化过程体现着个体自身的主体性，表现着个体的自觉性、自主性和创造性。因此，人不是被动地服从于社会道德规范的制约，而是主动把握社会道德要求，自主地去选择道德活动。道德是在一定的社会经济关系基础上通过个体的自主实践活动表现出来。一方面，人在实践活动中总是以自己的价值尺度去改造对象，通过占有对象而获得和提升自己的本质力量；另一方面，实践又是人有目的、有计划的积极能动活动，不是盲目的冲动；同时，实践还是一种创造性的活动，人不仅能动地改造对象，而且在实践过程中改造着人本身。总之，道德的内化是个体与社会互动的产物，植根于人类社会经济关系的长期而复杂的实践过程中。

马克思主义伦理学科学揭示了内化范畴的产生和发展，赋予了这些范畴新的内容，并根据道德理论和实践的历史发展，把义务、良心等看作反映道德内化的具体范畴，并构成一个内化范畴体系，从而阐发了内化范畴

---

① 《马克思恩格斯选集》第 3 卷，人民出版社 1995 年版，第 133 页。

的实质及作用，以及在伦理学中的重要地位。马克思主义伦理学适应时代和理论发展的需要，根据无产阶级的道德实践，在科学分析伦理思想发展全部历史的理论基础上，阐明了马克思主义关于道德的基本理论，构建起自己的伦理学体系。因此，马克思主义伦理学的产生，是马克思主义对人类道德史和现实道德现象的科学概括。马克思主义伦理学以道德现象作为理论思维的对象，从理论上再现客观存在的道德现象，揭示道德的本质和规律。从道德外在体现形式的角度可以区分为社会道德和个体道德。个体道德是道德更为具体和现实的表现，更能真实地、具体生动地反映特定社会的道德状况。因此，从社会道德到个体道德的内化现象就成为马克思主义伦理学研究的重要逻辑起点。

二　义务和良心是道德内化进程的阶段

义务、良心等内化范畴由来已久，是研究道德现象的重要组成部分。从客观角度讲，这些范畴反映了个体与社会的道德关系；从主观角度讲，这些范畴反映了个体道德行为动机的内在依据、尺度，体现了个体对社会道德要求的认识、体验和态度，即个体对社会道德内化的发展进程。

（一）义务是道德内化的初始阶段

"义者，宜也。" "宜"即适宜、应当的意思。义务就是指个体对他人或社会应尽的职责或应履行的责任。义务是一种普遍存在的基本的直接的道德关系。在社会共同生活、共同活动的地方，只要发生着人与人关系的地方，都有人对他人、对社会义务的存在。可见，义务反映的是个人与社会的道德关系，这种关系的内容就表现为个体对社会道德规范的践行。义务不是上帝的旨意，也不是抽象的内心意识，而是一定现实经济生活条件在观念中的表现。义务使个人所担负的道德责任是社会道德规范对个人的要求。个体在一定社会中生存，社会会对其产生一种对他人的职责、要求或使命，如果这种职责、要求或使命能够被个体以道德准则的形式肯定下来，就成为个体一种明确的社会道德义务。道德义务概念反映了社会道德规范向个体行为的过渡，体现了社会生活的本质。人类为了满足自身需要而进行沟通和交往，从而产生了一系列的共同生活的社会规范，遵守这些社会规范是社会得以有序运转的客观要求。因而，义务是社会生活的根本体现，是社会生活的客观法则。

在社会生活中，个体除了履行道德义务之外，还担负着其他多种义务，如经济义务、政治义务和法律义务，等等。但这些义务与道德义务有着根本的不同，这些义务是为了获得某种权利或回报为目的，而不是个体在社会生活中的职责、任务和使命的有意识的表达。这就是说，道德义务具有无偿性和自愿性的特点。一种行为能够称得上道德义务行为，其动机绝不是以获得某种报偿和权利为出发点，而是以或多或少自愿地牺牲个人利益为前提的。

义务从客观方面说是社会道德对个体的要求，从主观方面说是个体对社会道德要求的认同。由此，义务把社会道德与个体责任联系起来，这是社会道德向个体道德意识转化的第一阶段，也是社会道德内化的初始阶段。义务已经是初级形式的道德意识，这种道德意识不是主观自生的，而是由社会道德规范经个体转化而来的。义务这种初级的道德意识与一般的意识有所不同，它是对自己本身的道德要求或道德上的自我要求，它把社会道德规范融于自己的内心深处并形成与自身一体化的思想感情，从而主动自愿地把社会道德规范变成自我要求和自我规范。所以，义务是道德内化的初始阶段，个体认识到对他人、对社会应尽的义务与责任，意味着个体道德意识的基本生成。但是，义务对个体来说仅仅是应该、应尽的职责，对社会道德规范还没有完全融入个体的内心深处，道德内化过程还有待提升和发展。

（二）良心是道德内化的完成阶段

良心是在社会道德生活中经常被使用的内化范畴，在伦理学发展史上各派伦理学家对良心的根源和本质作出过不同的解释。唯心主义认为，良心是"某种抽象观念""绝对精神"或"自然情感"。神学家把良心看作"上帝的声音""上帝的恩赐和安排"。英国经济学家兼伦理学家亚当·斯密认为良心是随着时代教育的不同而不同，同时又把良心看作人天生具有的同情心。在中国伦理学的发展史上，对良心的内容、来源和作用也有深入的探讨。孔子的"君子耻其言而过其行"[①] 中的"耻"就有良心之意。我国历史上最早领会良心内涵的是孟子，其"虽存乎人者，岂无仁义之心哉！其所以放其良心者，亦犹斧斤之于木也，旦旦而伐之，可以为美乎"[②] 的经典之言中说到的"良心"，即是仁义之心，就是"恻隐之心、羞恶之心、是非之心、恭敬之心"，比较深刻地揭示了良心的道德情感和

---

①　《论语·宪问》。

②　《孟子·告子上》。

道德评价的内容。但是，孟子把良心的来源归之于人先天所具有的，道德修养就是要"存心"，去保持和回复天生的良心，否认良心在实践中的培育和发展则是根本错误的。

马克思主义伦理学认为，良心不是上帝的声音，也不是人性所固有的，而是社会实践长期发展的产物，是随着人们道德生活的需要而产生的。社会发展为了维持和谐运转的道德关系，要求个体具有履行义务的自觉意识。随着个体对社会道德的分析、选择能力不断提高，不仅认识到按照一定社会道德要求履行义务的重要性，而且逐渐使个体感觉到履行义务已经成为心灵的一种需要和深刻的责任，不履行义务会带来心灵的内疚和不安，这时对个体来说就实现了从义务向良心的转化。所以，良心不是个体与生固有的，而是个体对社会和他人负有道德责任的深刻认识，是个体对自己提出并实施的内在道德要求。实际上，良心就是人们对社会和他人担当道德责任的自觉意识和相应的自我道德评价的一种能力。这种能力的形成取决于个体的社会实践，包括个体接受的教育影响、文化素养、社会地位、参与的各种社会活动及自我修养的努力程度等。马克思主义认为："良心是由人的知识和全部生活方式来决定的。"① 由此可见，良心虽以主观形式体现，但归根结底是由个体所处的客观社会条件所决定的，不存在抽象的超阶级的普遍的良心。良心的形成又是一个在社会实践中意识和修养长期积累的过程，即使突然发生的"良心发现"，也是道德意识不断丰富提升和道德修养日积月累的结果。当然，与社会物质生活条件相应的社会道德规范并不一定被每个个体自觉反映，即使得到反映，不同个体或同一个体的不同时期反映也可能是不同的，因为同样的客观条件，不同的人有着不同的道德认识、道德情感、道德觉悟。而良心是认识、情感、觉悟结合在一起的产物，是特别需要人的主观努力才能够做到的。

良心是道德内化的完成阶段。在这一阶段，个体对道德的价值、意义有了切实的认识和把握，并把社会道德要求与自己联系起来，已经认识到社会道德对自我发展和完善的意义所在，产生了深厚的道德情感，道德规范与个体已经融为一体、达到了有机统一。个体内心已经形成了深重的道德责任感和较强的自我评价能力，能够设身处地地为他人着想，做到"推己及人"，良心成为个体道德自律最概括的表现形式。良心阶段的个

---

① 《马克思恩格斯全集》第 6 卷，人民出版社 1961 年版，第 152 页。

体，已经对道德规范和要求有了深刻的理解，在此基础上积极主动地把道德规范内化成为心目中永恒的道德法则，从而自觉自愿地践行道德行为。拥有良心的个体，更加注重道德规范的内在实质和真正实现，而不再关注道德规范的外在词句和功利效果。良心成为个体思想行为遵循的尺度和法则，将个体意识和自我认同的外在道德责任变成了理智上的自我确认、情感上的自我满足、意志上的自我坚守以及行为上的自我约束。

良心是道德内化活动的内在隐蔽调控器。在社会道德生活中，良心对个体的道德内化起着一种特殊的自我控制、自我监督和自我评价的作用。一方面，良心根据社会道德义务的要求，对个体选择内化活动的动机能够起到制约作用。在个体道德内化进行之前，对符合道德义务要求的动机给予支持和肯定，对不符合道德义务要求的动机给予抑制和否定；另一方面，良心对个体的情感、意志、信念以及行为方式和手段，起到强大的监督作用。在个体道德内化进行之中，对个体符合社会道德义务要求的情感、意志、信念以及内化方式和手段，良心给予鼓励和强化；对那些不符合道德义务要求的，良心则给予及时的纠正和制止。对个体某种自私的欲念和偏颇的情感，个体能够"良心发现"，去制止或改变内化的方式和方向，以避免产生不良后果。并且，良心作为个人内心的自我道德法庭对内化的后果起着审判和评价的作用。在个体内化进行之后，对符合道德义务要求并产生了良好影响和后果的行为，会感到良心上的欣慰和满足，对不符合道德义务要求并产生了消极影响和后果的行为，对自己的道德过失会感到痛苦、羞耻和自责。

总之，良心是个体道德内化活动的内在调控器，决定着个体内化的道德方向。良心是社会道德的"守护神"，是保证社会道德权威的根本因素。良心始终受着个体文化素养、社会地位、阶级属性，以至职业活动等的制约，它深深埋藏在个体的内心世界里，总是坚定地维护着个体在一定社会关系中所固定下来的某种价值体系。从义务到良心的提升，是个体道德发展的深化，是社会道德内化的完成阶段，意味着个体道德意识的成熟和道德行为选择和评价的能力的完善。

三　荣誉、善美和幸福是道德内化的动力

荣誉、善美和幸福是个体道德意识形成的基础和推动力，在道德内化过程中发挥着显著功能。荣誉、善美和幸福本身也属于道德意识，是内化

的结果，但是它们一经形成，对义务观念的产生和良心的形成发展起着不可估量的推动作用，特别是幸福范畴成为一切个体道德意识赖以生成的基础。分析荣誉、善美和幸福范畴的实质和作用，对推动道德内化的进行具有内在的基础作用。

（一）荣誉是推动道德内化的积极情感

荣誉"是指社会对道德主体履行了社会道德义务、作出贡献的社会价值所作的肯定性的评价形式和个人对此主观感受的心理形式，它是社会对个人行为的褒扬与嘉许"①。这种社会对个体履行的道德义务所给予的肯定性评价能够给个体带来无比自豪的荣誉感，即个体在履行了道德义务后，会产生一种悦纳性的内心体验和自豪感，它深刻影响着个体的情感生活，是推动个体道德内化的动力和基础。荣誉感一旦形成，会对个体道德内化起着内控机制的作用，积极引导着个体的道德内化选择和价值取向，促使人们锐意进取，敢于拼搏，自我牺牲，激发着人们的事业心，培养着人们高尚的道德情操，是激励个体追求崇高道德境界的内在精神动力。但凡有自尊心的人，无不十分珍惜自己的荣誉。因此，荣誉能够以其特有的调节功能和心理机制功能，对个体道德内化的进行发挥着强大的促进作用，有助于个体道德素质的完善和提高。

荣誉作为社会对特定道德行为的一种评价，往往伴有赞扬、鼓励或鄙视、谴责等强烈的情感，是推动人们履行道德义务的巨大精神力量，对个体道德内化的实施和发展具有重要的作用。首先，荣誉是履行道德义务的推动器。荣誉作为社会的一种肯定性评价，是积极鼓励和提倡善行的。当这种肯定性的社会评价一旦内化为个体的内心体验，给个体带来内心的自豪感时，就能不断激励个体继续进行道德内化，完善自我德性。包尔生说："对荣誉的爱首先推动着意志去发展自重的德性，然后又推动着它去获得社会的德性。"② 荣誉推动着个体德性的生成，又推动着个体德性在社会德性的内化中继续完善。如果一个人具有强烈的荣誉感，他就会全力以赴地排除各种障碍，战胜一切困难，自觉地履行对社会或他人的道德义务，去完成道德内化，为实现道德价值目标和完善个人的道德人格而奋斗不息，甚至牺牲自己的生命也在所不惜。相反，一个缺乏荣誉感的人，对

---

① 田秀云：《社会道德与个体道德》，人民出版社 2004 年版，第 286 页。

② ［德］弗里德里希·包尔生：《伦理学体系》，何怀宏、廖帕译，中国社会科学出版社 1988 年版，第 492 页 。

个人荣辱漠不关心，就会失去履行道德义务的动力，不去进行道德内化提升品质，很容易成为道德上堕落的人。其次，荣誉是践行道德内化的调节器。荣誉对个体道德品质的取向具有巨大的导向作用。荣誉是一种判断某种行为对社会和他人是否有益的价值尺度，个体为了提高和实现自身的社会价值，会经常不断地衡量和检测自己的内化活动是否符合道德义务和良心的要求。一旦发现有违背道德义务和良心，背离社会道德要求的行为，荣誉感就会及时督促个体予以纠正或改变，保证内化沿着正确的道德方向前进。一个人树立起一定的荣誉感，不仅表明他能够澄清善恶是非，担当起应该承担的义务，而且意味着他已经把履行道德义务转化为内心信念，从良心上要把这种义务转化为行为的抉择。再次，荣誉是促进个体道德内化发展的精神保障。当一个社会的全体成员普遍树立起荣辱观念，对自己所获得的荣誉倍加珍惜时，不仅会促使个体自觉、积极地去履行道德义务和实施道德内化，而且还会形成良好、健康的社会风气。相反，当社会成员缺乏荣辱观念，根本不拿荣辱当回事，甚至荣辱颠倒、是非不辨时，是很难进行正确的内化道德规范形成良好、健康的社会风气的。包尔生说："对荣誉的尊重和对耻辱的恐惧甚至在最坏的情况下也产生了一些好的结果。那些没有什么荣誉可以丧失因而也不再有任何对于耻辱恐惧的人们最为堕落。"① 孔子曰："哀莫大于心死。"失去荣誉感和没有知耻心的人，终究会被社会所唾弃。

(二) 善美是促进道德内化的内心体验

道德是调整人们相互关系的行为准则和规范，是由于人类社会生活发展的需要而产生的。人们在社会生活中各种各样的行为必然给社会带来各种社会后果。有些是对社会产生积极影响，有利于社会和他人利益的善的美的行为；有些却是对社会产生消极影响，损害社会和他人利益的恶的丑的行为。为了保证社会生活的协调与进步，使人自身得到全面发展，善美成为人们高尚的道德追求。

对美的追求是人的天性。"美是包含或体现社会生活的本质和规律，是能够引起人们特定情感反映的具体形象。"② 人的基本需要除物质生活

---

① ［德］弗里德里希·包尔生：《伦理学体系》，何怀宏、廖帕译，中国社会科学出版社1988年版，第492页。

② ［苏］普列汉诺夫：《没有地址的信·艺术与社会生活》，人民文学出版社1962年版，第86页。

之外还有精神生活，审美需要是精神生活的重要内容。人们需要以一定的形式展现其特性而获得情感的愉悦，这就是审美的需要，爱美之心人皆有之。善是指符合一定道德原则和规范的行为、思想和品质。善总是在与恶的斗争中发展起来的，有时一些恶人、恶事、恶行为了达到目的又总是伪装得很巧妙，让人们很难辨别。因此，人们追求善、践行善都要经过一个曲折的过程。美与善是密不可分，美就是一种善，善自身就是美德。正如亚里士多德曾所过："美是一种善，其所以引起快感正因为它是善。"① 善美能够相互贯通，正是因为它们有着本质的相同。

从伦理学的角度研究道德的审美价值，对促进道德内化具有重要意义。第一，在美的情感共鸣中接受道德。道德的审美情感在道德内化中起着重要作用，它是道德的存在状态之一。美的道德形象能够引起个体的情感反应，因为美是对社会生活本质和规律的特殊表现。各种道德形象主要是因为美的道德情感，才以美的形式展现出来成为人们的审美对象。如电影《李清照》中剪发换钱，去探望被诬入狱的李清照的婢女形象，内蕴着美的道德情感，深深打动着人们的心扉，给人以美感。在先进事迹报告会上，台上声情并茂地描绘道德形象，台下的听众心情激动、热泪盈眶，这正是通过理解先进人物的思想品质而深深感动的动人情景，有助于感动人们进行道德内化步入高尚道德境界的殿堂。第二，在美的和谐状态中体现道德。道德是人的本质的对象化，道德中凝结着人与人关系的理想和准则，道德行为可以展示人与人关系的和谐与协调。可以说，道德的理想形式即是它的和谐状态，即对人的本质力量的积极肯定，是一种美。具有爱美天性的人，在社会环境和人际关系方面必然去追求和内化高尚的道德。第三，在美的境界中实现道德超越。道德的超越是道德主体性的基本特征，道德行为的发生和坚持本身就是一种超越。道德的最高境界即追求人生的自由境界，在道德的最高境界中浸透着人生目的的意蕴。审美的最高境界就是在人的本质力量的对象化中，使个体去领悟人生的真谛和意义，在美的境界中实现道德的内化和超越。审美和道德在最高境界和终极目的上是完全一致的，在审美活动中对道德境界的把握就更具直接有效性。"正是通过美，人们才可以走向自由"，"只有审美的心境才产生自由"。②

① 北京大学哲学系美学教研室编：《西方美学家论美和美感》，商务印书馆1980年版，第41页。

② 席勒：《审美教育书简》，北京大学出版社1985年版，第14页。

正是这种追求美的自由的心态，才有助于个体通过不断地道德内化而步入道德的殿堂。

善美范畴把道德与美联系起来，以人的审美需要为基础，使人在道德活动中把道德共鸣与美的感受结合起来，可以有效促进道德内化。在社会实践活动中，不断培养和形成个体的真善美的品格，使个体具有高度的道德认知、判断、评价能力，具备一定的审美能力和艺术修养情趣，形成高尚的道德品质，成为德、智、体、美全面发展的人，是社会发展的必然和趋势。

（三）幸福是道德内化赖以形成的基础

幸福是一个美好的字眼，人人都在努力地追求着人生的幸福。幸福是指人们由于感受或体验到目标和理想的实现而在精神上的愉悦和心理上的满足。幸福是对一定客观现实状况的内心体验，是客观现实和主观感受的统一。它既不是纯粹主观的想象，也不是客观事物本身，而是由一定客观事实决定的物质生活状况的精神体验和心理感受。所以，幸福是由一定的物质基础所决定的，人们所处的物质生活条件不同以及对生活的不同追求，就会形成不同的幸福观。幸福观与人生目的和价值、与人的现实生活和理想追求紧密相连，它一经形成，便作为人生的不懈追求对人的生活目标、行为选择和价值取向起着内在的驱动和引导作用。

在伦理学思想史上，早在古希腊时代起，幸福就被作为道德目的提到伦理学研究的重要地位上，把幸福和道德相连并把幸福看成道德的目的。在中国古代的《尚书·洪范》中提出的"五福"中就包括了"好德"。正如韦政通说："在中国最早的经书里，就已把福和善连在一起，这就把超世俗的幸福划了一个范围，也指引了一个目标。"① 唯心主义者和宗教派别则往往把幸福与道德直接等同起来，认为幸福与物质生活的享受、感官满足的快乐是对立的，实际上是否定了现实生活的幸福，让人们把幸福寄托在来生或梦幻中的天堂。唯物主义者主张现实生活的幸福，认为道德是实现幸福的必要条件，道德的价值就在于实现人类的幸福。道德作为一种处理个人与他人、个人与社会之间关系的行为规范及实现自我完善的精神力量，就是为了让人过上幸福的生活，幸福是道德的目的和基础。无论是奉献还是给予，都是为了实现美好的人生目的和对生活幸福的体验，这

---

① 韦政通：《中国的智慧》，中国和平出版社 1988 年版，第 57 页。

就是道德的最终目的。因此，幸福不是自私地占有与索取，不是财富的积累和对社会利益的损害，幸福是道德的快乐、心理的满足和精神的愉悦，个体只有在道德的指引下才能得到真正快乐的幸福。

对幸福的追求能够为道德内化奠定广阔而深厚的理论和实践基础。第一，幸福是个体道德内化活动的直接推动力。每个人的一生都在追求幸福，这是人生的根本需要，是人的本性所在，正是对幸福的执着追求，推动着人生的一切行为活动。人的道德活动自然也以幸福为自己的目的，把幸福作为道德的归宿和目的，这也正体现了道德的实质，道德是为人的，是为了让人过上幸福的生活而存在的。幸福促使人们去积极热爱道德、内化道德，幸福成为一切道德内化活动的直接推动力。第二，幸福是个体实现道德自我的最高标准。幸福是对人生目的和生活意义的肯定性评价，是对个体人生是否理想进行评判的一种"价值标准"。幸福所在就是人生目的和生活意义所在，正如亚里士多德的名言，"人生目的是至善，至善即幸福"。那么，对幸福的追求，也就成为个体道德内化自我规定的最高标准和最高价值目标。在现实生活中，就表现为拥有什么样的幸福观，就体现出对现实道德产生什么样的态度，即对现实道德是敬重、信奉，还是冷漠、拒斥。由此，幸福决定着个体对社会道德是否进行内化，成为个体实现道德自我的最高标准。第三，幸福是生活理想和道德理想的统一。幸福既是生活理想，也是道德理想。可以说，幸福是把道德融进实际生活之中，是从道德角度规定的生活理想。因为道德从本质上是生活的，道德总是存在于生活之中并通过生活而得以体现。无论是精神生活还是物质生活，道德都可渗透其中。个体唯有通过道德内化，提升道德品质，实现道德理想，才能在生活中实现生活理想和道德理想的统一，实现个体追求幸福的崇高人生境界。

当一个人内心拥有强烈的荣誉感、道德的美感和明确的生活目的的时候，就会热爱道德，亲近道德生活，就能自觉、自愿地进行道德内化，产生道德义务观念并上升为良心。为此，在道德教育实践中，要重视培育和增强个体的荣誉感、善美感和幸福感，促进个体道德内化，提高个体道德意识水平，学会享受道德的快乐与幸福。从而使个体在生活中融入道德理想，向往道德，践行道德，过真正的道德生活，做幸福的道德人。

第三章

高校德育内化的现实考量

　　培养大学生良好的道德品质是高校德育的根本目的，其关键在于道德要求和道德规范真正为大学生所吸收和内化，道德内化是高校德育的基础。但现实生活中大学生道德内化的缺失表现成为长期以来高校德育实效性不高的症结所在。因此，在对高校德育内化现状透视的基础上，剖析探明高校德育内化存在的主要问题及其原因，为破解德育现实困境奠定基础，以期创新高校德育内化思路，对我国高校德育发展有所裨益。

第一节　高校德育内化存在的主要问题

　　"我梦想有一天，所有的中国人都能遵守《小学生守则》。"——这是某大学一位德育教授的课堂感慨。这是摘自于《读者》2002 年第 2 期的一则言论，此话深深地震撼着我们，因为它折射出高校德育内化存在问题的严重性。高校德育是将一定社会道德规范内化为大学生的品德并引导其外化为道德实践，以实现大学生道德人格塑造和道德境界提升的教育活动。内化是德育活动的关键，也是德育过程的基本要求。不可否认，我国高校德育内化在提高学生道德素质方面取得了相当的成就，但随着社会环境的不断发展变化，高校德育内化的现状却不容乐观，各种各样的问题相继暴露，导致德育陷入低质低效的困境。德育要想摆脱这一困境，重新获得发展的活力，必须深入探究德育内化存在的主要问题及其原因，才能找到走出困境的正确道路，科学把握德育未来发展的方向。

一　德育内化主体自身的问题

　　塑造大学生优良的道德品质是高校德育的主旨所在。学校德育通过一定方式和手段，教育引导大学生内化社会要求的道德原则和规范，培养大学生的道德意识，为外化道德行为做必要准备。大学生对社会道德原则和规范的内化是实现这一主旨的关键，但大学生自身却出现了"知而不信""知而无情""错知而信"的内化缺失，严重影响了高校德育的内化效果。

（一）知而不信

从个体道德的发生来看，道德的形成首先是从道德认知开始的。道德认知是个体对有关道德信息知识的理解和掌握，是个体对所处的道德关系及其规范要求等认知客体的直接印象和感受。个体在参与各种社会交往活动中，社会对一些具体行为的是非、善恶或赏罚的道德反映与道德评价，都会直接或间接对个体产生不同程度的刺激，引起个体不同程度的感受和认知，由此使之逐渐获取社会所提倡的道德规范和要求，形成个体的道德观念。对道德规范及要求的认知是大学生道德内化的基础和前提，但是，大学生获得了对社会道德规范及要求的认知，却并不意味着就一定能够相信和认同这些道德要求，"知而不信"现象在高校学生中屡见不鲜。

1. 道德内化止于道德认知

在学校德育的引导下，学生对社会道德原则和规范的认识越来越全面，并逐渐趋于深化，对有关道德问题的看法和观点也颇有见解和价值。在学校进行的相关思想品德课程的考试测试中，他们也会交上一份让学校和老师都非常满意的答卷。这说明学生在认知上是比较清楚"什么行为应该做""什么行为不应该做"的，但一旦涉及自身的具体行为时，行动的最终结果却往往背离他们已有的道德认知，这意味着学生对道德知识仅仅只是为了"认知"而认知的目的，为了获取"一纸高分的评价"而已，根本就没有吸收内化成为自己心目之中高尚的道德法则，使道德内化止于道德认知，学生"知而不信"。据有关调查数据显示，学生对一些道德问题的认知是比较准确的。在一项认知性的调查中，大部分学生的道德认知能够达到优良水平，但实际生活中道德行为的落实却显得不尽如人意，76%的学生认为捡到手机应该送还失主，但是真正遇到这种情况时，只有49.5%的学生能够寻找失主，把手机物归原主；80%的学生认为应该参加社团组织的义务捐款活动，但只有43%的学生表示实际参加了捐款活动。[①] 这表明大部分学生对

---

① 刘丹：《独立学院大学生道德认知状况调查的调查研究》，硕士学位论文，辽宁师范大学，2009年，第18—19页。

"应该做什么，不应该做什么"都有比较清楚的认知，但清楚明白并不意味着认可和相信，相信与否根本就是另外一回事。说起来满腹道德经纶，行动起来却背道而驰，知而不信、知而不行成为一些学生为人处世的经常状态。

2. 道德认同与道德认知的偏离

当今高校开设有系列的德育课程，配备有专业的德育队伍，不能不说学校对德育还是非常重视的。但一些学校只是注重学生对道德知识的学习，却忽视了学生对道德知识的理解认同，致使学生道德认知和道德认同发生不同程度的偏离。道德认同是个体对道德规范在认识、情感和态度上的认可、承认和赞同，只有被学生认同的道德规范，才能够内化为学生的道德意识和信仰，最终外化为学生自觉的道德行为。传统的高校德育课程往往采用讲授的方式进行，片面注重对学生进行道德知识和道德规范的单向灌输。这样一来，让学生把德育当作一门专业课程进行学习，背熟记忆一些道德知识应付考试还可以。"但是，人的德性发展与智性发展有着本质的不同：人们可以与社会生活隔离开来集中学习知识经验，却不能与社会生活相隔离去学习道德。道德是社会生活的规范和准则，真正的学习必须在社会生活过程中进行。"① 以一般智力知识的方式传播道德教育的内容，远离学生的实际生活感受，会导致学生缺少道德体验，对德育内容缺乏认同感。据有关调查数据显示，72%的大学生对学校的德育内容是不认同的，也就是说只有28%的大学生认同或者基本认同德育内容。在不认同德育内容的原因回答中，近90%的学生认为道德教育脱离社会现实生活，过于政治化、口号化。② 学校中仍以灌输道德规范为主的德育，偏重于概念、观点或原理性的东西，不能结合学生的精神需求和实际生活，这种内容枯燥僵化、形式教条单一的德育内容不仅得不到学生的认同，反而极易导致学生对德育的反感。学生通过德育获得的道德知识实际上成为一种无意义的、形式上的符号。"以传授道德知识为特征的德育舍本逐末，将道德符号而不是这些符号所代表的道德意义看成教育的目标，在教学过程中远离这些道德符号得以产生、运行的历史的、现实的生活，虚构一个虚幻的道德知识世界，热衷于对这些道德符号的记诵和逻辑演绎。在这种

---

① 高德胜：《知性德育及其超越——现代德育困境研究》，教育科学出版社2003年版，第127页。

② 申长永：《高职生道德内化的缺陷及对策》，《消费导刊》2007年第6期。

德育过程中，学生学到的不是沉甸甸的生活智慧，而是枯燥的道德语言符号和知识气泡。"① 学生缺乏对道德规范的深度分析和理解，不赞同、不认可道德规范，道德认同与道德认知发生严重偏离，学生知而不信，就无法将道德规范转化为自身行为，德育内化效果必然不佳。

3. 道德信仰迷失

"仓廪实则知礼节，衣食足则知荣辱。"② 随着社会物质生活水平的不断提高，精神需求越来越成为人们占主导地位的需要，每个人都应以坚定的信仰指导着自己人生目标的实现。但在我国社会转型时期却面临着信仰迷失的危机，而且这种信仰危机现象也影响到了大学校园。许多大学生道德信仰模糊，信仰不坚定、不确切或者根本就没有信仰，不知道自己在信什么，该信什么，行为表现表里不一、模棱两可成为当代大学生群体经常出现的现象。

信仰是人们对某种学说、理论、主义的信服和尊崇，是一个人的生活指南和行为准则。当今高校比较重视对学生道德信仰的培育，专门开设了进行道德教育的系列课程。学生通过学习对社会道德要求和道德规范形成了基本的认知，但并不意味着能够将其内化而确信无疑，形成坚定的道德信仰。恰恰相反，由于社会生活环境的影响和各种文化思潮的冲击，学生甚至还可能对一些道德价值观产生动摇和质疑。不可否认的是在大学校园中，理想信念动摇、价值取向扭曲、道德信仰迷失者却大有人在。

案例一：陈果自焚事件

在 2001 年的 1 月 23 日，下午两点，刚刚过完春节的人们，正准备去迎接新年的第一个工作日时，在天安门广场上却发生了一起震惊世界的自焚事件。从河南省开封市赶来的 7 名 "法轮功" 痴迷者，用汽油在天安门广场集体自焚，去实现李洪志所谓的 "放下生死"、"升天"、"圆满" 的蛊惑，造成了 2 人被烧死、3 人被严重烧伤的悲惨后果。而人们无论怎么都没想到，自焚者中竟有一位 19 岁正值花季的女大学生——中央音乐学院民乐系琵琶专业的大二学生陈果。陈果在点燃汽油前，绝对不会想到自己的轻信和无知，会给自己带来如

---

① 高德胜：《知性德育及其超越——现代德育困境研究》，教育科学出版社 2003 年版，第127—128 页。

② 《管子·牧民》。

此巨大的痛苦。烈火在陈果身上剧烈燃烧，广场上凄厉的惨叫刺人心脾。警察把陈果送到医院急救的时候，发现她的全身烧伤面积达80%以上，更为可怕的是，陈果的头部、面部严重四度烧伤，已经形成了黑色焦痂，陈果整个人处于休克状态。中央音乐学院民乐系琵琶专业孙维熙教授提起陈果事件，痛心不已，他说："从陈果 10 岁的时候，我就开始教她，经过这几年的训练，她的手已经相当的柔软，相当的专业了……"这位和陈果朝夕相处了 9 年的主课老师知道，自己学生那双烧焦的双手，再也无法去弹奏心爱的琵琶了。①

　　案例二：马加爵事件

　　马加爵事件，一个至今都令人震撼和心痛的惨剧。马加爵，云南大学生化学院的一名大学生。但在 2004 年 2 月因为与同学玩扑克牌发生口角，在自己所住的学生宿舍，残忍地接连杀害了四名自己的同学，然后离开学校从昆明火车站出逃。逃亡中的马加爵被公安部列为 A 级通缉犯，3 月 15 日在海南省三亚市马加爵被抓捕，6 月 17 日就被执行死刑。②

　　坚定的信仰是一个人生活的精神支柱，人们往往从自己的信仰出发去审时度势。对正确信仰的执着，能够促使人们实践道德行为、事业有成；对错误信仰的偏执或无信仰的迷茫，却会使人的行为偏离道德轨道，不仅会对社会造成严重的危害，也迷失了自己的人生，于人于己都不利。陈果自焚事件和马加爵杀人事件暴露出当今一些大学生理想信仰的迷茫与混乱，人生目标、生活追求的错误与迷失，震惊与惋惜之余，让我们对当前德育不得不进行深刻的反思。高校大学生正处在青春逆反时期，心理素质还很不稳定，人格塑造还不成熟，学校应该注意随时掌握他们的思想状况和心理动向，了解他们的实际生活和精神需求。德育不仅要把道德信息知识传授给学生，使其形成一定的道德认知，更重要的是引导帮助学生内化道德信息知识，使其形成科学正确的道德信仰，才能有明确的生活目标和人生追求。这就要求学校德育必须及时同社会环境和家庭教育有机结合起

────────────

　　① 参见康福林、唐水福、张和芸《陈果母女就这样成为"法轮功"殉葬品》（http://news.sina.com.cn/c/181592.html）。

　　② 刘书林：《思想道德修养与法律基础教师参考书》，高等教育出版社 2006 年版，第130 页。

来，全面掌握学生心理变化倾向和思想道德发展状况，有针对性地加强学生进行社会实践锻炼，引导他们内化正确的道德认知，帮助他们确定崇高的人生目标，培育高尚的道德情操和树立科学的信仰，避免马加爵、陈果等这样的悲剧重演。

（二）知而无情

现实生活中出现了部分大学生对社会道德规范和要求熟视无睹、置若罔闻，对一些道德问题无动于衷、视而不见的知而无情现象。这种对社会道德漠不关心、知而无情的麻木心理状态和表现，也是当今社会道德状况不理想的一个重要原因。

知而无情在道德实践中具体表现为道德情感冷漠。冷漠一般意义上是指在情感上的冷淡、漠视，是对周围环境中人、事、物的冷淡不关心，可以理解为一种为人处世的特殊态度。所谓道德情感冷漠，"它是指一种社会人际道德关系的隔膜和孤独化，以及由此引起的道德行为方式的相互冷淡、互不关心，乃至相互排斥和否定"①。道德情感冷漠是人与人之间意识沟通的阻塞和情感的丧失，它不同于一般的感情淡薄。一般的感情淡薄是指对特定人的感情缺乏，是由于主客体对象之间的某种特定原因而引起的；而道德情感冷漠并非不知道、不了解社会道德规范，并非是对社会道德规范的无知造成的，实际上是一种缺乏善心、丧失同情心和逃避道德责任的表现，是因为对社会道德规范的知而无情引起的。因为道德情感冷漠关系到人们对善恶的评判与追求，所以引起了社会的广泛关注。当今社会，尤其在广大城市中，"扶人者被诬陷为撞人者""受助人对施助人的漠视"等现象的出现，使更多袖手旁观的冷漠代替了助人为乐的热情，加剧了人与人之间的不信任。更为可怕的是，冷漠已不是社会的偶然现象，对别人的困难漠然视之；对他人给予的帮助，不懂得感恩回报，坦然受之。道德情感冷漠现象越来越多地出现在我们身边，人们逐渐开始习惯用戒备的眼神和漠视的心理来对待身外之事。

道德情感冷漠在现实社会生活中一方面表现为，对处于困境中的人、对违背道德的事情的冷漠。

2011年10月13日下午5时30分，在广东佛山南海黄岐广佛五

---

① 万俊人：《再说"道德冷漠"》，辽宁人民出版社1998年版，第86—87页。

金城，发生了一场不该在当今社会发生的悲剧。一位两岁左右的小女孩悦悦，在巷子里被一辆面包车碾轧，几分钟后又被一辆小货柜车碾轧。让人难以理解的是，几分钟内在孩子身边经过的十八位路人，没有一人过问。直到来了一位捡垃圾的阿姨陈贤妹，才赶紧把孩子抱到路边并找来她的妈妈。随后，小悦悦被送到了广州军区陆军总医院进行抢救，但此时可怜的孩子伤势过于严重，脑干反射基本消失，已接近脑死亡。高超的医术没能挽救回这个脆弱的小生命，悦悦经医院全力抢救无效，在 21 日零时 32 分永远离开了人世。①

一个年仅两岁的小女孩，在经过车辆的几次碾轧、在 18 位路人的漠视下永远离开了这个对她来说还未来得及弄明白的世界，但路人的冷漠无情却令人愤慨和寒心。事后很多人都在思考，从法律责任来说，小悦悦的死负首要责任的是肇事司机碾轧逃逸，其次是她的父母对孩子监管疏忽，18 位路人见死不救应该排在末位。但从道德责任来说，虽然道德责任无法量化，但 18 位旁观者的冷漠难辞其咎，必须接受道德的审判。这件事情的后果已不只是肇事司机所导致的悲剧，也是一群无视他人困境的人共同导致的悲剧，更为可怕的是群体丧失了移情能力的社会悲剧。

被救助者对救助者的冷漠，是道德情感冷漠更为知而无情的又一具体表现。

案例：湖北 5 名贫困大学生受助不感恩被取消资格

2007 年 8 月中旬，在湖北省襄樊市举办的"金秋助学"活动中，主办方宣布取消了 5 名大学生继续受助的资格。原因是资助者希望了解受助大学生的学习生活情况，但这 5 名大学生在接受了一年多善心人士的资助后，从没有和资助者联系过，连一句感谢的话都没说过。襄樊市 5 名受助大学生的冷漠，让资助人感到寒心，部分企业家表示"不愿再资助无情的贫困生"，遂取消了对他们的资助。②

---

① 《小悦悦事件：拷问社会良心》 （http：//focus. chinavalue. net/General/2011 - 10 - 18/344958. html）。

② 李剑军：《湖北 5 名贫困大学生受助不感恩被取消资格》 （http：//house. focus. cn/msgview/435/97936979. html）。

滴水之恩当涌泉相报，本是中华民族的优秀传统美德和中华民族文化的思想精华，对历经十年寒窗步入象牙塔的大学生来说，有非常丰富的认知和正确的理解，可"有知"并不一定"有情"。一些接受了资助却对资助人的帮助漠然视之、坦然接受的大学生，就是有知无情、知而无情。只愿接受帮助不想日后回报，只知索取不愿奉献。善心不求回报，资助者的帮助不是为了求得报答，他们只希望贫困学生不辜负亲人的嘱托和社会的厚望，能够顺利完成学业报效国家，将感恩之心传承下去，在社会上形成一种爱的互动。有善心人士表示："表达感激其实很简单，受助学生给我发个短信，说声谢谢，就能让我高兴很长时间。"可是，受助人的冷漠与无情却使资助者感到寒心，带给资助者的是极大的消极情感体验，以至于资助者的爱心受到打击，不愿意再继续资助贫困学生，甚至还可能包括资助者在内的更多的人都会成为冷漠的看客，直接削弱了履行道德责任的可能性。道德情感的冷漠结果会使人与人之间的信任感越来越低，人际关系变得越来越疏远，会进一步导致利己主义思想的泛滥，不仅对个人的成长造成极大危害，更不利于和谐社会的构建和发展。

道德移情能力的欠缺是造成道德情感冷漠导致知而无情的重要原因。移情是指人们彼此之间情感体验的互动方式。"把德育中的移情体验理解为个体在心理上将自己处于他人位置，体会他人情感并产生与之相一致的情感的一种体验方式。移情体验是一种心理换位，更确切地讲是一种情感换位，也就是在心理上以他人的身份、他人的视角去参与体验，预测他人在某种情境中的情感反应。"[1] 互动的情感体验往往是发生在彼此之间的。一方以自己内心的情感去理解对方，站在对方的角度设身处地考虑问题，去真实体验对方的情绪情感。由此可以看出，移情体验应包括两方面的含义："一方面是指，个体把自身投射到他人的心理活动中去，分享他人的情感；另一方面是指，个体的心理活动跟随他人，受他人的情感引导，不管他人的情感是多么深厚或强烈，不管他人的情感表现出不正常，甚至具有危害性，其情感体验都与之呼应。"[2] 在现实社会生活中，道德移情能够使个体设身处地地去理解处于困境中的人的情绪表达的真实意义，并与其产生情感共鸣。反之，如果个体道德移情欠缺，就不会体验到处于困境

---

① 范树成：《当代学校德育范式转换与走向研究》，人民出版社 2011 年版，第 193 页。

② 李伯黍、岑国桢：《道德发展与德育模式》，华东师范大学出版社 1999 年版，第 86 页。

中的人的情绪表达，就会成为漠然视之的旁观者，对他人表现出无动于衷、知而无情的冷漠。所以，"移情是维护积极社会关系的重要社会性动机因素，是人们内心世界相互沟通的桥梁"①。可是，在现实社会生活中，道德移情能力欠缺现象却时常可见。因此，德育要注意在内化过程中，引导个体运用移情进行体验，提高个体的道德移情能力，使个体"设身处地""将心比心"，能够用良知来深刻解剖自身的丑陋，对他人的不幸处境和痛苦产生发自内心的同情，甚至因为不能帮助别人"解困"而内疚和自责，从而在人与人之间用移情搭建起心灵沟通的桥梁，用情感与温暖唤起社会的警省与和谐。

（三）错知而信

错知而信是指明明知道有些认识、观点和做法是错误的，却依然照信不误、知错而行。在经济飞速发展、生活日益富裕的今天，拜金主义、享乐主义、奢靡之风有所抬头，少数人思想混乱，道德缺失，价值标准多元化，是非、善恶、美丑观念混淆。本是一方净土的校园也难逃不正之风的冲击，反映在高校校园中，不正之风本应是生活在象牙塔的学富五车的大学生们深恶痛绝、断然拒斥的事情，可如今却成为屡屡发生的现象。一些大学生认为在考试中作弊没什么大不了，课程开设多、学习任务繁重，考试作弊也是可以理解的，于是抄袭流行、蒙混过关；在生活中有些大学生以用名牌为荣，以节俭为"寒酸"，于是全身名牌、生活奢华；在学校中拖欠学费、背信弃约、违约助学贷款，在就业中提供虚假求职履历、"掺水"现象在大学生中也不乏其人。

1. 诚信严重缺失

诚信即诚实守信，是处理个人与他人、个人与社会之间相互关系的基础性道德规范，是社会主义道德建设的重点。诚信也是中华民族几千年来一直崇尚的优秀传统美德。《礼记·中庸》说："诚者，天之道也。诚之者，人之道也。"认为"诚"是天的根本属性，努力求诚以达到合乎诚的境界则是为人之道。又说："诚者，物之终始，不诚无物。"认为一切事物的存在皆依赖于"诚"。诚实无欺、遵守信用、践行约定，是社会道德体系的母德，是一切道德规范的根本所在，没有诚信就没有道德。

诚信对大学生来说，是一种安身立命的资本，是能够成功步入社会的

---

① 范树成：《当代学校德育范式转换与走向研究》，人民出版社 2011 年版，第 194 页。

"通行证"和事业有成的重要保证。诚信本应是大学生基本的道德素质要求，可是被视为天之骄子的大学生却出现了严重的诚信缺失行为。

案例：美丽的谎言

前不久，笔者参加了在某高校举行的一个毕业生人才交流会。发现各用人单位收到的毕业生推荐表上，大都列满了各种奖项和荣誉，"校三好学生""×××优秀个人""某某征文大赛二等奖"等，并附有各种证书的复印件。用人单位面对这些眼花缭乱、制作精美的毕业推荐表，无奈之余，走马观花地看了一遍，甚至有些连看也没看就放到一边。笔者作为一位长年奋斗在教学一线，自认为比较了解学生的教师，也对这么多的学生拥有如此众多重量级的荣誉，感到有点儿吃惊。随后笔者走访了不少毕业生之后却发现，这些学业有成的荣誉竟不过是"美丽的谎言"。

在某高校的一座男生公寓内，一名男生正在认真制作毕业推荐表。但对自己的成果不满意。于是，借来几份不同姓名的证书摆放在身边，对照同学的获奖情况，认真地给自己"颁奖"，还时不时得到舍友比较有经验的指导。过程比较简单，先更换姓名抄录奖项，有些奖项可以直接照搬过来。然后，男生来到学校附近的复印店内，再"做"上获奖证书的复印件。几分钟后，男生便拥有一份精心制作、很满意的毕业推荐表。

毕业生们如此制作"获奖证书"之法，不仅解决了自己的"燃眉之急"，而且也让高校附近的复印店红火了一把。各高校附近的复印店都擅长此术，与有证书需求的毕业生们心照不宣，再精美、华丽的证书复印店的老板们都能搞定。笔者专门对一些学生进行了深度访谈。学生坦言，之所以在临毕业时用假造奖项"贴金"，是为毕业找工作创造些"硬件"，为了获得用人单位的好印象，便用此"下策"。而且，此"下策"竟然在同学之间广为流传，甚至成为各大高校毕业生制作毕业推荐表的"妙方"。①

---

① 刘云伶：《毕业造假证　一纸假荣誉怎能弥补四载真学识》（http://news.sohu.com/41/30/news147663041.shtml）。

就业时伪造荣誉证书、提供虚假履历信息等的诚信缺失现象是许多高校毕业生都存在的普遍问题，是大学生错知而信的现实表现，也是高校大学生道德信仰缺失问题比较突出和集中的反映。造成学生道德信仰缺失现象的原因是多方面的。从外部环境原因分析，当前我国社会就业形势严峻，再加上文化多元化和市场经济负面因素带来的影响，社会上诚信精神缺乏、诚信意识淡薄，使大学生的道德认知不正确，道德信仰迷失，价值取向不明确，以至于"错知而信、以身试假、身陷其中"；从学生自身的角度分析，是由于在学生的自身意识之中并不认为伪造荣誉证书、提供虚假履历信息是多么不道德的行为，反而觉得是为自己就业、找工作创造条件。认为大家都这样做，自己不做只会吃亏，觉得这只是"小事"无所谓，理所当然地接受这些既成事实。大学生自身对一些行为、规则等的错知而信，导致大学生对一些不道德的社会规范的内化，危害了大学生的健康成长。针对大学生出现的错知而信问题和表现出的不良思想道德状况，高校德育必须要注重加强对大学生正确道德认知的培育，坚定大学生科学的道德信仰，促进大学生诚信意识和诚信习惯的养成，从而推动整个社会诚信理念的提升与诚信氛围的营造。

2. 认知标准双重

大学生知识丰富、视野开阔，热心关注国家和社会的发展，他们希望祖国和谐稳定，希望政府能够以民为本、为民着想、多办实事，这些都是他们作为一名知识青年对国家、社会的关心和期望。但是，在全球化、信息化浪潮的冲击之下，当代大学生的认知正经受着前所未有的多元文化冲击，相互冲突的各种价值观使大学生陷入道德选择的困境。不少学生往往以过高的标准要求社会，希望社会能为自己提供优越的生活条件和工作环境，而自己又缺乏吃苦耐劳的心理准备和艰苦奋斗的思想意识。他们将自己的理想目标难以付诸行动的责任归咎于社会，而自身又缺乏对社会尽义务、做贡献的衡量与定位。对自己和对社会双重的道德认知标准是学生道德选择困惑的集中体现。具体表现为：

第一，对自我与他人使用不同的道德评价标准。由于社会环境和家庭环境的影响，许多大学生的"自我中心"意识强烈，只求享受权利，不讲履行义务；只希望别人尊重宽容自己，却不能以礼相待、体谅别人；注重自我利益的实现，却忽视他人的需求；对自己是宽松的道德评价标准，对他人却严厉有加、要求苛刻。

第二，理想道德认知与现实道德认知相背离。学校、家庭和社会对大学生进行了系统的道德教育，在大学生的思想意识中形成了一种理想的道德认知，而在现实生活中却又时常无法做到符合理想道德认知的行为，导致大学生发生现实道德认知与理想道德认知的背离。如大学生非常认可人与人之间应该互相帮助，集体利益高于个人利益的道德观念，但在实际生活中却又往往以自我为中心。

第三，角色关系的转化与道德认知的变化。有些大学生在步入社会之后，角色关系的改变使已有道德认知发生显著变化，与在学校中的善良、正义、朴实相比，大学生在社会生活中也随波逐流，受一些不良社会风气的影响，形成了世俗、实用、过于精明的习气，不能"独善其身"，反而知难而退，甚至经受不住金钱和权力的诱惑而同流合污。

例如，在购买盗版书的事情上，许多大学生就表现出双重的道德认知标准。大学生非常支持国家文化事业的发展，对盗版书的危害也有着明确的认知，但一旦涉及自身利益时，就表现出以自我为中心，把盗版书出现并猖狂发展的原因和责任归于社会和国家。

案例：盗版书成为大学生首选的"物美价廉"书目

盗版书，严重冲击了图书事业的发展，是文化市场的一个"毒瘤"。然而，在校大学生却渐渐成为盗版书的巨大消费群体。宿舍的书架上摆放几本盗版名著，在许多大学生眼里已经不是什么不光彩的事了，甚至为数不少的学生对盗版书抱有惊人的宽容和好感。"其实我们也知道这些书都是盗版的，但是这些书的价格便宜，质量还可以，又比书店的正版书便宜很多，我们为什么不买呢？再说，书店的正版书都太贵了，我们还没有足够的经济实力购买正版书。而且，盗版书的质量也说得过去，我们要经常购买图书，还是买盗版书比较划算。"这是记者随机在书摊边采访到的一位大学生的回答。通过他的话我们不难发现他为什么购买盗版书的原因，那就是：一、盗版书便宜并且质量还可以；二、正版书价格太高买不起。

从某种意义上讲，盗版书确实一定程度上帮助有些知识需求者解渴了，尤其对于从农村走出来的经济条件差的贫困学生来说，正版书贵得离谱，薄薄的一本小册子，动辄十几元、几十元，让这些没有经济收入靠父母养活的大学生只能望书兴叹。在图书馆不能满足阅读需求的情况下，部分大学生于是倾向盗版书。所以，正是因为学生对盗版书极高的需求，也为盗版书的生存提供了巨大的生存空间，致使盗版书得以"野火烧不尽，春风吹又生"，屡禁而不止。[①]

经过对书摊周边同学的调查，85%的同学都表示对盗版书是既爱又恨，既抱怨盗版书所带来的负面影响：装订混乱、删减章节、错字连篇甚至图文不符，而且扰乱文化市场；却又因为盗版书价位低廉，而时不时地购买盗版书。总体而言，大学生对盗版书的认知态度明显存在着自相矛盾的"双重标准"。大学生明确知道盗版书是假冒劣质产品，它的假冒书刊号侵犯了出版社的权益，让不法书商投机赚了钱，读者虽然得到暂时的便宜，然而吃亏的却是国家。盗版书严重扰乱了我们的文化市场，冲击了我国图书业的发展，阻碍了我国文化的振兴与繁荣。虽然大学生对盗版书给国家文化事业造成的危害有着明确的认知，但在需要时仅因正版图书价格偏高却退而求其次购买盗版书。如果学生在几本盗版书面前就轻易放弃了自己的是非观念，表明大学生并没有形成正确的道德观念，双重的道德认知标准实质上最终走向错误的认知。因此，高校德育要引导学生积极内化正确的文化自觉意识，使大学生清醒地认识到图书是文化的主要载体之一，对图书业的繁荣会带动文化的发展有正确的认知，使学生形成科学的道德信念和价值取向，正确处理好盗版书带来的"眼前利益"和文化事业发展的"长远利益"之间的关系，远离盗版图书，努力维护人类洁净的精神家园。可以说上述错知而信的道德不良现象已影响了当代大学生的社会形象，严重损害了大学生的健康成长，也反映出高校德育对学生正确道德认知内化的欠缺。因此，教育引导个体正确的理解和接受、内化社会道德规范，成为高校德育迫切需要关注的重点问题。

二　德育内化目标知性化

当今，一些教师往往以道德知识的授受代替道德教育，将学生对道德知识的理解和掌握作为德育内化主要的甚至唯一的目标，将学生对道德知识的理解和掌握等同于道德内化，在德育内化目标上存在着严重的知性

① 于文杰、窦泽中：《盗版书如此猖獗》，http://www.360doc.com/content/11/0826/15/7309454_ 143452590. shtml。

化。"知性德育就是知识德育、思维德育和知化的教育。知性德育或者将道德或道德的某一维度从人的完整德性和整体生活中抽取出来，当作一个课题化、对象化的'学术研究领域'，这种知性德育进行的不是道德教育，而是'道德研究技能'的训练；知性德育或者将道德教育从教育的多维构成中剔除出来，使现代教育缩减为纯知性的构成。"[①]　知性化的德育内化目标遵循着知识和认识的理性逻辑，将道德生硬地从实际生活中剥离出来，把道德简单地理解成为道德知识或者道德认知，异化了真正意义上的道德教育。

知性德育将学生掌握道德知识作为唯一的目标，将道德知识编纂成课程，通过课堂教学的形式将其灌输、传授给学生，让学生加以理解和记忆。德育内化中重视道德知识的学习是必要的，但是，如果仅仅将德育内化局限于道德知识的理解和掌握是无法实现德育内化的最终目标的。知识并非道德教育的唯一或全部，知识不能自然地成为个体道德发展的指导，智慧也难以弥补个体道德的缺陷。如果只是一味地片面强调灌输道德知识而忽视道德情感和道德实践，就会使个体失去了内化道德的兴趣和动力，很容易造成个体对道德知而不信、知行分离的后果。

知性德育将道德知识的学习仅仅局限于理解和记忆，忽视引导学生选择、认同和信奉。在知性的德育内化目标下教给学生更多的是一些知识性的道德概念和道德规范，往往通过课堂教学让学生把道德要求、规范或准则完全当作理论知识来理解和掌握。这样，仅仅重视通过课堂上的口耳相传、灌输让学生理解道德知识，而忽视自主探究、辩论、体验和实践在学生理解、认同和信奉道德知识中的作用，学生能够获得的仅仅只是"关于道德的观念"，而非融入其自身意识之中的"道德观念"，学生具备"关于道德的观念"并不一定能够内化。而且，有的学校把德育内化变成成绩、分数等用数字来量化的东西，使德育内化沾染上庸俗的功利性，对学生的思想追求和道德品行造成极大的消极作用。教师只关注道德知识的传授，学生只在乎道德知识考试分数的高低。这种工具性和功利性的德育内化，无视学生的主体需求，忽略了学生德性和人格的健全发展，仅仅重视通过闭卷考试判断学生道德内化情况，认为学生分数高内化情况就好，

---

① 高德胜：《知性德育及其超越——现代德育困境研究》，教育科学出版社 2003 年版，第18 页。

其结果可能造就的是知而不信、口是心非的空头道德理论家。可见,知性化的德育内化不注重道德的人文性和主体性,只是片面强调道德的操作性和技术性,使德育成为一种脱离学生生活、不能深入学生内心的异化活动,最终把学生培养成只管接收道德知识的"美德之袋",而不是过着道德的生活、享受着道德的幸福,具有崇高品德的"社会人"。知性化的德育内化完全背离了学校德育内化的初衷,无法实现其真正的育人功能,使学校德育的价值大打折扣。

三　德育内化客体非人本化

德育内化客体即德育内化的内容。德育内容组织是否科学,直接影响着德育内化目标的实现。德育内容要根据受教育者思想品德生成的一般规律来确定,使德育内容贴近生活、贴近实际、贴近学生。但当前在一些高校的德育仅仅围绕国家和社会的需要来制定教学大纲和编制德育内容,这种做法很容易使德育内容处于理想化状态,而严重脱离学生的生活实际,忽略学生个体的现实道德需求,无法及时结合社会中出现的新情况、新问题对学生进行道德教育,导致德育内容与现实的巨大反差,严重影响德育内化的效果。

(一)　内化客体成为德育内化工具

近年来,德育随着社会的发展和时代的变迁其内容也在不断丰富更新,但面对全球化、网络化、文化多元化等新背景、新形势,德育对自身内容进行更新的力度和速度远远不够,学生的道德需要得不到满足,知性德育内化问题严重。学校对学生进行道德教育时考虑较多的是社会和国家的需要,往往侧重从社会和国家的角度来确定德育目标和选择德育内容,把编制好的德育内容当成一般的理论知识传授给学生,而较少考虑学生内在的道德需求,使学生一直处于被动的学习和接受地位,违背了道德自主、自觉、自愿和自律的主体性本质,甚至会使学生对毫无兴趣的道德知识灌输产生烦躁或逆反心理。知性化德育理念下,虽然学校和教育者同完成其他教学任务一样完成了教授德育内容的任务,但往往学生通过学校灌输得来的道德知识并不是其内心所需求的,因此也不愿意、不主动把它融合内化于自身道德图式结构中,必然不能成为自身道德体系的一部分,也必然不会自觉作出符合社会道德规范的行为。知性化的德育内化使学生无权选择德育内容,只是被当作道德知识的接受者和存储者,学生对道德的合理需求反而得不到满足。知性化德育可能使学校较快完成了预期的德育任务，却不一定能够有效促进学生对德育内容的内化，而往往是遮蔽了学生合理的道德需求，造成一些学生只是对道德知识盲目识记的后果，根本就不接受教师传输的内容，致使学生对道德规范和道德原则熟视无睹，从而在道德生活中迷失了自我。这样，在很大程度上内化客体就成为学校德育内化的一种理性工具。

具体表现为：第一，德育内容政治化。德育的目的是为了培养学生良好的道德品质和道德习惯，它不仅注重教育和督导，同时更要强调潜移默化、自觉领悟和生活践履，因而德育应有其特定的内容。但在高校实际德育中，德育内容政治化倾向特别严重，往往把道德教育简单地与思想政治教育等同起来，德育内容也不规范、不稳定，经常跟随社会政治形势的发展而不断变化。或者为了吸引学生兴趣，以时事热点问题代替道德教育，把学生的道德修养当作一般知识在课堂上给学生讲授。甚至德育曾一度被作为思想工作和政治工作来进行，道德教育被认为就是政治教育。当然，德育同思想教育、政治教育密不可分、密切相关，但以政治教育代替道德教育，却是一种对德育的泛化倾向，并且大大窄化了德育的功能。高校道德教育泛政治化在思维中表现为将道德教育与政治问题紧密相连，以政治问题的思维方式思考道德问题，在实践中把道德教育完全政治化，则是用政治的标准来衡量道德问题，用解决政治问题的办法来解决道德问题，既不能彻底完成政治任务，又忽略了对学生品德的培养，其实是偏离了德育的本质意义。第二，德育内容形式化。德育内容形式化主要表现在德育内容选择上，片面强调一些共产主义道德理想教育的内容，多是一些宣传"三观"（世界观、人生观、价值观）、"三主义"（爱国主义、集体主义、社会主义）的教育内容，对学生现实生活中的基本道德规范、社会公德等内容重视程度不够，对学生的德性养成、人格培养、职业道德、情感心理教育等各方面缺少关注。高校德育对国家发展、社会进步这些高大上的问题非常关注，但对如何做人、如何生活这些普通而又必需的具体问题却关心较少。这样的德育内容因为缺乏现实性和针对性，往往很难被学生接受和内化。德育内容形式化还表现在德育教师教条主义的教学上。有些德育教师对多年僵化不变的德育内容产生了教学疲倦，使用多年的讲义不愿去修改和完善，对一届一届不同的学生在重复着相同的说教，从而把德育教学变成了一种照本宣科的麻木灌输。另外，德育内容的形式化在考试分数和升学率面前表现得最为彻底。在以分数确定命运的时代，德育不过是一种无奈的陪衬和摆设，导致德育内容的形式化成为不正常现象中的正常现象。这样，就使得公式化、程序化的德育内容如同被束之高阁的空洞之物，成为一种形而上的东西，是很难触动学生情感的，更难以使学生内化。过于形式化的德育内容已经严重脱离了快速变迁的社会实践，这样的德育是空洞的、低效的。德育内容的形式化和单一化，使德育这项本应最有魅力的活动失去了活力，变得毫无生气，像例行公事一般去完成，德育也就完全失去了其育人的本体功能。第三，德育内容专门化。目前高校德育的开展，主要的方式就是利用专门化的德育内容通过德育课程化的途径来实施。德育课程化，是指高校通过建设专门的系列德育课程来实施德育内化，这既是被许多理论研究者和教育实践者所认可的教育信条，也是我国德育的重要精神。专门化、课程化的德育内容对学生学习道德知识和提高道德认知，具有一定的优势，但是"德育课程化的后果不仅在于专门开设的德育课程不能真正承担起道德教育的任务，还在于其他课程和学校教育活动也因此找到了摆脱道德教育任务的借口，使学校生活去德化、去德育化"[①]。为学校活动和其他课程远离德育找到堂而皇之的理由，最终为德育与学生生活的隔离埋下了隐患。开设专门的课程进行道德专修还往往导致课程知识化的后遗症。德育内容采用知识化的课程形态，将大量有关"道德的知识"或"道德的观念"按知识的逻辑系统进行编排，用知识化、专门化的方式进行道德教育，抛弃了学生的道德情感体验和主观感受，德育内化过程变成了与真正意义的道德教育没有多大关系的死记硬背课程知识的过程，内化效果也就可想而知。灌输式教学是专门化德育内容最简单易行的实施方式，高校德育一般情况下就是通过这种专门化教学把缩减为德目、德纲的道德系统讲授、灌输给学生，虽然这样能够有效提高学生对道德知识的认知与记忆，但是切断了道德与生活的必然联系，消解了学生学习道德的动机与兴趣，会使他们对道德教育产生厌倦逆反情绪或者无所谓的态度，德育内化最终只能凭借背诵、考试、教师地位的优势来强制学生学习，以取得卷面上用分数标示的缺乏实质意义的效果。"实际上这种灌输式的教与强制性的学已经走向了道德的反面，是以不道德的方

---

① 高德胜：《知性德育及其超越——现代德育困境研究》，教育科学出版社 2003 年版，第 23 页。

式进行的道德教育。"① 德育内容的专门化，显然是不能达到德育内化的预期目的的，而异化为学校完成任务的一种理性工具。

（二）内化客体脱离学生现实生活

内化客体的政治化、形式化和专门化，使内化客体成为远离学生生活的虚幻的理想，对学生不能发挥积极有效的教育影响。高校德育内容满是国家利益、集体利益，个人利益要服从国家和社会的利益，但不讲或很少讲如何实现个人的就业理想、生活理想；讲人生问题，往往要求学生树立大公无私的无产阶级人生观，确立崇高的人生目标和远大的人生理想，这种脱离学生实际生活的过高、过空的德育内容，实际上学生根本不去接受和内化，对学生道德品质的提升没有显著作用。德育并非不让学生拥有高尚的理想，但任何理想都是基于一定现实基础上形成和实现的，内化客体也要立足于学生的现实生活，才易于被学生接受和内化。其实学生迫切需要解决的人生问题有很多，如就业、消费、荣誉、婚恋、家庭、友谊，等等，这些在高校德育看来因不影响社会大局而忽略甚至放弃的具体问题，是和每一个学生都密切相关的，是学生过上道德生活的基础。过于理想化的德育内容是与社会的发展和变革相分离的，与学生的生活实际相分离的，其结果是不仅得不到学生的认同内化，反而使德育难以发挥根本的育人功能。

理想化的内化客体使一些高校的德育成为一种在科学理性指导下的知性德育。"是一种知识与生活脱节的德育，它不是从学生的生活和实际需要出发，引导学生建构自己健康的、可能的生活，而是从概念到概念、从原则到原则，进行空对空的教学，教学中很少甚至见不到生活的踪影，从而造成了知识与生活的疏离、脱节。"② 可见，这种主要通过学校课堂讲授方式进行的科学理性的道德教育远离了学生的生活世界。具体表现为：一是知识与社会实际生活脱节。知性德育与社会现实生活严重脱节，难以解决由于目前中国社会各领域的巨大变革而导致学生出现的道德困惑。二是知识与学生实际生活脱节。知性德育主要是从学校或教师的主观愿望出发，难以解决学生生活中的道德问题。三是知识与学生生活的物质空间和精神空间的脱节。知性德育使学生局限于课堂和道德知识的记诵中难以享

---

① 高德胜：《知性德育及其超越——现代德育困境研究》，教育科学出版社 2003 年版，第 26 页。

② 范树成：《当代学校德育范式转换与走向研究》，人民出版社 2011 年版，第 125 页。

受物质生活空间和精神生活空间带来的愉悦。四是知识与学生生活实践的脱节。知性德育的道德知识讲授和考试难以引导学生将道德知识运用于生活实践。[①] 脱离生活的德育失去了积极精彩丰富的内容，学生对德育不屑一顾，学校德育实际上成为一种被束之高阁的纯粹形式，使德育内化效果很差，从而导致高校德育的困境。

道德不只是一种认知智慧，更是一种实践智慧，不能离开社会生活实践活动去认识。高校德育内容过多强调对学生道德知识和道德行为应然能力的培养，不去关注学生的实际生活需求，学生对德育内容不感兴趣，德育也就失去了对学生的吸引力和感染力，道德也失去了赖以存在的生活基础，以至于道德学习成为强加给学生的专门学习道德规则的活动，道德教育反而成为一种不道德的教育。《学会生存》中指出："儿童的人格被分裂为两个互不接触的世界——在一个世界里，儿童像一个脱离现实的傀儡一样，从事学习；而在另一个世界里，他通过某种违背教育的活动来获得自我满足。"[②] 这一论述是对脱离生活教育的真实写照。高校德育内化中，一方面，学生像傀儡一样机械地接收教师灌输的道德知识，学生的主体性人格被肆意泯灭；另一方面，教育对已经违背了教育活动的学生来说，纯粹变成了一种形式。而人的智力和情感是一致的，教育应该使人格更加丰富和完善。但学生的人格在脱离实际的教育中被分裂开来，在教育世界中与现实生活隔离，在生活世界中与曾经接受过的教育决裂。教育世界和生活世界的脱节使我们的德育内化效果大打折扣。学生掌握了道德知识，却忘记了为何而学、为何而生的思考，失去了对人生意义的道德追求。可以说，与生活世界的剥离也是德育陷入困境的主要根源。"道德存在于生活，生活是道德存在的基本形态。"[③] 道德源于、发展于生活，道德与生活密不可分。因此，德育的内容与生活有着内在、密切的关系。缺乏现实生活基础的德育也就丧失了其内在的道德性。一些教师只注重从理论到理论的逻辑论证，没能结合大学生的现实问题和思想实际，及时更新德育内容，德育缺乏情感的投入，只是为完成教学任务而进行，对大学生没有任何的吸引力和说服力。这样的德育是无法触动学生的心灵的，无法满足学

---

① 参见范树成《当代学校德育范式转换与走向研究》，人民出版社 2011 年版，第 125 页。

② 联合国教科文组织国际教育发展委员会：《学会生存——教育世界的今天和明天》，教育科学出版社 1996 年版，第 12 页。

③ 鲁洁：《道德教育的当代论域》，人民出版社 2005 年版，第 284 页。

生的道德需要，很容易使学生陷入为学习而学习，为考试而学习的误区。

四　德育内化方法单一化

德育内化方法是教育者对学生内化德育内容的基本手段，对于实现德育目的、完成德育任务、促进学生品德的形成和发展具有重要意义。长期的德育实践中，我国高校德育已经形成了一整套系统方法，对提高学生道德素养确实发挥了显著作用。但是，随着社会的发展和变迁，德育环境和德育对象都发生了很大变化，而在德育内化方法上却没有能及时创新，存在着方法简单陈旧、单向灌输等不少的问题。方法上的单一化、机械化直接影响着高校的德育内化活动，导致学生被动地接收，影响德育内化的效果。

（一）灌输导致学生内化的逆反心理

高校德育往往是通过教师在课堂上讲解道德概念，逻辑系统地把德育理论单向传授给学生，这样做确实能够提高学生对道德问题的认知，但是学生的这种道德认知往往只是停留在知识表面，学生并未真正融入实际道德情境之中，是一种被动的接收，不仅达不到内化的预期目的，反而会使学生对教育者的说教产生厌倦情绪或者无所谓的态度，甚至产生强烈的逆反心理。主要表现为：一是教育者单方面的灌输，淡化了学生的主体性意识，学生缺乏道德学习的主动性和积极性。主体性是人作为社会活动主体的本质属性，是指人在社会实践中所表现出的自主性、能动性和创造性。人的主体性意识是推动人不断发展的重要精神力量。处于身心发展关键时期的大学生，自我认识、自我评价的主体性意识比较强烈。强化学生的主体意识，调动他们内化道德的主动性和积极性，就成为高校教育者必须要完成的任务。但是多年以来，一些教育者不重视学生的主体地位，总是强调教师的主导作用，把学生的主体作用同教师的主导作用相对立，认为强调了学生的主体性，就会冲击和否定教师的主导地位。实际上，道德是人的道德，人是道德的主体，德育内化必须以人主体性的确立为前提条件，内化过程就是一个教师和学生相互作用、相互影响的过程，学生同样也是德育过程的主体，学生主体性作用的发挥对德育内化过程的完成起着更为关键的作用。实践早已证明，重视学生的主体性，能够使学生积极、主动地学习道德，使学生对道德学习产生心理需要和浓厚的兴趣，就能够收到良好的内化效果。否则，忽视学生的主体性作用，只是一味地对学生进行单向道德灌输，忽视学生道德情感的真实体验，习惯于教育层面的"一刀切"，无视学生个体的多样性和差异性。这种单向灌输的德育内化方法，即使学生熟背的道德知识再多，道德认识水平再高，如果学生缺乏道德学习的兴趣和热情，所掌握的道德知识不愿意内化，如同镜中花、水中月一样华而不实，对道德知识并没有做到真正接受，终究仍会造成学生知而无情、知而不信的后果。二是教师居高临下对学生提出的各种道德要求，脱离学生的现实生活需求，没有准确把握学生的思想道德状况，德育内容缺乏针对性，容易引发学生对道德要求的反感，造成学生的认知障碍和情感障碍，不去主动内化。道德是形成于生活的，并且是在运用于生活的过程中得以体现的。因此，学生的道德内化离不开其所处的实际生活及心理需求。如果教师不善于结合学生的生活及心理需求，只管凭借自身身份地位的权威优势进行单向灌输，即使教师传授的道德知识条条框框异常丰富，但远不能满足学生个体的道德需要，面对教师不厌其烦、苦口婆心的劝导，学生往往不以为然甚至不屑一顾、置之不理，更不会自觉主动地去内化道德。

面对学生获取信息渠道的多元化，传统的德育内化手段和方法已很难满足德育目标的实现和学生的道德需求。如果教师仍采用外在的管理、批评、禁止等强制灌输压制的管理手段，不注重对学生主观心理感受的关注，很容易导致学生用不成熟的消极心理防御机制去应对，产生排斥、抗拒的心理抵触情绪，在德育内化过程中出现消极的心理防御现象。如，学生通过曲解老师传递的道德知识信息来达到自身能接受的水平，或者把因单一的机械灌输而产生的排斥情绪通过转移置换，"迁怒"于德育内容进行释放，或者否定那些与自己原有道德体系相差较大的道德知识信息，等等，借此来获得内心的平衡，却严重阻碍了德育内化的进行，使德育归于无效甚至负效果。因此，高校德育内化过程中，教育者要掌握大学生丰富的情感变化和细腻的情绪状态，积极探求合理、有效的内化方式和途径，让大学生积极地接受符合时代发展特征的道德意识和道德信仰，健康、快乐地过道德的生活。

（二）功利性手段影响学生内化

功利性德育内化手段影响学生对德育内容的接受，阻碍学生道德内化的顺利实现。学校德育内化要取得良好的效果，务必要贴近学生、贴近生活、贴近社会，这已被实践证明是非常有效的内化方法和手段。但有些学校却是通过给学生圈画道德知识点让学生能够在考试时获得好分数来贴近学生；在应付上级有关部门检查时深入学生食堂、深入学生宿舍、深入学生课堂来贴近生活；每学期都在统一的时间、统一的地点带领规定的学生（因安全、经费等原因不能全体学生参与）做好学期计划规定的德育活动来贴近社会。如此这样进行的德育内化在学校中已经不是司空见惯的事情了，甚至成为一些学校德育的常态。看似按部就班、有序进行、圆满完成的学校德育，其方式和手段充满了功利性，只要能够把学生培养为在校期间表现优秀的"人才"，至于毕业之后学生的表现，那就是以后发展的问题了。这种形式上为学生、更社会、更生活的功利性手段是不能让学生真正接受和内化德育内容的，学校德育不仅不能完成培育道德主体的任务，而是异化成为一种急功近利、只求短期时效的工具德育、功利德育。大学生正处于身心日益发展成熟、品德素养迅速提升的关键时期，高校德育内化过程中如果不考虑学生今后长期发展的道德需求，只顾及现阶段学校眼前通过检查的短期利益；不关心学生一生成长过程中的道德需要，只注重学校德育任务形式上的完成等，而采取一些看似实施就能见效、立竿见影，实则是急于求成、充满功利欲望的德育内化手段，其结果可能会使大学生在校期间短期内表现优秀，但长此以往，会严重影响学生正确的道德认知和道德信仰的形成，影响学生今后为人处世的态度和方式，不利于学生优良品德的形成和一生的发展，学生可能也会如出一辙般地不惜采用一些功利性手段来达到自己的某种目的。功利化的德育内化手段不仅没能让学生成功内化道德，提高品德素养，反而给学校德育内化造成更大的困难，严重影响了学生良好品德的形成。

教育者施教中的自身功利性表现对学生的道德内化有着严重的消极影响。古今中外，教育家们都非常重视教育者的自身品格对受教育者影响的重要性。"其身正，不令而行；其身不正，虽令不从。"① 孔子的至理名言告诉我们：亲其师则信其道。教育者的自身良好形象是个体是否选择进行内化接受的重要依据。研究者指出，受教者在教育活动过程中"总是要对施教者的形象作认真的审视，对思想政治教育者的施教活动作出人格解读、情感解读、智能解读，的受拒态度"②。但是，有些教育者不注重为

---

① 《论语·子路》。

② 张世欣：《思想政治教育接受规律论》，生活·读书·新知三联书店2005年版，第198页。

人师表的自身形象，言行不一的表现对学生道德品质的形成产生了相反的行为效应。教育者本应对学生起到良好的以身示范作用，自身的道德言行与高尚的人格魅力成为学生信服德育、内化德育影响的有效途径。但是，个别教育者的思想道德素质确实较差，缺乏起码的道德责任感，实在难以发挥言传身教、为人师表的示范作用；或者不思进取、行为失范、不认真工作、道德水平不高；或者收受家长贿赂或者向学生索要财物等不廉洁的行为等；教师的德育责任感弱化，上课来下课走，不和学生进行交流沟通，情感教育缺乏。更有甚者，在处理德育内化过程中发生的问题时，为了达到预期的德育内化目标，有些教育者不从实际情况出发，对同一类事情采用不同的处理方法，对不同学生采取不同的标准，甚至有些教育者针对班干部或有某种关系的学生量身订制一些特殊的评优标准，使大部分普通学生感觉评优标准不公正，感觉荣誉的光环离自己太远、遥不可及，抑制了学生进取的积极性和主动性。教育者带上功利色彩的德育内化给学生的道德认知造成一定程度的混乱，影响学生的道德内化，虽然这些人只是教育者中的极小部分，但却不能低估对学生品德养成及整个德育工作的负面影响。

五　德育内化评价机械化

任何一种教育都需要进行评价，德育内化作为一种有目的、系统的品德建构过程，必须通过评价来不断获得整个活动过程运行状况的信息，对个体在德育内化过程中的德性发展状况进行观测和评定，以此调整德育内化目标，改善德育内化方法，优化德育内化内容。所以，内化评价作为德育过程的信息反馈和调控手段，是道德教育不可缺少的重要环节。但由于德育内化活动的内隐性以及复杂性，无疑给评价活动的进行带来很大难度，使得目前很多学校只重视德育内化活动的开展，不重视评价，在德育内化评价方面存在着不科学、不规范等问题，使德育内化评价形式化、边缘化，大大削弱了德育内化活动的实效。

（一）评价标准不科学引发学生虚假内化

许多高校德育内化评价理念不科学、观念落后，评价标准体系存在着简单化、生硬化、公式化倾向。具体表现在：一是对德育内化评价的重要性认识不够，使内化评价多流于形式，缺乏实效性。高校德育内化评价通常以谁得到的表扬和奖励多，就认为道德内化的好，这样的评价直观、省事，但往往因过于简单而流于形式，因为仅凭学生获奖排名先后并不能科学地反映其道德内化效果的好坏，排名暂时在后的学生并不能说明其在道德内化方面没有突破和创新。这种表面性、暂时性的德育内化评价，不利于对学生道德内化深层次规律的探索，妨碍了德育内化的实效。二是评价的内容、结构体系存在明显缺陷。评价更多地采用闭卷考试进行，过于注重学生取得道德知识的成绩分数，而对学生的道德情感、意志和信念评价不够。闭卷的纸笔考试成绩根本不能准确反映和评价学生道德内化的真实情况，只能表明学生接受了多少道德知识，甚至还会发挥错误导向，导致教师在平时的教学中、学生在平时的道德学习中将重点、注意力放在对道德知识的讲授和记忆上，背离了内化的宗旨。而且仅以分数作为对德育内化评价的主要手段，显然意味着对德育内化方案、实施及管理进行评价的欠缺，也影响了德育内化的实效性。三是德育内化评价过于注重结果而忽视过程。评价时对学生正在进行着的德育内化状态关注不够，仅仅重视学生已经形成的道德认知与道德行为，对学生在道德实践活动中的参与度，以及在道德实践活动中的探索、思考与创意等所付出的努力程度，学生在德育内化过程中的态度、情感、行为表现等没有给予充分的重视。学生在内化过程中的亲身、亲心体验本身也是一种道德内化的收获，是一种道德经验的获得。任何质变的发生都需要以量的积累为基础。要想实现学生品德素质的提升和发展，必须重视学生内化过程中品德变化的状况，注重学生品德量变的积累过程，才能真正实现其品德素质的提升和飞跃。四是内化评价的客观具体性不够。德育内化评价中普遍存在千人一面、千篇一律现象，只要学生德育考试合格、不出违法乱纪的大问题，就认为学生接受了德育影响，完成了道德内化。这样的评价不能反映学生道德内化的具体情况，不能体现学生的个体差异性，照抄照搬的学生品德鉴定评语，根本无法反映学生道德内化的真实情况。德育内化评价客观具体性的缺乏，造成教育者不能及时了解和掌握学生道德内化的内在规律，不能有效发挥评价对道德内化活动的推动作用。

高校德育内化评价的不科学，容易引发学生的虚假内化现象。虚假内化是德育内化过程中客观存在的一种现象，是不真实的内化或不彻底的内化，一般表现为两种情形，一种是指个体在错误的思想道德意识指导下，为了得到教育者的认可或奖赏而对道德教育采取的看似内化其实并未真正内化的欺骗性反应，这是个体对内化德育影响自欺欺人的反应，特别要引起教育者的反思和警觉。另一种情况是个体将内化过程的某一环节或某一阶段的内化效果或者情感体验误认为是达到了对德育的融会贯通，而一旦在接触具体问题和指导实际行为时，又感觉无从下手，不能学以致用，以至于寸步难行或漏洞百出，成为"理论上的巨人，行动时的矮子"。这两种情形，前一种属于个体思想和道德品质的问题，必须坚决予以批评和制止；后一种是个体在自我反馈中的错觉，错误地将漫长复杂的内化过程及其活动简单地认为是轻而易举的事情，必然要在道德实践中碰壁。德育的首要目的就是"化"，只有把在德育活动中形成的道德认知内化为情感、意志，成为自身道德结构体系的一部分，才可能外化为道德行为。虚假内化不是真正、真实的内化，不能使个体形成道德品质和外化为良好的道德行为习惯，是应该及时预防和制止的。

（二）评价体系不合理异化学生道德内化

目前，许多学校德育内化的评价体系实际上是与应试教育模式相匹配的，往往以"分"定内化优劣，以成绩论内化效果，把卷面考试分数作为对德育内化评价的主要标准，认为分数高德育内化效果就好，就表明高校德育开展得好，不去关注学生是否真正内化了道德，是否有利于学生道德素质的长期发展。这样的内化评价体系表现出道德情感的缺失与道德需要的缺失，评价内容和结果均不能真实反映德育内化的本质，反而使学生为了完成学校的要求而"表现"出对德育内容的接受与内化。不合理的德育内化评价体系主要表现为两种情形：第一种情形是以学生道德认知的评价代替德育内化评价。在当前高校德育内化评价中主要表现为以德育课程知识的认知成绩代替德育内化效果的评定，不顾及学生的道德情感。但是，学生的道德内化过程是一种知、情、意、信的统一体，对学生单一道德认知水平的测量仅仅是德育内化评价的一方面，代替不了德育内化的综合评价。况且，没有经过情感体验的道德知识对学生来说，无非就是一些"关于道德的观念"而已，并未被学生内化为道德观念，德育内化效果必然不佳。第二种情形是以单一的行为表现评价代替德育内化评价。如对学生德育内化的评定以学生做了一件或几件好事作为衡量的标准，以单一的道德行为表现就认为学生接受了德育内容，实现了道德内化。德育内化的结果要通过外化的行为确证和体现，但单一、孤立的行为并不能说明学生已完成了道德内化。因为行为和思想动机不是何时何地都完全一致的。人的行为既可以是真实思想的反映，也可能是非真实思想的体现，如"口是心非现象"就经常发生在我们身边。只孤立地考察行为点的现象,其实是将行为与内化分离,造成了以"假性"的亲社会行为评价代替了德育内化效果的评价。在通过学生行为表现来进行德育内化评价时,一定要结合稳定、长期的行为表现进行分析,才能考察到德育内化的效果究竟如何。否则,以分析单一、孤立的行为表现进行的德育内化评价往往是失真的、缺失道德意义的评价。不合理的评价动机异化了学生的道德内化,背离了德育内化的目的所在,极大地削弱了德育的实效。

第二节　高校德育内化存在问题的原因

高校德育内化存在的各种问题直接导致了德育内化效果的低下,也使德育陷入步履维艰的困境之中。德育内化存在的各种问题,究其原因是多种多样、极其复杂的,既有学校教育、社会环境和家庭熏陶等外部条件的影响,又与个体自身的思想基础和心理特点等内在条件密切相关,是由外在因素与内在因素综合作用的结果。探析高校德育内化产生问题的原因,是促使高校德育创新新路向、提高实效性的必由之路。

一　学校教育的偏差对德育内化的负面作用

大学是培养高等人才的主阵地,高校教育一直都在提倡学生全面均衡发展的理念,不仅关注学生智育的发展,也非常重视学生道德品质的养成。学校德育作为影响学生道德发展的主导因素,在国家和学校的不懈努力下,德育工作的开展取得了一定的成效。但由于现实中学校教育的功利性、德育管理的不合理、教育者自身素养等因素严重制约着德育内化的实施,导致学生对学校德育不满意、德育实效性低等各种问题的出现。挖掘和剖析问题产生的深层次原因,为高校德育尽快走出困境提供指导。

（一）教育功利性导致德育内化理念出现偏差

德育内化指向的是人的道德的发展。塑造道德主体,培养具有高尚道德品质的人,不断推动人类社会持续健康发展,是德育内化开展的根本出发点和归宿。这种德育内化目的也就规定了学校德育的实质就在于正确引导和促使受教育者积极内化道德,提升道德素质,实现道德自我的完善。但在科技日益发达、物质日益丰富的社会背景下,"近一个多世纪以来的教育,它的主要宗旨只是教人去追逐、适应,去认识、掌握、发展这个外部物质世界，着力于教会人的是'何以为生'的知识与本领"①。教育使人掌握和提高了驾驭物质世界的知识和能力，人类也把教育视为社会发展的重要推动力。但正是在教育发挥推动社会发展的作用中也恰恰暴露出其缺失所在——当代教育放弃了"为何而生"的本真教育意义，沾染了过于实用、功利的色彩。教育功利性导致德育内化理念出现偏差，德育内化使人不是从生存的意义和价值上去认识和发展自己，把教育的无限目的简单化解为谋求生存、适应社会的有限目的，不注重引导人的道德品质养成和道德境界提升，最终使人沉迷于物欲的追逐享受而丧失了道德精神的信仰和追求。现代人越来越被物化、被自然情欲所操纵，越来越局限于眼前，醉心功利，遗忘未来，失却崇高，成为被工具理性所支配的、丧失了生命激情的人。"诚如德国教育家鲍勒诺夫所说的那样，人盲目地热衷于各种外在目的的追求，却忘却了关心自己的灵魂，忘记了'认识目的'的要义，忘记了人的自我教育的重要性。"② 教育功利性使有些学校德育在改革开放的浪潮中受就业问题的影响，片面强调德育的社会实用功能，强调学校一切工作要围绕学生的就业进行。于是，适应市场经济发展的需求和我国就业制度的改革，一些学校德育内容也相应地进行了调整，由于用人单位在选择毕业生时比较重视专业知识和专业技能，学校充分加大了专业课程力度，对德育科目一减再减，德育课时减少到极致。为应付上级检查，把教务处、宣传部、学生会、团总支开展的各项活动，统统计算在德育总课时之中。学校把大量的精力放在校园设施建设和就业招生上，实际教学中只强调学生专业知识和专业技能的培养，把短期不易见效又要长期进行的德育只好安排在后面。这实际上是一种舍本逐末的做法，如果学校放松了对学生道德品质的培育，学生的专业技能再高超而德性欠缺，也得不到社会的认可。这种明显带有工具理性、一味追求短期化、实用性倾向的德育内化理念，使德育的内涵表现出极强的功利主义、实用主义，违背了德育的最终追求，不利于学生的道德内化发展，也是对德育本身最大的伤害。

随着社会分工越来越细，相应也出现了学科的分化，德育逐渐成为教育领域中一门相对独立的学科，同其他学科各有自己的职责一样德育学科

①　鲁洁：《道德教育的当代论域》，人民出版社 2005 年版，第 114 页。

②　转引自鲁洁《道德教育的当代论域》，人民出版社 2005 年版，第 115 页。

要司道德教育之职、负道德教育之责。这在一定程度上加强了德育的地位，提高了社会对德育的重视程度。但同时，也使德育失去了其他学科的支撑，人们往往自觉或不自觉地就将道德教育的全部责任推到了德育学科和专职从事德育工作的德育者身上，德育内化变得更为不易。重压之下的德育为了完成学科任务把道德当作知识快速灌输给学生，以考试分数的多少来划定学生道德水平的高低，进而以卷面成绩来衡量德育任务和职责是否完成。这种根本不能让学生内化的德育实际上是在推卸教育者自身的责任，忘却了教育之本在于"育"人，是教育功利性的又一具体体现。从一定意义上讲，德育内化是教育活动精神本质的体现。德育内化是教育的核心，对学生进行道德内化是德育育人的本体意义。知识和技能对人固然重要，但知识的富有和技术的高超并不意味着一个人拥有了生存的根基。学生只有实现了道德内化，过上道德的生活，才解决了生存的根本问题，他所从事的具体活动才有意义。否则，教育功利性引导下的德育内化理念，会使学生迷失道德信仰与追求，远离了道德的生活而迷失在物欲的大海之中。

（二）学校德育管理不合理制约德育内化

学校德育管理是根据一定德育目标，通过组织、协调德育的各种资源要素，以实现德育合理实施的活动。学校德育管理是学校德育理论和实践的重要组成部分。但长期以来，在学校工作中往往把德育管理和德育混为一谈，不重视德育管理发挥的功能和作用，以至于学校德育管理中存在着突出问题，严重制约了德育的内化效果。

一些学校对德育管理工作认识不足、重视不够，影响德育内化的实施。"教育为本，德育为先。"从国家的教育方针来看，把德育放在素质教育的首要地位，可以看出对德育的重视。可是从目前学校的德育现状来看，有些学校首先在思想上对学校德育管理就存在错误的认识，是"说起来重要，做起来次要，忙起来不要"的状况。认为德育就是一些形式和表面的东西，学校开展德育活动总是规模庞大、热闹非凡，或是特意赶在上级部门检查时开展。这种看似很成功的德育活动，学生实际上并未接受和内化活动的主题，对学生品德养成起不到什么作用，反而会引起师生的反感，德育内化效果自然不好。其次，学校德育内化测评时仅仅将德育活动次数或是学生卷面考试分数作为主要考核依据，这种做法并不能体现出学生德育内化的真实情况，反而会造成教师和学生把精力过多放在记诵道德知识上，德育内化效果事倍功半，甚至使德育成为徒有虚名的形式。另外，很多学校的德育管理仅仅只关注德育课程和德育活动，事实上校园生活的多个方面都蕴含着德育功能，是进行德育内化的有效途径。比如校园文化建设、教师培训、学生实习等，都应纳入学校德育管理范围，充分发挥它们的德育内化功能。特别是在一些职业院校，更是只顾强化学生的专业技能，而忽视学生如何做人的道德内化问题，没有把德育内化落到实处，工作简单划一，流于形式，德育内化效果也就可想而知了。

学校德育管理具体实施不系统、不连贯是造成德育内化效果降低的重要原因。学校德育要完成培育人的任务，需要利用和协调各方面的力量，有效管理和运用各种德育资源，才能实现育人的最终目的。但学校德育在管理环境上往往过多地囿于校内，德育管理体系相对封闭，学校、家庭、社会相互配合的有效机制没有真正建立起来，有限的家校沟通难以对学校德育形成有力支撑，学校缺乏校外德育途径的支持与参与，家庭、学校、社会不能形成促进学生道德内化的合力。甚至有时社会和家庭对学生的一些错误引导，反而阻碍和弱化了学校的教育影响，消解了学校教育的效果。学校德育管理体系的封闭，使系统性、连贯性的德育大环境不能形成，势必影响到学生道德内化的进行。即使在学校德育领域内部，也存在着不系统、不连贯的现象，如大中小学各个学段德育存在的脱节、倒挂、重复和交叉问题，造成学生道德内化的不连续、不一贯，严重影响学生品德的发展与完善。而且，学校德育管理中比较重视"高、大、上"的理论宣传，不把学生当作普通人中的一员去引导他如何面对和解决社会现实问题，忽视学生日常行为规范的教育管理，而把学生视为德育理想中的目标去塑造，使教育更像是"圣人"教育、"完人"教育，而非"成人"教育。长期进行"高空作业"的德育，远离了学生的生活和对道德的需求，对他们的品德发展缺乏必要的具体指导，给他们的只是一些可望而不可即的道德理想目标，遥远的距离感使学生不能也不愿理解和认同这些"过于高尚的内容"，不能内化为学生自身道德意识结构的一部分，必然导致学校德育内化效果不佳。因此，学校德育管理要依据学生道德认知的特点，结合学生思想品德发展的具体情况，因人、因事、因时、因地制宜的和谐管理才是提高学校德育内化效果的最好推动力。

（三）教师教育策略不适宜引发德育内化障碍

学校德育内化效果不佳，从教育者的角度分析，在德育过程中传导道德信息时所采用的教育策略不适宜也是一个重要的原因。一些高校思想政治理论课教师，缺乏对德育特殊性和复杂性的理解和把握，不能深刻认识设计课程、激活知识和创新体验才是教育者的重要使命，严重缺失施教主体的能动意识，把自己简单定位为知识的单向传输者和课程计划的忠实执行者。由此，在德育内化过程中，运用的教育策略不适当而引发一些内化障碍，使学生不能顺利地完成道德内化。

一是教育时机把握不当导致德育内化障碍。时机是指在主客观条件相互作用下形成的特定时间内有利于主体的一种客观条件。把握时机一向是做事成败的关键，这也使得人们在现实生活中极其重视对时机的捕捉和利用。但时机永远存在于特定的时空之中，随着时空的流转而转瞬即逝，正可谓"机不可失，时不再来"。所有社会实践活动中都有时机的存在，德育内化作为一种精神的实践活动，其中必然存在着内化的最佳时机。及时把握德育内化的时机，对顺利完成内化过程以提高德育实效性都起到重要作用。但是，最佳教育时机是在学生和教师双方的互动中形成的，是需要学生在心理需求上的矛盾激化和教师对教育工作的热忱和智慧相结合才能捕捉到的，不是由教师主观来确定的。如果教师传递给学生的道德信息不及时，或者学生对某一道德信息的心理需求矛盾还没发展到激化状态，或者传导道德信息的时间周期不合理，特别是社会热点事件或学生比较敏感的问题在时过境迁之后再进行教育和讲解，学生会感觉知识陈旧、枯燥无味，会使学生对待信息的态度就会从期待转向无所谓甚至失望，感觉对自己意义不大或毫无价值，自然就会拒绝接受和内化，而产生这种内化的时机性障碍。

二是缺乏教育理性思考延误内化最佳期。苏联著名心理学家维果茨基的"最近发展区"理论告诉我们，学生有现有发展和潜在发展两种发展水平，前者是指学生能够独立解决问题的现有发展水平，后者是指学生通过教师的指导和在有能力的同伴合作中解决问题的潜在发展水平，现有发展水平和潜在发展水平之间的差距就是"最近发展区"。由此，维果茨基提出了"教学最佳期"的概念，指出学生的"最近发展区"决定了教师"教学的最佳期"，成功有效的教学应该处于"教学最佳期"。从学生个体角度看，最近发展区会因其所处的社会、家庭、文化背景及所拥有经验的不同而不同，并且最近发展区作为一种可能性不是唯一的更不是统一的，因学生心理发展阶段以及心理发展特点的不同，会产生不同的最近发展区。维果茨基的最近发展区理论对学校德育内化有着重要的启示，德育要想让学生积极接受和内化必须着眼于学生品德素质可能提升的最近发展区。但是，现实学校德育内化过程中，一些教师往往不能把握好学生的"最近发展区"。如执行德育方案，计划过于教条，德育信息相互冲突；德育目标过高或过低；教师对信息的传导过于权威、专制，无视学生的主体意识等导致学生产生难以承受的心理困惑，都是教师无视学生的最近发展区，对教育策略缺乏理性的思考，采取不得当教育策略的现实表现。真正懂得学生品德发展的规律和把握了德育灵魂的教师都深知，道德价值不应该简单地由教师直接传输到学生身上，德育必须结合学生思想品德的发展规律和特点才能有效进行。这些无视学生的"最近发展区"规律，不掌握学生的道德需求及其心理冲突程度，把道德当作知识"教"给学生的做法，违背了教学激励学生学习积极性、帮助学生全面发展的本质，不懂得学习与发展是一种社会和合作活动，把握不好教学最佳期，很容易使学生产生内化的消极障碍。更何况，"教"给学生的道德知识已成为失去道德意义的纯粹的知识，使这种德育内化变为无道德性的教育。

三是教育缺乏针对性造成德育内化障碍。学校德育内化要想真正取得成效，必须要认清和把握学生的认知特点，结合学生思想道德发展的具体情况进行。要注重在增强教育针对性上下工夫，努力做到因材施教、各有侧重，多做一些能够激发学生兴趣，满足学生道德需求，促进学生道德内化，提升学生道德境界的教育，尽量避免实施与他们距离较远或低层次重复的教育，这样的内化才能取得实效。但有些教育者在道德教育过程中，往往是远离了学生的需求，偏离了教育的重心。如，某教师利用投影仪、电脑等先进数码设备精心设计了德育课件。课件中运用了先进的网络技术手段，使教育过程非常直观形象。在教学展开的过程中，精彩的画面，新颖的手段，丰富的信息，学生们可谓全神贯注地听课。然而课后反思却让老师很失落，学生对教学内容领会不多，倒是对网络技术兴趣非凡；有些学校为增强道德教育效果，不惜投入较大的人力、财力组织学生分期分批到一些知名教育基地参观学习，以教育基地为依托，对学生进行科学信仰和正确人生观教育。可是活动的主题却被学生忽略，只是对旅途的景观印象颇深、大发感慨。事后调查得知，把数码技术和光声电等高科技手段引入德育课堂，使德育面貌焕然一新，改变了以往"黑板+粉笔"的单一机械的教学手段，学生们非常喜欢和赞同，得到学生的认可。但运用这种手段的前提是教师必须要突出教育的主题，绝不能让异彩纷呈的画面喧宾夺主吸引了学生的注意力而忽视了教学的重点所在。大家早已耳熟能详的一些典型、榜样的先进事迹，已在学校教材和课外读物中多次出现，再去实地参观学习，时间大多浪费在来回的路程上，这样做其实是花大力气搞了重复教育。如此这些形式新颖、手段多样的道德教育，看似引起了学生的热情和兴趣，实际上并不能做到使学生真正地接受内化德育内容，成为自身道德体系的一部分。热热闹闹的形式过后，留不下我们想达到的德育内化效果，学校的投入与教育者的精心准备也只是徒劳。对那些在德育过程中忽视学生的主体性需求，照本宣科、照章宣读教材内容或是德育材料的教师，他们的教学更是千篇一律、千人一式，从没想过要去倾听学生的心声，从不去考虑这是不是学生所需要的，这样的德育内化也是根本不会取得理想效果的。所以，学校德育内化必须要加强针对性，只有对症下药、有的放矢，才能做到水到渠成、事半功倍。教育者要坚持做到思想上摸清底数、内容上找准重点、方法上力求创新，切忌"一人有病，大家陪吃药"的错误教育现象。事实上，能够满足学生需要的德育内容，学生才会产生兴趣，主动、自愿地去学习理解，学校德育内化才能真正取得好的效果。如果无视学生的道德需求，只是一味地教导灌输，其实是压抑了学生道德学习的积极性和主动性，只会造成学生对德育教育的反感，结果是学生越来越不愿意学，德育越来越难教。

二　学生自身素养对德育内化的消解削弱

学生是学校德育内化的主体，当学生自身对道德教育产生不正确的思想认识时，势必影响学生对德育内容的领会和接受，从而消解削弱了德育内化的效果。目前高校学生自身存在的影响德育内化的主要问题有：

（一）轻视品德素养削弱德育内化

在我国，从小学的《品德与生活》《品德与社会》到初中的《思想品德》、高中的《思想政治》、大学的《思想道德修养与法律基础》等都开设有专门的德育课程，并且还有相当一部分学校为了体现重视道德教育，把品德课在学期末作为考试科目，通过闭卷考试方式强化学生记忆道德知识，如果考试不及格则要补考。学校德育多年以来一直都在坚持不懈地对学生进行着道德教育，但由于德育理念、方法及途径的不科学、不合理，学校的努力并没有获得预期的效果。学生中绝大多数人并不缺乏对道德规范知识的理解和记忆，甚至认为自己对有关道德规范"很了解"，其原因是"因为我基本上都知道""我每次考试基本都能拿八九十分"。但是，熟记的道德知识却不一定形成道德信仰，有相当多的学生觉得"体验不到道德对自我存在的价值及意义"，富有的"关于道德的观念"也不一定产生道德情感，许多学生说自己"很少感受到现实生活世界中道德关系和道德的意义"。①

　　其实，这样的学校德育只是锻炼了学生的道德记忆力，学生虽熟记了一些道德知识，但是其中一些人并不信奉这些知识。与之相反，还可能由于学校对德育不厌其烦地刻板强调与重复，使学生对道德教育反而不以为然，导致学生形成对德育的视听厌烦，削弱了德育内化的效果。现实中就有各种各样的具体表现，如，从小学到大学都开设有专门的德育课程，但学生一般情况下都会把它们视为副课，根本不会在德育课程的学习上付出精力与心血，基本上本着能够达到老师的考试标准就可以；学生比较积极地参加学校组织的德育活动也只是为了完成老师布置的学习任务，获取一些品德荣誉证书和优秀的品德鉴定评语而已。学生自身对德育不重视的错误思想认识，体现在具体的道德实践中，多是做做样子、搞搞形式、敷衍了事，学生不是发自内心地去学习领会德育内容，根本就达不到应有的内化效果。而学生并不是不需要自身道德素养的提升。事实表明，由于学生自身文化水平和道德心理发展等方面还存在很多缺陷和不足，再加上社会道德实践经验的缺乏，对发生的一些社会道德现象不能进行全面、正确的认识和客观、合理的评价，道德认知表现肤浅、片面，甚至出现认知的混乱和错误，因而容易在实际生活上作出与社会道德规范不相协调的行为，亟须自身道德素养的积累和道德境界的提升。但是，目前相当一部分学生并没有清醒、自觉地认识到轻视德育造成后果的严重性问题，更不能正确认识学校德育对自身发展的意义和价值。当学生自身存在着轻视道德教育的思想倾向时，自然不会积极主动地学习理解德育内容，德育内化的效果也就不会尽如人意。再者，当前就业形势严峻的现实加剧了学生轻视品德修养的心理。由于许多用人单位招聘时规定了高学历的门槛，但并不特别重视个人的品德素质。学历高可以选择相对较好的工作岗位，而品德高尚无高学历却照样面临着一毕业就失业的窘境，这也导致了一部分学生对德

---

① 刘惊铎：《道德体验论》，人民教育出版社 2003 年版，第 101 页。

育的轻视心理。这些不良心理降低了学生道德学习的欲望，从而忽视了自身道德素质的培养。这种轻视品德素养的社会不良倾向弱化了学校的德育内化，使学校德育难以收到良好的效果。

（二）消极逆反心理阻碍德育内化

我国普通高校大学生的年龄一般在 18 岁至 23 岁，正值一生中生理发育和心理发展的关键时期。尤其是大学生的心理发展正处于迅速走向成熟的过渡时期，此阶段大学生的思想情绪起伏波动较大、心理矛盾冲突变化频繁，也是消极逆反心理比较突出的年龄阶段。再加上当前大学生获取信息渠道的多样化和价值取向的多元化，传统的德育方法和手段已很难满足学生实现德育目标的需要。如果教育者一味强调对学生进行道德的外部灌输，不注意关注学生的主观心理感受，很容易让学生产生抵触或排斥的消极逆反心理。正是由于这种消极逆反心理的存在，大大冲击了德育内化效果。一些学生对道德教育根本就不听、不信、不认同，对宣传的先进道德榜样典型经常不屑一顾，严重时还会产生对立情绪，对一些道德规范、道德要求往往反其道而行之。学生强烈的消极逆反心理造成思想认识不易交流，道德情感不能沟通，价值观点不能接受，德育内化自然不能产生应有的效力。因此，要认真分析学生消极逆反心理产生的特点，找到切实可行的疏导方法，切实增强德育内化的实效性。

学生德育内化中的消极逆反心理，是指学生由于受某种原因影响和刺激而产生的，在德育内化过程中所持对立或抵触的心理排斥状态。在德育实践中表现为越是宣扬某些典型榜样，学生越是有意疏远，对典型和榜样越是不屑一顾；越是激烈批评某学生所犯的过失与错误，有些学生就偏偏做出与其相似的言行；越是明文规定禁止做的事，学生的行为中就屡屡出现此种现象。学生这些与正常心理相反的态度来处理问题的行为，在心理学中称为消极逆反心理。学生德育内化中的消极逆反心理有以下特点：第一，具有明确的指向性和否定性。在内化道德时，学生由于消极逆反心理往往对某一内容否定，坚持不肯接受正确的道德观点和思想；实践中表现为固执己见和我行我素的行为方式，对各种规章制度和道德规范不屑一顾，蔑视行为规范的约束力和权威性，根本不去内化；对教育者学生则是不冷不热、敬而远之，或是公开对抗、故意顶撞，或是表面服从、背后中伤，对德育内化造成严重阻碍。第二，具有强烈的主观体验性。消极逆反心理往往是在学生主观思想的支配下，对客观事物产生的情感体验与认识态度，具有强烈的主观情感体验色彩。无论对人还是对事主要是依据自己的主观感觉去判断、去表达，带有浓厚的感情色彩，不是依据事物的客观性进行公正合理的真实评判。一旦事物达不到自己的要求、不能满足自己的需要，则立刻进行否定和排斥，形成强烈的消极逆反心理，影响德育内化的进行。第三，具有现实可变性和较强的重塑性。逆反心理是在学生主观意识的影响下而形成的一种暂时性联系，具有可变性和重塑性特征。如果通过积极作用于学生的主观认识，打破消极、对抗性的暂时性联系，实现其积极肯定的心理重塑。而且，学生的思维活跃容易接受新思想，采取适宜的引导方法，可以消除学生的消极逆反心理，使学生形成豁达乐观的健康心理，从而完成道德内化，实现道德品质的不断完善和发展。

三　社会环境变化对德育内化的消极影响

我国正处于全球化、多元化、网络化和社会巨大转型的特殊时期，社会经济发展呈现出良好的运行态势，经济水平的快速提升给人们的生活带来了无限生机和美好愿景。然而，从某种意义上讲，经济水平的提高与精神境界的提升并不一定是同步的，物质的丰富与技术的进步有时还会以伦理价值与道德文化的迷失为代价。经济全球化发展、市场经济的重利性、网络生活的过度发展等给高校德育内化带来了不可避免的挑战，影响着高校德育内化的实施和开展，使德育内化活动不断呈现出新问题、新情况，使正处于人生观、价值观逐渐成熟与定型时期的大学生，很容易受社会不良环境的影响而出现道德内化的偏离，影响学生道德品质的形成。

（一）全球化与多元化冲击德育内化

全球化是当今社会发展的一种客观必然的趋势，已成为当今世界格局演变的重要背景。全球化是以经济全球化为基础的，包括政治、文化等的全球化。经济全球化的本质是资本的国际循环与周转形成的资本跨国流动。经济全球化在全球范围内进行了生产要素的优化组合和各种资源的优化配置，提高了世界生产力的水平，促进了全球经济的迅速发展。但同时，经济全球化也是一把"双刃剑"，经济全球化是在国际经济秩序不公正、不合理的情况下发生的，实质上是西方发达资本主义国家主导的经济全球化，带来了社会发展的多样、多变与多元趋势，它在推动生产力大发展的同时也给我国社会生活的不同领域带来很大的消极影响。大学校园就是一个浓缩的现实社会，同样也遭受着经济全球化浪潮的冲击。全球化与多元化趋势给我国高校德育内化带来机遇的同时，也必然给高校德育内化造成难以避免的消极影响。第一，全球化与多元化削弱了学生的地区民族意识，强烈冲击着学生对我国多民族优秀传统文化的认同，一些世代相传的优良道德准则得不到学生的重视，不被学生吸收和内化，社会主流意识存在着被削弱的危险。第二，全球化与多元化从经济、科技、消费等方面显示出我国社会主义与西方发达资本主义之间较大的差距，一定程度上动摇了学生的社会主义道德信仰，加速了道德心理上的融合与斗争，使德育内化过程更为复杂和艰巨。第三，带有西方社会意识形态的腐朽思想观念、多元文化和生活方式通过经济全球化传播和渗透到我国大学校园，心理尚未成熟的学生很难抵挡西方社会看似荣华富贵、自由浪漫生活的诱惑，在资本主义金钱价值观念面前极易陷入迷茫。大学生正处于思想最活跃、思维最敏锐的年龄阶段，西方的麦当劳文化、好莱坞文化、可口可乐文化等多元文化产品无一不严重冲击着他们的价值取向、思维方式和道德观念。更有西方的诸如暴力、吸毒、色情、享乐等腐朽的文化垃圾和堕落的生活方式，通过各种全球化途径渗透到学生的精神意识和现实生活中，这一切都加大了高校实施德育内化工作的难度。第四，经济全球化进一步加剧了大学生物质与精神选择的冲突。经济全球化带动生产力的快速发展，使得物质财富空前增加，每个人都被社会机器推向对物质的追逐和物欲的满足之中。人们在满足物欲的同时，却又陷入精神极度匮乏的尴尬境地。人们似乎都在为商品而活着，人成为被物质奴役的"单向度"的人，有些大学生也随波逐流，淹没在"物欲"的大海中，把对物质的追求当作人生的根本目的，没有形成正确的道德认知和科学的道德信仰，在无理想追求、无社会责任感的浑浑噩噩的状态中生活。

（二）市场经济重利性制约德育内化

市场经济体制是一种以市场对社会资源的配置起决定性作用的经济体系，它要求商品生产者和经营者必须是自主决策、自负盈亏的独立市场主体。以高效、开放、交换和竞争为特征的市场经济，推动了社会物质财富的快速增长。同时，市场经济的重利性也制约着德育内化。面对这种客观现实环境，不少学生错误地把市场经济发展中的利润、交换原则运用在感情和道德上，把名誉地位、升官发财当作人生幸福的标准，把奢侈挥霍、及时享乐作为人生追求的最大目标。学生的经济头脑日益增强、实惠观念越来越重，直接导致了学生对物质生活的过分关注和忽视精神生活的庸俗化倾向。市场经济的重利性对社会主导观念的冲击，严重影响着高校德育内化的进行。表现在：一是造成大学生集体主义观念内化的缺失。市场主体要想在激烈的市场竞争中能够生存和发展，必须发挥主动性和积极性。市场经济的自主性在极大促进大学生自主意识的同时，其个体本位原则又刺激着大学生对个人欲望的狂热追求，成功欲、占有欲愈加迫切，甚至膨胀为极端个人主义，消弭了大学生的集体荣誉感和集体主义意识，影响了大学生的道德内化。二是淡化了大学生的服务合作意识。优胜劣汰的竞争机制是市场经济的生机和活力所在，使大学生增强了竞争观念和效益观念，节奏慢、效率低的传统思想观念被彻底否定。但同时市场经济的竞争机制和等价交换原则又削弱了大学生对合作意识和服务奉献精神的内化，讲求"有偿服务""按劳付酬"，导致"金钱升值"而"道德贬值"，造成大学生品质的庸俗化。三是弱化了大学生的精神追求。追逐利润的最大化是市场经济发展的本性。市场经济的逐利性特点促使大学生的学习和就业表现出重视经济管理、市场经济理论、市场经济运行的转向，忽视对社会道德规范、要求的学习和内化，很容易诱发大学生重利轻义、急功近利的利己主义和拜金主义的错误思想观念，导致学生陷入物质主义的泥潭。据有关调查数据表明，"38.6%的学生在学习之余考虑最多的是'如何获取更多的金钱'，19.4%的学生认为判断人生价值的标准是'社会地位的高低'，13.6%的学生则把'金钱的多少'作为人生价值的尺度，31.2%的学生认为'有钱'是人生最大的幸福"①。

　　市场经济的重利性很容易使学生产生道德信仰的失落。重利性是市场经济的本性，对利润的追逐很容易引发人们对物质和金钱的过分关注，把社会生活跟金钱、地位密切相连，有些人抵制不住物质利益的诱惑和感官的欲望，只注重满足感官短暂的需求和快乐，而失去了道德精神的追求。"人们不再有信仰，传统和革命统统被怀疑，人们憧憬着新世界。但现实带来的新世界却首先是物质生活方面的。"② 这种以物为本的价值观也不同程度地动摇着大学生的道德信念和精神追求，使其道德价值观产生困惑或焦虑。有些学生只顾贪图感官的暂时享受而缺少深层的理性思考，物质的追求湮没了精神的升华，导致了大学生精神生活的空虚和道德信仰的迷

---

① 刘义：《川渝高校大学生价值观现状分析》，《四川大学学报》（哲学社会科学版）2002年第7期。

② 李泽厚：《思想史的意义》，《读书》2004年第5期。

失，把拜金主义、享乐主义、极端个人主义作为自己人生追求的目标。市场经济的重利性给学生带来的道德信仰迷失和精神生活空虚的消极影响，是高校德育内化产生诸多问题的重要原因。大学生思想道德意识的复杂变化也给予高校德育内化以深刻的警示。传统的内化理念、手段、途径、内容及评价标准体系已不适合社会发展的需要，如果不及时进行改革和创新，将无法对现时代的大学生进行有效的道德教育，德育也将失去其本质的育人功能。

（三）网络信息泛滥阻碍德育内化

网络信息多样化容易导致学生的思想道德意识内化的混乱。互联网使当今社会成为一个开放的信息发达的社会，使信息的来源、传播途径及内容多种多样。互联网加速了各种文化的传播、吸收和交融，打破了政府对信息的垄断，不同类型的意识形态、价值观念及生活准则，均可在网上找到立足之地。网络对经济、文化、社会生活的影响越来越大，但互联网在引发社会重大变革的同时，也阻碍了学校德育内化。网络的海量信息具有多样、多变的特点，使得直接找出某一问题的具体答案或者仅用一种标准去判断事情的是非几乎成为不可能，对每一个问题的解答都处在多维的动态变化之中。这种情况下就很容易造成学生的道德困惑和道德冲突，道德判断标准不清，从而造成学生对教师传授的道德知识发生误解或曲解，造成道德选择的困难，影响学生的道德认同，为学生优良品德的塑造制造了障碍。这样一来，就使教育者失去了在德育内化活动过程中的权威地位，无形中就阻碍了德育内化活动的顺利进行。

网络虚拟性阻碍学生道德情感的真实体验，不利于学生的道德内化。作为人的思想品德的重要构成因素之一，道德情感的体验和培育离不开人与人之间密切的交往与沟通，然而随着网络的普及与推广，虚拟网络信息交流的便捷、快速，使人们尤其是注重时间效率的年轻大学生不愿意再去进行面对面的沟通和交流，大家都成为虚拟网络里的"隐形人"，没有真实的姓名、年龄、职业和爱好等，相互交往时面对的只是一条毫无感情的"电子屏障"，它可能使人感受到自身的价值所在或精神需求的暂时满足，但交往双方很难体验和感悟到情感对心灵的触动和震撼。长期的网络生活可能导致学生沉溺于其中而难以自拔，使学业荒废，道德情感淡化和冷漠，甚至诱发学生交往的心理障碍，造成学生人际关系疏远，不利于学生良好道德品质的形成。并且，虚拟的网络生活不利于学生道德内化能力的培养。长期生活在虚拟世界中的人，在遇到现实问题时往往选择远离、逃避，甚至用虚拟世界的交往规则来代替真实生活世界的人际交往原则。长期处于虚拟世界的"网络人"很难体验和感悟到道德生活的真谛，久而久之，他们几乎失去了理解和内化道德的能力，对现实生活产生厌烦和畏惧心理，不愿或不敢与真实的人进行交流，甚至无法正常地与人沟通，伤害了他人也伤害了自己，从而在真实的生活世界中迷失了自我。

网络信息多元化容易催生学生道德内化的复杂性。不同的网络文化传播为价值取向和道德观念的多元化发展创造了条件，有可能使学生产生一种错觉，认为根本不存在核心道德观念，不认同普遍遵循的社会道德规范，从而对学校德育产生质疑和对抗，最终滑向道德相对主义的泥潭，对学生的道德内化造成极大的负面影响。复杂多元的网络信息消解了学生对德育内化的权威，冲击着学生的道德内化。一是学生对德育内容权威的消解。网络的出现带来了文化信息的丰富多样，自主意识极强的学生有了更为宽阔的自我决策、自我选择的空间，勇于去追求自我道德价值的实现，对以往权威性的德育内容造成了不同程度的挑战。二是学生对教师道德权威的消解。网络拥有海量的信息知识，涉及内容无所不有，学生关于各种问题的是非对错和对某种道德现象的疑惑都可以在网上找到不止一种的解答，能够满足学生不同的心理需求。网络信息的泛滥又使大量不同的思想、观点、认识堆积在学生眼前，造成学生对教师传递的德育内容和谆谆不倦教导的正确性和重要性产生质疑，教师权威的道德形象和话语权在学生面前失去了往日的威严，对学生道德内化活动的教育和引导受到一定程度的挑战，这必然会降低学校德育内化的效果。三是学生对榜样权威的消解。德育内化中榜样的力量是无穷的，但网络信息的多样和时代变迁的鸿沟却使张思德、雷锋等英雄人物的模范作用，在当今大学生的思想中被逐渐淡化。他们在这些昔日的榜样人物身上感受不到丰富的道德情感，体验不到道德形象的高大，表现在现实生活中，大学生不愿意以这些榜样为目标，去学习他们高尚的道德情操。而取而代之的却是对"网络红人""网络达人"的疯狂炒作与追捧，自然影响了德育内化的效果。

因此，在网络化背景下，如果学校德育内化一味压抑学生个性，不顾学生的身心发展特点，只能引发学生对德育影响的拒斥。高校德育内化如果仍不改变传统的方式，因循守旧，就很难对学生顺利实施德育影响，势必给德育造成不可估量的消极作用。

四　不良家庭氛围对德育内化的错误导向

家庭是个体出生之后最早接触的环境，对个体成长起着潜移默化的影响。家庭结构、教养方式等各种家庭环境因素都对个体的成长起着极为特殊的重要作用。一个人的成长，不只是学校教育的结果，家庭教育在儿童人格的形成过程中有着重要和深远的影响，家庭生活对个体品德养成的意义是其他任何成长环境所不能替代的，家长的言行举止、所作所为耳濡目染、潜移默化地影响着个体品德的形成和发展，家庭熏染也就成为人们颇为关注的问题。

（一）家长教育观念错误影响德育内化

家长的文化素养在一定程度上决定着家庭教育观念的形成。文化素养是指个体的基本文化知识水平和理论素质。个体的文化素养是与其所接受教育程度成正比的，接受的教育程度越高则其文化素养越高，接受的教育程度越低则其文化素养相对较低。当然，不能仅仅以一个人的教育水平来判断其文化素养的高低，因为人的文化素养是可以通过各种途径得到不断提高的。家长的文化素养是影响家庭教育观念形成的重要因素，是家长对子女进行教育的前提和基础，对子女优良道德品质的培育发挥着不可忽视的作用。首先，文化素养较高的家长，具有强烈的教育意识和先进的教育观念，比较重视子女品德行为的发展，他们能够较为准确地把握社会发展对人才道德素质的要求，选择适合子女健康发展的教育内容和教育形式。文化素养高的家长通常能够以民主、理性的方式对待孩子，而文化素养不高的家长对孩子往往采取专制、放纵的方式。其次，具有较高素养的家长比较关注子女的精神需求，能够和子女进行思想交流和心理沟通，合理地引导子女拓展生活空间，开阔视野，他们不会把学习成绩作为对孩子评价的唯一标准，能够做到呵护孩子健康成长；而文化素养不高的家长对子女的成长不能进行合理的指导，要么把学习成绩作为评价孩子的唯一标准，要么就是放弃对孩子的管理，忽视子女的全面发展和综合素质的提高。再次，具有较高文化素养的家长能够正确处理家庭成员之间的关系，使家庭生活和睦幸福、亲子关系和谐友爱。在这种家庭氛围中成长的孩子，能够形成积极健康的心态和良好的道德品质，拥有积极上进、顽强进取的精神。相反，文化素养不高的家长无暇顾及或冷漠放弃与子女之间的沟通与互动，不重视家庭氛围对孩子成长所起到的潜移默化的重要影响，教育观念落后，甚至重养轻教，这种家庭氛围影响了孩子道德品质的养成与发展。由此可见，家长的文化素养对子女道德素质的形成和发展具有重要影响，家长坚持以正确的教育观念促进孩子健康成长。

家长的错误教育观念对子女品德发展产生了消极影响。每个家庭中家长都对孩子抱以一定期望，对孩子的未来生活有着美好的寄托。目前，在校大学生的家长大部分成长于我国大学的精英教育时期，多数人没有接受高等教育的机会，因而他们对大学有一种非常的渴望，并把这种渴望直接迁移到子女身上。由此，在一些家长的头脑中牢牢形成了一种错误的教育观念，他们对子女的要求就是分数—大学—职业—地位，把子女的未来、地位与考试分数、大学联系起来，一切都以考试为中心，根本不去考虑子女的思想道德素质发展的问题，甚至为了考试其他一切都可放弃。家长深受应试教育观念的影响，盲目追求孩子的成绩分数，不顾孩子身心发展特点盲目施压，影响孩子正确道德观念的形成和道德信仰的追求，极大妨碍了德育内化的实施，影响了孩子道德素质的提高和全面健康的发展。还有些家长对孩子的期望过高，深信通过考试来改变命运，往往把孩子的发展视为自己发展的延续，把自己未实现的理想放在孩子身上来完成，望子成龙，对孩子的期望值过高，给孩子造成极大的压力。一旦现实生活中孩子的表现与家长的期望产生差距时，不仅引发了家长的负面情绪，极易造成亲子关系的紧张。而且，当孩子感到再努力也无法达到家长的期望时，干脆自暴自弃，这时再苦口婆心地教育也无济于事，甚至造成适得其反的效果。也有部分家长缺乏培养孩子的责任心，对孩子不管不顾，孩子的成长得不到有效的监督，养成一些不良道德品质。以上错误的家长教育观念，不但使家庭的德育功能难以发挥，也很难与学校德育做好协调与配合，对孩子品德的发展产生潜移默化的负面影响，最终导致学校德育的低效。

家长对社会道德问题的悲观看法也会对学校德育内化造成消极影响。有些家长过多地强调社会的阴暗面，对人性持怀疑态度，看不到社会积极进步的一面，对一些社会道德问题不能进行客观的评价。他们认为社会道德的大环境已经堕落，个人力量在社会环境的巨大影响下是无能为力的，仅凭自己个人对孩子严格要求也无多大意义，于是，对孩子表现出的道德失范现象无动于衷。这种消极的家庭影响带给孩子的只能是对社会现实的怨恨和不满、对学校教育的蔑视和逆反情绪，给学校德育内化带来更大的困难，对孩子的健康成长造成极大的负面影响。

（二）家长教养方式不当妨碍德育内化

在家庭环境的诸多因素中，教养方式是影响子女品德养成和发展的重要因素。教养方式是父母对孩子各种教养行为特征的总体概括，是父母在抚养子女的过程中表现出来的一种相对稳定的行为风格。家长通过具体的教养方式，把社会道德规范、自己的价值取向等意识观念传授给孩子，成为孩子成长过程中的重要内容和目标，对孩子的品德发展和全面健康成长都产生着深刻的影响。一般来说，家长教养方式可归纳为四种类型：民主型、专制型、溺爱型和放纵型。民主型是指家长能够民主平等地对待子女、尊重子女的教养方式，子女可以自由发表自己的见解和自主处理一些事务，子女与家长之间人格是平等的。在这样的家庭中，家庭成员之间民主气氛较浓，子女的意见得到家长的高度重视，家长对待子女应是爱而不宠，既严格要求又关心爱护，引导子女做出自己的决定和选择，家长对子女的是一种冷静的热情和克制的爱。在这种家庭环境中成长起来的孩子，懂得体贴、关心别人，善于接受别人合理的建议，有强烈的同情心、自信心和道德责任感，养成了诚实守信、团结合作的优良品德。专制型是指家长以绝对性权威和惩戒性方式控制子女的行为和态度，对子女严加管制的一种教养方式。专制型家长责任感非常强烈，大有"恨铁不成钢"之意，奉行"严师出高徒"的信条，要求子女服从家长的意志，但很少考虑到子女内心的愿望和需求。专制型家长与子女的关系完全是一种"管制"与"被管制"的关系，这种教养方式实际上是对孩子自我意识和自我教育能力的限制，很容易使子女形成粗暴的性格，养成用暴力解决问题的思维定式，不容易接受别人善意的批评，对道德教育持拒斥心理，严重危及子女优良品德的形成。溺爱型的家庭教养方式是指家长对子女过分娇惯、过于迁就，事事以子女为中心，一切围着孩子转，对子女有求必应，无原则地满足子女合理的、不合理的一切要求。溺爱型的家长是把子女视为自己的私有财产，给予子女的是一种缺乏理智的爱，家长是用处于生物本能的感情去满足子女的要求，而不是从社会关系角度去履行自己的教育职责，容易使子女养成"自我中心"的个性意识。在家长的过多照顾与宠爱下，使他们自主意识很强却没有自理的能力，在社会生活中具有极大的依赖性、冲动性和攻击性，不能虚心学习和接受道德规范，养成自私任性、好逸恶劳的不良德性。放纵型是指家长对子女采取"听之任之"态度的家庭教养方式。这种类型的家长信奉"树大自然直"的错误观念，对孩子撒手不管、放任自流的消极教养态度，既缺乏对孩子爱的呵护和投入，又缺乏对孩子必要的管理和监护，使孩子常因得不到关心和关爱而产生寂寞、孤独感，养成内向、孤僻的性格，缺乏道德理想和追求，导致孩子人格的畸形发展。

由以上分析可以看出，不同类型的家庭教养方式对子女个性品质的形成具有迥然不同的影响。家庭潜移默化的教育影响直接关系到对子女教育的成败。专制型、放纵型和溺爱型的家庭教养方式是极端的，妨碍了子女对道德的内化，严重影响了孩子道德品质的形成和发展。采取专制型、放纵型和溺爱型教养方式的家长，看似"一切为了孩子"，或是采取高压管制、放任自流，或是采取百依百顺、百般宠爱，实际上都是不利于子女身心健康成长的，是对子女教育不负责任的表现，对孩子的身心成长非常不利，甚至会激起孩子的对抗情绪或逆反心理，表现出与家长、学校要求相反的行为，影响了德育内化的进行。因此，家长应注重提高自身素质，采取民主型教养方式，促使孩子道德人格的全面健康发展。

（三）其他家庭原因给德育内化造成不良影响

家庭是社会的细胞，是最基本的生活单位。家庭结构状况会直接影响子女的身心发育和品德的形成，对子女的成长有着其特殊的重要性。一般来说，结构完整的家庭能够为子女成长提供健全的环境，帮助孩子身心正常发育和健康成长。结构不完整的家庭如单亲家庭或者家庭主体成员构成不齐全的家庭，很难给孩子提供健全的成长和生活环境。结构不完整的家庭，由于父母一方角色的缺失，使家庭的各项正常功能遭到破坏，家庭经济条件、家庭生活氛围等各种家庭环境因素都发生了巨大的改变，父母之间及父母与子女之间因各种原因缺少必要的交流与沟通，生活在这种不完整家庭环境中孩子的一些基本需求得不到满足。首先，子女的安全与爱的需要得不到满足。结构不完整的家庭因为不能为孩子提供健全的生活环境，使孩子的安全需要、尊重需要、父母爱的需要等得不到满足，对孩子的身心发育产生很大影响。其次，父母与子女之间缺乏沟通、理解。结构不完整的家庭会造成父母在客观上无法照顾儿童的情绪情感，或者不能抱有好的心情与孩子进行必要的交谈与沟通，孩子遇到的心理问题和情感曲折无法正常向父母表达倾诉时会产生适应障碍，不仅不利于他们品格健全地发展，还可能导致他们性格怪异、心理异常。不完整家庭结构中父母与子女之间缺乏情感的交流与沟通，是造成子女不良个性的重要因素之一。

再次，社会舆论的不良影响会造成孩子一生的心理阴影。不完整家庭结构由于父母角色的缺失，使处于幼年的子女感受到了自己与众不同，要承受来自多方面的压力，加强了自卑心理的形成，逃避与同学、同伴的交往，尽可能地独处以避免面对自己难以解决的"复杂问题"，产生内化障碍，从而影响孩子的品德发展。实践研究表明，单亲家庭子女的责任感、自信心和自我控制能力均较为缺乏，单亲家庭的子女更具对抗性、逆反性和破坏性。近年来，由于各种原因，单亲家庭子女日益增多，这些来自非完整结构家庭的学生，在学习、生活和心理上与完整结构家庭的学生相比更容易产生各种各样的道德问题。所以，学校要特别关注非完整结构家庭的孩子，采取合适的德育引导方法，给予他们尽可能多的呵护和帮助，使他们接受正确的道德认知，形成科学的道德信仰，养成积极向上、坚强果敢的性格，健康、快乐、道德地成长。

另外，还有因父母一方长期在外地工作而形成的数量巨大的"类单亲家庭"，导致了我国留守儿童的品德培养问题。据全国妇联2013年的调查数据表明，我国现有2亿左右的农民工，这些人数居多的农民长期工作在城市中，由此产生了6000多万的农村留守儿童，而且数量还在大幅度增长。由于无法得到家庭尤其是父母的教育和关爱，1/3的留守儿童出现了生活、学习、心理和思想道德等方方面面的问题。其中，道德的缺失是农村留守儿童最为突出的问题。一方面，在儿童身心发展的关键时期，远离家乡的父母不能和孩子进行必要的情感沟通，不能对孩子进行重要的启蒙教育引导，对孩子的道德榜样示范作用和情感熏陶可以说基本为零，造成留守儿童道德情感的缺失；另一方面，照顾留守儿童的多为年龄较大的长辈，教育观念比较落后，文化程度较低，认为只要能够满足孩子的物质需求就够了。可以说，无论是从行为还是思想上，他们都承担不起对孩子启蒙教育的重大责任，使得孩子的品德问题越积越多，严重阻碍着学校德育内化的实施。

以上论述表明，家庭环境对孩子道德品质的形成与发展起着关键的启蒙和基础作用。作为一名负责任的合格家长，要精心为孩子营造温馨和睦的良好家庭环境氛围，做好孩子人生路途的领路人，努力帮助和引导孩子成长为品德高尚的人。

第四章

高校德育内化的路径选择

道德内化的研究，不仅仅是为了丰富与完善道德内化理论体系，更重要的是在于探寻道德内化的实现策略，促使个体有效进行道德内化和道德践履，引导个体道德品质的提升和良好道德行为习惯的养成，不断提高德育实效性。高校德育内化的路径选择，是在道德内化研究的基础上，对高校德育理论和实践改革的积极探索，这将对高校德育的创新与发展具有丰富的启迪意义，为高校德育走出实效低迷的现实困境提供指导和帮助，为新时期高校德育的重新建构带来新的可能和希望。

第一节　内化视角下高校德育的理性思考

德育的目的在于引导个体将社会道德规范内化为自身的需要、形成道德信念和养成道德行为习惯，成为主动积极参与社会道德生活的主体。其中，内化是完成培育道德主体任务、实现德育目标的关键。但目前高校德育内化仍不能走出"知而无情、知而不信"的困境，以至于问题重重、实效低下而被世人所诟病。因此，高校德育深度改革势在必行。在此背景下，倡导一种"德育首在内化""内化是德育之关键"的德育理念和德育思想，来进行德育体系多方面、多层次的综合创新，将是高校德育走出现实困境、提高实践有效性的必由之路。因此，为建构有效的德育内化策略，对高校德育理论与实践中时常遭遇但又很难把握的问题，加以细致的理论阐述与明晰就很有必要。

一　道德可教性辨析

道德（美德）能否可教？对我们来说，这一问题的答案似乎不言而喻，但是在西方这却是一个争论至今尚未解决的问题。"道德是否可教"，是早在古希腊时期曼诺就已经向苏格拉底提出的问题。① 自此开始，诸多哲学家和教育家就对此问题进行了深入的思索和探讨。苏格拉底关于"美德即知识"的经典哲学命题是对"道德是否可教"问题思考的集中体现。在苏格拉底看来，人的行为善恶主要取决于他是否具有相关的知识，人是不会喜欢恶或者去追求恶的，作恶是由于对善的无知。认为一个真正拥有知识的人，他的灵魂一定是智慧的、善的。一个人有了善的灵魂，就一定会引导他作出善的行动。相反，则可能会作出恶的、不道德的行为。所以，苏格拉底的结论就是美德即知识。知识可教，故美德是可教的。但这一观点遭到了后人的强烈质疑，因为知识确实可以通过讲解、记忆、背诵等方式习得或"教"会，但通过讲解熟记而"教"会的其实是道德知识，它并不能保证使人拥有真实的美德。现实生活中出现的知善而不为现象就是最好的明证。赞同"美德可教"观点的普罗塔哥拉做了进一步的解释，认为美德可以在生活中向任何人学习获得，美德可教且不需要专门的老师来教。亚里士多德也采用了类比的方法来分析"美德是否可教"。他认为，德性就像技艺技能一样，必须通过现实的活动训练才能形成，可以通过榜样示范和实践指导的方法进行教授，我们要像学习技能一样通过练习学会行为规范。我们要通过做来学会做，要学会做该做的事情。② 亚里士多德的解释不仅突出了道德的实践性特征，而且对"教"的理解深刻了很多。"美德是否可教"到了叔本华那里却有了大相径庭的答案："德性和天才一样，都不是可以教得会的。"③ 叔本华认为教育对人性的改变是无能为力的，因为人的意志与性格是与生俱有、不可改变的。他的理由是德性跟道德认知没有关系而仅仅是道德情感和道德意志的东西。对于叔本华"德性不可教"的观点，包尔生进行了彻底反驳："我们不同意叔本华认为道德教育和劝诫毫无用处的意见。""德性是可以靠教育获得的吗？……我们的回答与亚里士多德相同：当然可以，但是，像所有的美德一样，它首先必须被实践……当然，实践能够也必须随后以理论指导来补

---

① 参见苗力田《古希腊哲学》，中国人民大学出版社 1989 年版，第 239 页。

② ［古希腊］亚里士多德：《尼各马可伦理学》，苗力田译，中国人民大学出版社 2003 年版，第 26 页。

③ ［德］叔本华：《作为意志和表象的世界》，石冲白译，商务印书馆 1982 年版，第 404 页。

充，道德能力的培养也和身体的灵活性及技能的训练一样需要理论指导。"① 由此可见，包尔生已经科学地把"德性之教"理解为德性要通过实践训练与理性指导相结合的教授才能最终完成。

综上所述，西方伦理学对"道德可教性"的探讨并未给出圆满的答案，但并不妨碍其对德育实践的积极影响，尤其是在"道德是否可教"这一问题上的深入探讨，增强了人们对道德自身及道德价值意蕴认识的深刻性和全面性，促进了西方德育思想理论的系统化发展。

关于"道德是否可教"的问题，中国传统德育观的回答是毋庸置疑的，道德可教性是我国古代教育家的基本假定。总的来说，跟西方对此问题的困惑和对道德可教性的怀疑甚至否定的思想倾向不同，我国自古就在此问题上持积极乐观态度。先哲们虽持有观点各异的人性论，但在"品德可以培养、道德具有可教性"观点上却有着近乎一致的见解。从"性相近，习相远"到"人皆可以为尧舜"，至王夫子的"继之则善矣，不继则不善矣。天无所不继，故善不穷。人有所不继，则恶兴焉"②，"教者皆性，而性必有教，体用不可得而分也"。③ 诸多观点无不执着地坚持人是可以通过后天的教育和学习，走上圣人之道、成为圣人之体的道德完善之境的，这也是我国一直坚持积极、正面德育传统的重要基础和历史依据。

当今，提出和审视"道德是否可教"的问题，是基于德育的现实困境。当前学校德育实效低下，人们对德育的责难背后，是"道德可教性"问题的再现。借鉴以上中西方伦理思想中关于"道德是否可教"问题的思索与分析，使我们对道德有了更为深入的思考。个体道德是知、情、信、意、行的统一体，它不仅仅表现为知识，还体现为一定的情感、意志和行动，其中任何单一的方面都不能构成具体的道德。个体道德就是在一定的价值环境中经过学习接受了德育影响具有道德认知、浓厚了道德情感、坚定了道德信念而最终形成的。虽然构成个体道德的某些方面是不能通过教育来直接进行的，但个体道德的养成却最终离不开教育所发挥的作用。"事实上，即使是道德直觉之类的道德素质也不是一成不变、不受教育和环境的影响的。道德教育之'教'如果理解为直接的道德教育和间

① ［德］包尔生：《伦理学体系》，何怀宏、廖申白译，中国社会科学出版社1988年版，第407—408页。

② 《周易外传》卷五。

③ 《读四书大全说》卷三。

接的道德教育的统一，教授、学习与实践的统一，道德之知、情、意学习的统一，则道德是可以'教'的。"① 因此，我们认为，道德是可以教的。

道德的可教性是德育得以存在的基本前提，也是促进道德内化得以完成的基础和依据。在个体品德的发展过程中，道德认知、道德情感、道德信念、道德意志和道德行为等要素相互制约、相互影响、相互促进，共同推动着个体道德境界的不断提升。其中，道德认知是这些构成要素中最初始、基本和必要的成分，也是道德情感、道德意志、道德信念和道德行为培养和发展的必要前提。一般来说，道德认知就是个体对一定社会思想道德及其要求、原则和规范的理解和认识，也是个体对自身道德经验和智慧的获得，包括对外在社会道德规范的认识和对自身内在品德的认识。但是，无论道德认知的构成多么复杂，也终归属于认知。而一切认知的获得无不是仰仗在教育的指导下，通过主体参与的实践活动来完成，无教育成分的实践活动是根本不存在的，因为实践是人有意识、有目的、有计划地改造客观物质世界的一种能动性活动。至于道德认知能力或判断能力，则是对道德理解和把握的特殊能力，更离不开后天的教育与指导。所以，道德认知虽然是有别于一般认知的特殊认知，但完全是能够通过德育活动而获得的。也就是说，个体是可以在教育的引导下通过后天的道德学习来获得道德意识与智慧的。道德认知意味着个体对道德概念、规范的理解与把握，具备基本的道德判断，这样才能促进个体的道德内化，使个体形成评定一种道德现象的标准及自身践行道德目标的信念与理想。否则，不知道要做什么和不做什么，个体的道德内化就非常困难，即使作出一些道德的行为，也会因为缺乏正确的理论指导而容易使行为变成自发或盲目的行动。由此，道德知识作为知识中的一种或一类，是完全可以通过德育使学生掌握并理解的。德育能够促使学生有效获得道德知识，丰富道德情感，坚定道德信念，促进学生的道德内化，并以此实现学生自身品德的自主建构。

德育对促进道德内化的实现发挥着重要的作用，是一种有效的道德内化方式。德育活动有两种基本的运行方式即直接的德育与间接的德育。直接的德育对道德内化的完成起着显著的作用。在一定意义上说，学校德育的基本使命就在于借助各种计划、策略、途径或手段，使社会道德规范和

---

① 谭传宝：《学校道德教育原理》，教育科学出版社 2003 年版，第 39 页。

要求内化为个体自身品德。而品德作为一种心理活动，是由知、情、意、行等因素构成的。道德认知是道德内化的基础和前提，直接的德育能够使学生有效获得道德规范、原则等相关概念和知识，是学生学习接受道德知识的有效途径。英国道德教育家威尔逊曾对直接德育的价值进行了深刻的阐释："直接的道德教学和发展学生的独立思维和自主理性能力并非水火不容，人们完全可以从适当的取舍中发展一种合理的、有效的道德教育方式。"① 可见，学生作为学习者而言，通过直接的学习如体验、实践、探究等，都可以获得丰富的道德认识、意识与智慧，提高对道德观念与规则的理解以及道德判断、推理能力的发展，从而奠定了道德内化的基础，有利于学生道德内化的顺利进行。当然，直接进行的德育又存在着自身内在的限度或难以克服的缺陷。一方面，它对学生道德情感、意志、信念及行为发展的作用非常有限；另一方面，即使对道德知识的影响而言，如果只是采取直接的德育形式，由于其固定、单一、与情感意志关系甚浅的特点，其效果也是不充分的、有局限性的。正如杜威所言："固定的道德教学只是，直接产生于学校内的事件的教学，或不同于促使学生注意到他成为其中一部分的生活的意义的教学，十有八九是形式上的和例行公事式的，结果是用许多一知半解的戒律使儿童的头脑变得麻木不仁，而不是有益的发展。"② 道德情感是发自个体内心的一种体验、悟解和沉迷，道德意志是完成道德行为从动机到行动这一心理过程的保障，可见，情感与意志是不能够从别人的经验、教导中直接习得的，需要磨砺锤炼、身体力行才能形成，所以这些往往是难以通过诉诸直接的德育来完成，即使坚持以直接的德育来进行道德情感、意志和信念的培养，所收到的效果也是微乎其微的。对此，王海明先生有着精辟的见解："道德感情和道德意志只是不可以直接教，却可以间接教：直接教给一定的道德认识，再由一定的道德认识形成相应的道德感情和道德意志。这样，德性也就是可教的——道德认识是直接可教的；而道德感情和道德意志是间接可教的。"③ 鉴于此，要把德育贯穿于各科教学和学校整体教育中，以间接的德育和直接的德育相结合，以弥补直接的德育自身的限度和缺陷，发挥德育对促进个体道德

① 戚万学：《冲突与整合——20世纪西方道德教育理论》，山东教育出版社1995年版，第266页。
② ［美］杜威：《道德教育原理》，王承绪等译，浙江教育出版社2003年版，第276页。
③ 王海明：《伦理学原理》，北京大学出版社2001年版，第372页。

内化的最大效能。而且，从德育的国际经验来看，把直接的德育和间接的德育相结合的大量实践，在世界好多国家已经率先进行了。"在许多国家往往有许多德育计划、大纲、方案，但并无专门的德育学科存在，道德教育一般采取间接的方式进行——即通过人文学科等非专门的道德教育学科进行。"① 这是因为其他各科教学自身都包含着丰富的隐性德育资源，能够更好地发挥对个体进行间接德育的作用。因此，多学科整合或科际整合已成为德育发展的客观趋势，也为我国学校德育的改革创新提供了有益借鉴。我国的德育在以专门学科进行直接德育的同时，要注重与其他各科教学结合起来进行，注意研究和处理好专门德育课程与各科课程的关系，充分挖掘各科教学中的隐性德育资源，在传授其他学科知识的同时采取间接德育的方式，对学生发挥"不经意"的影响作用，会取得更好的道德内化效果。

二　道德教育的道德性论证

道德教育既是一种教人如何做人的社会实践活动，又是一种培养人的德性和铸造人的灵魂的精神生产活动。道德教育的道德性，理应是其本质属性。道德教育作为培养人高尚道德品质的教育，理应是道德地进行、合乎道德要求的教育。只有道德的教育才能培养出道德的人，道德教育具有道德性，才能尊重学生的发展，使学生更好地接受和内化道德，成长为品德高尚的人。因此，从"道德的教育"与"教育的道德"两个相辅相成的视角加以考察和分析，以深入理解和把握道德教育的道德性，有效促进学生的道德内化。

（一）道德的教育与教育的道德

道德的教育即教育应该是道德的。教育是人的一种实践活动，人的道德本性必然折射在教育活动之中，即"用人的道德本质来审视教育活动、规范教育活动，使教育这一人的实践领域能够最大限度地反映出人的良性"②；同时，教育也是以培养高尚的人、智慧的人为宗旨的，有目的、有计划地对受教育者施加积极影响的活动。正如有学者所指出的"教育从来是同'使人向善'相关，或者说它以'使人向善'为内涵"③。这种

---

① 檀传宝：《学校道德教育原理》，教育科学出版社 2000 年版，第 128 页。
② 孙彩平：《教育道德与道德阈限》，《教育理论与实践》2002 年第 1 期。
③ 陈桂生：《"教育学世界"辨析》，华东师范大学出版社 1997 年版，第 16 页。

人类为了自身能够持续发展而进行的教育活动，体现了对人的尊重和关爱，学生就愿意接受和内化。这种教育活动本身就是一种责任和爱的体现，应该具有道德的本质属性，即教育应该是道德的。"教育的领域是道德的领域。在一般意义上，教育即对道德的自觉追求；在终极意义上，教育即道德。"① 如果教育本身不道德，学生在不道德的教育活动中得不到应有的尊重和关爱，就不愿意接受和内化甚至异化这种教育影响，也就难以培养学生成为有高尚道德情操的人，教育将因自身的非道德性而失去其内在的本质意义，成为"知识加工厂"和"学历生产厂"。所以，道德地进行教育的观念是教育本质的根本体现，也是有利于和能够促进学生道德内化的教育。并且，道德的教育不仅是教育活动的一种价值限度，而且凝聚了人类对文明、理想的追求。道德的教育作为教育活动的基本理念，已融入具体的教育实践中并得到普遍认同和肯定，成为推动道德内化发展的动力和源泉。

教育的道德即教育要符合道德。教育的道德是指整个教育活动的进行过程和运转机制体系都要符合道德的要求，具备完整的教育的道德规范体系。学校教育的道德规范体系应包括学校方方面面的部门规则、制度的制定和实施以及各德育人员职责履行等都要遵循道德的要求并体现出一定的道德水平，以保证教育活动道德地进行。教育活动符合道德的要求，才能够保障其通过道德的途径，提升人的素质，实现人的价值的本质所在。这样的教育活动，才能够得到学生的认可和赞同，学生才能积极参与教育活动、主动学习教育内容，并在教育的指引下内化教育内容完善自身素质。反之，不道德的教育说教，会引起学生对教育活动本身的厌烦和对教育内容的反感，这样的教育活动，学生是不会接受的，道德内化也就无从谈起。教育活动实施影响的对象是具有生命的人，教育要符合道德地进行，是对人类生命的关爱与尊重，是对社会发展负有重大道德责任和崇高道德义务的体现。一方面，教育要道德地进行，可以筑起保护教育事业不被庸俗思想意识侵袭和干扰的坚实樊篱，科学促进道德内化的实现；另一方面，教育要道德地进行，又可以对教育事业的各个层面、各个环节进行净化和洗礼，对教育形成一定的社会要求和社会压力，保持教育事业的纯洁和高尚，推动道德内化健康发展。

---

① 杨四耕：《教育与道德》，《教育理论与实践》2004 年第 2 期。

道德的教育和教育的道德是教育问题的两个不同方面。其中，道德的教育是教育活动应该遵循的价值原则，教育的道德则是对道德的教育宗旨的具体阐述。但二者相互联系、相辅相成，共同推动着道德内化活动的实现。首先，道德的教育是教育的道德的纲领和宗旨，教育的道德的全面实现是在道德的教育原则指导下进行的。如果没有道德的教育宗旨，教育的道德就失去了可能目标。许多教育行为的沦丧和堕落，多是由于道德的教育目标宗旨不明确造成的。其次，教育的道德是道德的教育实践成立的基础。道德的教育是形而上的一种教育价值目标，其本身是以教育的道德实现为前提的。否则，教育就不能标榜为道德的教育。因此，既要明确道德的教育思想主旨，正确地引领道德内化的方向和趋势；又要强调教育的道德体系和结构的全面落实，克服和消除教育现实中的不道德、负道德现象，保障道德内化活动健康、有序地开展。

（二）道德教育的道德性

道德教育是塑造道德主体、培养有道德的人的活动。道德教育是以社会道德准则和道德规范引导人们，改善人与人、人与社会以及人与自然之间关系的教育活动。作为培育人德性的主要途径，道德性理是道德教育的题中应有之义。过道德的生活、成为高尚的人是人类永恒的追求和人性本质的体现，合道德性的道德教育自然成为合人性教育的自然延伸和表达，其根本的特点在于把人的教育与动物的训练区别开来，体现了对人性的尊重与关爱，使教育真正成为学生愿意参与和主动接受的活动，成为促进学生全面发展的有效途径。道德教育道德的进行，能够有效促进个体对社会道德文化的内化，塑造个体的德性人格，延续人类的道德生活，实现其"育德"的根本功能，使人类在更高层次上获得更充分的发展。

道德教育必然具有道德性，是由道德教育培养人德性的内在规定性决定的。"学校道德教育的目标不管如何具体表述，都可以简要地概括为'使受教育者有道德'。"[①] 道德教育作为一种"育德"的特殊社会活动，是培养人有"德"的，其自身理应具有道德性。具有道德性的道德教育，从结果来说不仅仅体现为塑造了道德主体的人，而且从投入来讲也应是以人的主体性参与为前提的道德的教育过程。道德教育是教育领域的重要组成部分，教育与道德有着天然的密切联系。从"教育"一词的本义来说，

---

① 陆有铨：《"道德"是道德教育有效性的依据》，《中国德育》2008 年第 10 期。

教育主要是指道德教育。在称得上世界最早的字典《说文解字》中，对"教育"解释为："教，上所施，下所效也。""育，养子使作善也。"① 德国著名教育家赫尔巴特指出："道德普遍地被认为是人类的最高目的，因此也是教育的最高目的。""教育的唯一工作与全部工作可以总结在这一概念之中——道德。"② 黄向阳博士认为"教育必然包含道德的目的，没有道德的目的，就无所谓教育。德育（道德教育）即教育的道德目的"③。可见，道德是教育的终极关怀目标，道德教育是教育的根本和追求，道德教育也就必然地应具有道德的属性。道德教育作为一项社会教育事业发展追求的现实目的，它肩负着培养有道德的人、实现社会健康、有序发展的重大责任，这种责任本身就是关爱、人道和向善，是道德的，也就决定了道德教育必须采取合乎道德的方式或道德上可以接受的方式来进行，道德教育必须具有道德性。

　　但长期以来，我们忽视了道德教育的道德性问题，降低了道德教育的实效性。道德教育目的在于培育个体高尚的道德品质，要实现这一目的道德教育就必须要正确引导个体内化道德规范等内容，道德教育作为个体道德内化的有效途径其本身必然是应具有道德性的。然而，在现实的道德教育的内化实践中，应然与实然却存在背离，时常有一些不道德的内化现象出现，如内化内容的理想化、形式化，内化方法的简单机械化，内化评价的过度量化，等等。这些无视学生个体存在的非人性化的机械道德教育活动，异化为命令式、强制式的单向灌输过程，已经走出了道德教育的范畴，它不能让学生内化社会道德文化，完善自身道德品质，而仅成为强制性的知识灌输或命令性的执行过程，活动本身就是不道德的。缺乏道德性的内化活动，不能使学生从知识灌输和执行命令的活动中获得接受的动力，学生享受不到道德生活的愉悦，就很难内化德育内容。相反，还会引起学生对道德规范的反感，无视或拒斥道德教育。这种无视道德性的内化，禁锢了学生主动性和创造性的发挥，忽视学生的道德需求和内心体验，不仅遮蔽了道德教育自身所内蕴的人文道德关怀，而且使道德教育丧失了促进道德内化的功能，成为一种不具有道德性的道德教育，也因而失去了其存在的意义。这种不具有道德性的道德教育时有发生，甚至违背道

① 《说文解字》。

② 张焕庭：《西方资产阶级教育论著选》，人民教育出版社1979年版，第259—260页。

③ 黄向阳：《德育原理》，华东师范大学出版社2000年版，第30页。

德性和反道德的教育现象时常出现，已对学生的身心健康成长造成了极大的伤害，从根本上违背了道德教育的宗旨，势必要引起我们的高度重视。

教育者应力求从道德的角度调整自己的伦理站位，"走出道德高位者的姿态，不自以为道德的真理就在我们手中，我们握有解决人间道德问题的钥匙，我们可以堂而皇之地替芸芸众生设计美好的道德生活的蓝图"①。道德教育应该而且必须以合乎道德的方式或道德上可以接受的方式完成道德内化。恰如康德的感慨："这种设想令人陶醉：人的天性将通过教育而越来越好地得到发展，而且人们可以使教育具有一种合乎人性的形式。这为我们展示了一种未来的、更加丰富的人类的前景。"② 概言之，以道德的态度和精神进行道德内化活动，才能实现道德教育所担负的促进个体德性完善、塑造道德主体的使命，才能把富有高尚德性的人类社会远景变成能够实现的社会现实。道德的道德教育是对学校道德教育进行道德性审视的一个必然结论，重温教育的道德意蕴，不仅是有益的，而且也是非常必要的。当然，由于存在的种种错综复杂的侵蚀着道德意蕴的不合道德的因素，在短期内是难以改变或消除的，使得这一目标的实现表现出异常艰难和漫长，因而也不能乐观地预期理想中的有"道德"的学校道德教育是否或何时能够实现，但我们坚信学校道德教育经过诸多有识之士的不懈努力，在理论的支持和实践的支撑下，道德教育终将会是一个不断走向"道德"的过程，定会道德的促进个体道德内化过程的完成。

三　道德观念和"关于道德的观念"区分

"道德观念"与"关于道德的观念"是学校德育实践中时常遭遇但又很难把握的一对范畴，要建构有效的道德内化策略，就必须对"道德观念"和"关于道德的观念"加以细致的阐述与理论上的明晰。

"道德观念"与"关于道德的观念"是杜威首先提出并加以系统论证的一对范畴，也是探讨学校德育内化策略建构所关涉的一个不容回避的问题。杜威把"道德观念"理解为"各种各样的观念见效于行为之中，并使行为有所改善，变得比另外的情况下更好"③ 的观念，它使德育及其内

---

① 刘铁芳：《生命与教化——现代性道德教化问题审理》，湖南大学出版社 2004 年版，第 331 页。

② ［德］康德：《论教育学》，赵鹏等译，上海世纪出版集团 2005 年版，第 6 页。

③ ［美］杜威：《道德教育原理》，王承绪等译，浙江教育出版社 2003 年版，第 8 页。

化更富有人性的意义。而"关于道德的观念",杜威则理解为"在道德上也许是不偏不倚的,或者是不道德的,或者是道德的……并非理所当然地使这种观念自动变成好的品格或好的行为"。①认为"关于道德的观念"往往是直接灌输给受教育者的,它们在性质上是不能自动地使人具有好的德性或者好的行为。所以,这些通过道德知识形式来体现的观念个体并不一定接受,并不一定对个体行为产生影响,即使有也是影响甚微,也只是对个体观念的形成起到一个认知准备的作用。杜威坚持认为,如何对待"道德观念"与"关于道德的观念",是决定德育成效的根本问题。"在道德观念即任何一种成为品格的一部分、因而也成为行为的起作用的动机的一部分的那种观念和关于道德行为的观念即也许仍然是缺乏活力的和不起作用的、如同很多关于埃及考古学的知识那种观念之间的区别,是讨论道德教育的根本问题。"②借鉴杜威的描述,我们认为,"道德观念"是影响个体道德内化、促进个体品德发展和完善的关键性因素,它规定着个体行为的意向,培育个体一定水平的道德观念是德育分内的重要职责;而"关于道德的观念"则是对道德知识体系本身的认识,同道德观念相比它更具有理论和知识的性质,不一定对个体道德内化产生影响,与道德行为的关系也比较间接和松散。

道德观念对德育内化活动具有非常重要的作用。"观念的东西不外是移入人的头脑并在人的头脑中改造过的物质的东西而已。"③观念是人们对客观事物认识的集合体,人们会依据自身形成的观念进行各种活动。正确的道德观念是个体自觉协调各种社会关系、内化社会道德规范的思想准备,是个体形成良好道德行为的自我意识约束机制。道德观念作为个体对社会道德关系的主观感应和认知,是能够引发个体道德内化冲动、规范个体道德行为的生动、活泼的观念。而"关于道德的观念"却是远离了个体的现实生活与道德实践的,是单向灌输给个体并使其熟记的各种关于道德的名词和概念,个体并不能理解其背后深刻的动因和含义。"关于道德的观念"虽然对个体道德观念的形成有初步的意义,但并不能引发个体的道德内化冲动和有效规范个体的道德行为,只是一种脱离社会现实生活

① [美]杜威:《道德教育原理》,王承绪等译,浙江教育出版社2003年版,第8页。

② 朱小蔓:《教育的问题与挑战——思想的回应》,南京师范大学出版社2000年版,第294页。

③ 《资本论》第1卷,人民出版社1975年版,第24页。

的纯粹、抽象的概念和主观意识形式而已。道德观念才是个体对道德关系本质的认识与把握，对个体道德内化起着关键的先导作用。正是基于道德观念的这种实践价值功能，学校德育必须加强学生道德观念教育，开启道德智慧，促进道德内化，提升学生道德境界。

总而言之，"关于道德的观念"是关于道德的知识和信息，它未必能保证对个体的道德内化有所助益；道德观念则涉及个体道德的"品格"和"动机"，能够促进个体道德内化。如果德育以传授"关于道德的观念"为旨趣，不论其形式是多么得当，也只是把简单地向学生传授有关道德知识作为教育的目标，是难以达到德育的理想预期的，由此也就完全背离了教育的宗旨，是导致传统德育低效的主要原因。"不要以为关于道德知识的教育即是道德教育，不要以为道德教学即是道德教育。"① 同样，如果道德教育过分追求道德知识完整系统的灌输，是难以被学生内化和融入学生的心灵深处，学生形成的只是"关于道德的观念"，也使道德教育轻易蜕变为一种纯粹、可惜的"教室行为"，把学生培养成为机械掌握"关于道德的观念"的"道德知识人"，直接造成德育实效性的下滑。因此，学校德育必须要改变这种传授"关于道德的观念"的局面，应以培育学生科学的"道德观念"为目标指向，并要积极引导学生主动把"关于道德的观念"努力转化为道德观念，提高学生的道德思维和判断能力，才能使学生积极内化道德规范和要求，完善道德品质，提升道德境界，达到培养具有"道德观念"的"德性人"的德育目的。

第二节　高校德育内化路径建构的基本设想

由个体品德形成和发展的规律可知，道德内化既是社会道德个体化的关键，也是学校德育过程必不可少的环节。德育活动必须立足于内化基础之上，才能成功塑造道德主体、达到德育目的。但道德内化的缺失却是目前高校德育不得不关注的普遍问题。因此，紧紧围绕内化对高校德育进行全方位、多层次地考察和研究，基于内化的视角来建构高校德育策略，探讨有效促进学生道德内化的路径，为高校德育走出实效低迷的现实困境提

---

① 朱小蔓：《教育的问题与挑战——思想的回应》，南京师范大学出版社 2000 年版，第294 页。

供指导和帮助，成为本研究所要承担的义不容辞的责任和义务。

一　发挥学生主体性，立足德育服务实现道德内化

道德的产生，归根结底是由于人类社会生存和发展的需要。道德是为人的，道德内在地具有服务于人类的功能。德育是一个外在的帮助个体满足自身道德需求，引导个体形成道德自觉和道德信念，实现道德内化，提高道德素质的服务过程。坚持高校德育服务于学生的本质，充分发挥学生的主体性，立足于德育服务的基础上更好地促进个体实现道德内化，从而培育个体形成优秀的道德品质。

（一）发挥学生主体性是道德内化的关键

主体性是人的主体规定性，对人思想品德的形成和发展具有重要作用。外在的社会道德规范内化为个体的道德品质，既是个体思想品德内在的养成和升华过程，同时也是个体主体性作用发挥的外在表现过程。人的主体性是人作为主体的特殊规定性，是人为了达到自我目的而在对象性活动中表现出来的把握、改造和支配客体的功能特性，是个体在社会实践活动中的自主性、能动性和创造性。马克思认为"主体是人，客体是自然"[①]，并指出主体"是从事实际活动的人"[②]。由此可见，主体是一个关系范畴，是改造自然、改造社会的实践活动中得以确立的。人之所以能成为主体，是因为人具有实践能力，能够在实践活动中以自己的尺度去改造客体，从而通过占有更多的客观对象来获得和发展自己的本质力量。道德就是人的主体性实践的创造物，是为了人的需要而产生的。道德是人的道德，是为了人更好地生活而产生和存在的。人是道德的主体，是道德能够存在和发展并得以依托和传承的基本支撑。但是，人创造道德是为了进一步确证、肯定和发展自己，而并不仅仅是为了约束自己。"道德不是社会对付个人的工具，而是在个人与社会之间造成一种特殊的关系，这种关系不是压制人的，相反，它保证个人获得肯定和发展自身的条件。"[③] 所以，道德在本质上是一个高度自主的人的领域，跟依靠外在强制力约束人们必须遵守的法律不同，道德是人自觉自愿遵守的，否则就谈不上道德。道德

---

① 《马克思恩格斯选集》第 2 卷，人民出版社 1995 年版，第 3 页。

② 《马克思恩格斯选集》第 1 卷，人民出版社 1995 年版，第 73 页。

③ 冯建军：《人的道德主体性与主体道德教育》，《南京师范大学学报》（社会科学版）2002 年第 2 期。

的主体性使道德如果没有了人的参与，就失去了存在的基点，没有了生命的活力，失去主体的道德，就已不是真正意义上的道德。"无人的道德"只不过是一些抽象的规范符号进行的逻辑堆砌而已。可见，人的主体性对道德的形成和发展起着决定性的作用。个体品德实质上就是对社会道德规范的内化，是个体对社会道德规范体系能动性的认识、选择，是对个体道德内化过程中主体性的积极肯定。充分发挥主体性作用的道德内化，才能使内化真正成为个体本身自觉自愿的内化，才能达到个体深层次的心理认同和信奉，才能真正地、自然地达到个体道德自律的目的。

　　人的主体性地位的确立是道德内化的必要条件。当前高校大学生存在着知而无情、知而无信、错知而信、不知不信等诸多问题，这些问题产生的根本原因在于学生并没有真正内化德育内容，德育内化的缺失直接导致大学生道德行为的失范。高校德育没能够把社会道德规范内化为学生的道德自觉，同不重视学生的主体性有着直接的关系，这种长期"无人"的德育使得学生不能真正地内化道德。美国著名伦理学家弗兰克纳认为："从道德上讲，任何道德原则都要求社会本身尊重个人的自律和自由。一般地说，道德要求社会公正地对待个人；并且不要忘记，道德的产生是有助于个人的好的生活，但不是说人是为了体现道德而生存。"① 弗兰克纳强调指出，道德不是社会用来对付或制约个人的工具，道德是为了人自身需要而产生的，只有自由、自主的个体才具备主体性地位，拥有主体性地位的个体才能担当起对社会的道德责任和道德义务。因此，道德内化必须以人主体性地位的确立为基本前提，才能使个体发挥自主性、能动性和创造性，依据自身能力和道德需要把外在道德规范和道德要求纳入内化过程，才能最终实现道德内化。但高校德育长期以来存在着严重的"排斥主体"的道德倾向，德育过程中无视学生的道德需要和兴趣，通过强制训诫灌输的德育方式进行，窒息了学生的自主性和创造性，学生不愿也不会主动去内化道德规范和道德要求。一些高校教育体制的弊端也严重制约着大学生主体性的发挥，如部分高校德育教学还是以教师为主体，以教材为中心。教学的内容很少与学生的兴趣和现实生活联系起来，学生在教学过程中很难发挥主体性作用。在师生交往上，主体间平等的对话也受到现

---

① ［美］威廉·K. 弗兰克纳：《善的求索——道德哲学导论》，黄伟合等译，辽宁人民出版社 1987 年版，第 247 页。

实中很多因素的制约，生活中的交往更是极其缺乏，再加上社会文化中的学习功利主义和学生心理不成熟、不稳定等因素都严重地影响了其主体性的发挥。缺失主体性的高校德育，无法培养和提高学生的道德判断和道德选择能力，很难将社会道德规范内化到学生的心灵深处，也就无法起到正确指导和促进学生作出道德的行为。无视学生主体性的德育，是不能被学生接受的德育，这样的德育会造成在社会实践中所形成的一系列道德规范体系成为形同虚设的没有任何意义的东西，会导致道德因其"无我"而失去其存在的价值。

充分发挥学生主体性作用可以有效提高道德内化的效果。道德内化是促使学生实施道德行为的基础和前提，是学生从道德"他律"发展到道德"自律"的过程。道德自律形成的基本内核和必要前提就是学生主体性地位的确立。学生接受道德知识，形成道德信念，须臾离不开主体性作用的发挥。首先，学生主体的道德需要是道德内化的根本动力。需要是人们在现实生活中对某些物质或精神方面的渴求而要求得到满足的一种心理状态。心理学研究表明，人的需要是引发人行为的动力。需要一旦被主体意识到，就会以动机的形式来支配人的行为，并通过人的行为来满足这种需要，从而达到自我的塑造和完善。道德也是一种需要，是个体一种内在的精神需要，为个体的道德内化提供巨大精神动力。由于道德需要"具有永不满足性即无限性，因此需要不仅是启动内化活动的原动力，而且还是保持内化活动永不停息向前发展的持续动力"[①]。在社会生活的具体实践中，道德需要就作为一种内驱力促使学生对社会道德规范进行判断和选择，把符合自身道德需要的社会道德规范作为内化的对象，进而实施道德内化活动。如果我们忽视了学生的道德需要，就会弱化学生的道德内化，正因为过去我们片面强调道德的外在约束功能，而没有看到道德是人的一种内在的需要，才导致了道德内化的不力。其次，学生主体的情感因素是道德内化的催化剂。在道德内化过程中，只具备道德认知是远远不够的，还需要有情感的支持和催化。当学生对社会道德规范有了一定的需求，并形成了一定的道德认知，但是还没有实现情感上的认同时，社会道德规范是不能被其真正内化的。只有学生从情感上认同的道德规范，才能进一步

① 黄世虎、陈荣明：《试论思想政治教育过程中的内化机制》，《理论月刊》2001年第3期。

深化道德认知并在实践中积淀下来，内化为自己的道德标准。在现实生活中，如果学生出现道德情感冷漠，道德认知缺乏情感的支持，道德规范就无法内化为学生的道德信念，学生所追求的人生价值和理想就很难在现实社会中实现。再次，学生主体性实践是道德内化的根本途径。人是社会实践的存在，人的主体性在社会实践中生成和发展并得以体现。马克思说过："个人怎样表现自己的生活，他们自己就怎样。因此，他们是什么样的，这同他们的生产是一致的。"① 道德正是人的主体性实践的具体体现。可见，人的主体性只有在实践中才能获得和建构，离开实践，主体性便失去了存在的根基。所以，道德内化要通过人的主体性实践来实现，人的主体性实践是实现其道德内化的根本途径，是人的主体性在实践中的张扬和体现。实践的发展逐步提升着人的主体性，人的主体性提升又将实践推向更高更新的发展阶段。人的道德品质通过实践不断得到提升和完善的过程，就是主体的人对道德不断内化和积淀的过程，道德就是在长期社会实践中通过内化不断得到传播和弘扬的。可见，学生只有在主体性实践中才能认识和把握道德，学生主体性实践是道德内化的根本途径。所以，高校德育就要在道德实践过程中注意运用发挥学生主体性的具体方法，如道德体验、道德探究、道德辨析，等等。这些都有助于发挥学生的主体性，有助于学生的道德内化。因为学生通过体验、探究、辨析得出的结论，学生自然有着深切的感受、深厚的情感和深信的认知，学生会认为是正确的，就会认同内化，就容易形成坚定的道德信仰。通过这些有效发挥学生主体性的方法，能够加强学生道德认知能力的培养，不断强化学生的道德意识，激发学生的道德责任感，有助于积极主动地接受和内化社会道德规范，从而使学生的道德品质在实践中升华和发展，真正结出道德之果。

（二）德育服务过程中实现学生道德内化

服务是实现教育价值的基点。服务是指以自己的劳动尽量去满足他人、社会的需要，服务意识是服务人员自觉主动地做好服务工作的观念和愿望。学校教育服务意识，就是指在教育过程中教师为了更好地实现教育目标，尊重和满足学生教育需求的一种新的思维模式，是对"传道、授业、解惑"的新思考。学校树立教育服务意识，将对德育满足学生的道德需求，促进学生道德内化具有重要的意义和启示。随着人们对教育属性

---

① 《马克思恩格斯选集》第 1 卷，人民出版社 1972 年版，第 25 页。

及其本质认识的深化，教育为人类社会发展服务、为个体发展服务的功能越来越被人们所认可。"教育服务"理念已经成为当今世界许多国家的教育共识。世界贸易组织的《服务贸易总协定》中明确将教育作为了一种服务贸易。教育作为一种服务贸易，其促进社会经济发展和个体发展的服务功能在全球范围内得到了更为广泛的关注，教育就是服务的意识已逐步得到大家的认同。联合国教科文组织及国际标准化组织等也都把学校组织的产品界定为"教育服务"，世界上一些发达国家，特别是欧、美发达国家几乎都持这种观点，并且也都在运行着以服务为目的的教育。但是，在我国"教育服务观"还没有得到广泛的认可，并仍在自觉不自觉地把学生视为"学校的产品"来塑造，这也正是我国教育屡屡出现问题的症结，是我国德育内化缺失，德育实效性低迷、不能走出现实困境的原因所在。为了摆脱德育的尴尬境地，众多专家学者都在试图探索一条尊重人的本质和符合教育规律的德育路径。学校确立和增强德育服务意识，尽可能向学生提供高质量、高标准的"德育服务"，从而尽最大可能满足学生的道德需求，尽力帮助学生积极进行道德内化，促进学生道德素质的完善与发展，可以说是提高德育实效性的大胆尝试。

学校德育服务即教育者以自己最大努力尽可能去满足学生的道德需要。教育者应该树立为学生发展服务的意识，努力探求创新服务途径，为自己的教育对象尽可能提供优质的服务，把为学生的全面发展服务作为自己工作的主线，为学生道德内化的完成和道德人格的健康发展奠定良好的基础。教育者拥有了服务意识，才能把教师和学生的关系定位为服务与被服务的关系，把教师的"教"与学生的"学"看成服务活动的两个方面，教师是"提供教育服务者"，是"引导者、帮助者"；学生是"教育服务的接受者"，是"顾客、学习者"。教师与学生的关系不再处于相对立的层面，而是教师的"教"真正立足于服务学生的"学"，成为一种真正的主体间性的教育服务过程。这样才能做到既符合教育本质及其规律，又最大限度地尊重了人的主体性，从而最充分地发挥教育促进学生内化、实现育人的本质功能。教育服务观是"以人为本"教育的充分体现，是一种科学的教育发展观，"作为整个教育重要组成部分的德育只有把立足点放在为学生服务上，放在为学生的发展服务上，为学生持续地提供一个不断得到改进的、健康良好的、动态适宜的条件和环境，即'教育服务'，方能奏效"①。在德育服务观念下，教师能够以其优秀的服务品质和高尚的道德魅力去赢得学生的尊重，学生与教师一样具有平等的人格和权利，不再享有传统德育观念中天然的师道尊严。在许多方面，教师和学生将成为平等的交流对象，学生在某些时候或某些方面甚至可以成为老师的老师。这样，师生之间形成的是一种和谐的人际关系，彼此间都能够敞开心扉，表达自己的观点、想法和情感，使教师能够准确地把握学生思想品德发展变化的实际情况，可以有针对性地对学生加以释疑、解惑、引导，有助于学生对德育内容的接受和内化。并且，教师要做到以高质量的教学与教育服务活动来吸引学生，为学生提供优质的服务产品，使学生容易信服和接受，必须要认真学习，勤于思考，勇于实践，不断地学习新知识、接受新观点。通过自我修养，逐步提高自身的思想道德素质，以适应不断发展的学生道德内化的需求。德育服务新理念使教师在学生面前要拥有高度的亲和力，注重和学生的情感交流，给学生们更多的尊重和信任，留给学生更多展示自己智慧和才华的空间，也使教师充分发挥自身的教育服务艺术，引导学生主动思考、追求和探索，为学生进行道德内化和实践奠定良好的基础。

德育服务过程中实现学生道德内化，有效促进学生品德养成。帮助学生内化社会道德规范，提升品德素质是德育服务学生的目的之一。德育"服务"学生体现了德育对服务对象——学生主体性的认可，是对人的本质的最大尊重。德育服务理念能够更好地发挥学生的主体性，在为学生做好服务的过程中让学生接受服务内化道德。为此，教育者要深刻认识到道德只有被受教育者内化才能体现德育服务活动的价值所在，要尽可能地向受教育者提供最佳的德育服务产品，积极为学生的道德内化提供健康良好、动态适宜的"外因"条件，即为学生道德内化做好"德育服务"。坚持德育立足于学生服务的本质，通过德育服务来实现学生的道德内化，引导学生养成良好的道德行为，是学校德育服务的根本任务与职责。教育者提供德育服务的过程，就是对学生道德内化进行有效的指导与帮助，促进学生良好品德生成与发展的过程。德育服务学生有效促进道德内化要注意以下几点：一是服务意识贯彻德育全过程。教育者的一切活动和行为都要以为学生服务作为根本出发点，要依据学生内化活动的具体情境来采取适

---

① 何玉海：《服务德育论》，生活·读书·新知三联书店 2011 年版，第 4 页。

合的服务方法和途径，围绕着服务于学生的自主创新学习和自我教育能力适时调整服务策略，可以有效促使学生内化德育内容。二是做好课堂的组织与协调工作。课堂的组织与协调（即组织教学）是德育服务内容有效实施的重要保障，也是教育者与学生互动与协调关系的主要空间与手段。课堂教学要围绕着以"为学生做好服务、让学生接受服务"的目标进行科学、有效的组织与开展，能够保证学生主动积极地接受和内化德育内容。三是确保学生的自主学习和自我教育。要积极引导学生对所学习的内容，采取各种适宜的形式主动展开自主探究和讨论，鼓励学生通过自主学习得出结论，更易于学生去接受和内化。四是坚持指导与帮助原则。教育者要有良好的服务态度，不把自己的观点强加于学生，只是积极提供客观的材料，对德育问题予以客观的评价，让学生自觉内化。五是坚持把课堂还给学生。课堂是学生的课堂，教师只是利用课堂作为教育服务学生的途径和手段，所以教师要把握好"导"的适量时间。不需要教师过多地讲解与阐释，只要让学生能够明白其中的道理即可。如果服务的课堂内容能够满足学生的需求，学生喜欢认可，自然去接受和内化。六是德育服务方法要灵活，形式要多样。一方面，要注意结合具体情景选择教育服务的方法、途径、手段和内容，并适时进行调整和改进，有助于学生接受和内化服务内容；另一方面，通过评价反馈信息及时完善德育服务质量，确保学生内化始终处于积极活动状态。① 这样，通过德育为学生实施全面服务，使学生在享受服务的过程中轻松、愉快地学习和内化德育内容，陶冶道德情感，提升道德素质，培养学生良好的道德行为习惯。

二　坚持德育以内化为基点，实施道德内化策略

基点是一个几何学的概念，是指构成图形轮廓的各相邻几何要素之间的连接点。在这里借用几何学的概念，把内化作为德育的基点，是指内化在德育过程以及与德育过程密切相关的事物之间关系中处于基点的地位。坚持德育以内化为基点，重视和把握好内化，才能顺利地实现道德外化，把学生培养成为有德之人。

（一）把道德内化作为德育过程的基点

判断一个事物能不能作为基点，就要看该事物是否具备基点的基本属

---

① 参见何玉海《服务德育：运行机理与实施策略》，《天津师范大学学报》（基础教育版）2013 年第 7 期。

性。基点原指构成图形轮廓的各相邻几何要素之间的连接点，由基点的几何学原初含义可以解析出起点性和承接性是基点的根本属性。起点性指基点是连接相关事物的开端与起始；承接性指基点是前一事物与后一事物之间承前接后的联络点。之所以把道德内化看作德育过程的基点，是因为道德内化具有基点的根本属性。第一，道德内化具有起点性。道德内化在德育过程中的起点性，是指只有通过开展道德内化活动，使个体内化了德育内容，接受了德育实施的教育影响，才能顺利开展道德外化，完成德育过程。相反，如果个体没有进行道德内化活动，就无法使个体真正内化德育内容和接受德育影响，造成个体道德外化不能顺利进行，也就无法完成德育过程，个体的道德品质也就不能有效提升。即使个体偶尔表现出道德的行为，也往往是"口是心非""表里不一"的表面、虚假的道德现象，而非"言行一致""表里如一"的实实在在的道德行为。通过道德内化，使德育内容融入个体的心灵深处，使个体发自内心地认同、接受和内化时，个体才能够做到和愿意以社会道德规范为指导，积极完善自我道德品质，提升自我道德境界。所以，道德内化具有基点的根本属性之一——起点性。道德内化的起点性也使得其成为德育过程要完成的基本目标。第二，道德内化具有承接性。道德内化在德育过程中不仅具有起点性，而且具有承接性。德育是教育者遵循一定社会和教育对象的需要，"根据教育对象思想品德生成的规律，将社会道德规范内化为教育对象的品德并引导其外化为道德实践，以实现其道德人格自主建构和价值引导的教育活动"[1]。德育总是力争将社会道德规范传导给个体并引导个体作出道德的行为。可见，德育活动是否有效及效果如何，最终是以个体能否实现道德外化，作出道德行为为尺度来印证和衡量的。但个体道德行为的发生必然是在其自身道德意识的指导和道德信念的支撑下进行的，这就是说德育要想发挥其教育影响，首先要让社会道德规范与个体发生作用，并且和个体思想发生对接，这就需要有一个承接物，这个承接物可以起到把社会道德规范传导给个体的作用。我们知道，道德内化正是通过教育者把社会道德规范与个体思想发生连接，通过教育者把社会道德规范传导给个体并对其产生教育影响，使个体接受社会道德规范，形成道德意识和道德信念的活动。由此可见，道德内化就成了承接德育实施的教育影响与个体的特殊物质，同时

---

[1]　戚万学：《学校德育原理》，北京师范大学出版社 2012 年版，第 9 页。

具有基点的另一根本属性——承接性。

正是因为道德内化同时具有基点事物的两个根本属性，所以我们说，道德内化是德育过程的重要基点。具体表现为道德内化是保障道德外化得以顺利实施的基点。通过道德内化，可以使个体接受社会道德规范，具有自觉的思想道德意识，形成坚定的道德信念，在道德实践过程中能够自觉运用道德观念处理和解决现实生活中遇到的各种道德问题，有力保障个体道德外化的实施；道德内化还是促使个体接受社会道德规范、外化道德实践，促进德育过程完成，取得良好德育效果的基点。通过道德内化，使社会道德规范得到个体的深度认同和坚定信奉，为引导和督促个体积极践行社会道德奠定了基础，从而使个体成为有道德的人，过上积极、健康的道德生活。

（二）以道德内化为基点实施德育策略

作为基点的道德内化是道德外化得以进行和实现的可能。德育过程是内化和外化的有机统一，内化是把一定的道德规范、要求内化为个体的道德观念，外化是把内化了的道德规范、要求表现为个体的外在行为。其中，道德内化是德育过程的重要基点，是道德外化能够进行的前提和基础。德育只有首先完成内化，外化的继续才有可能，德育才能达到"塑造道德主体"的最终目的。道德内化的实质就是把外在于个体的社会道德规范和要求内化为个体自身的价值观念和行为准则。作为德育过程的基点，道德内化制约着道德外化实现的可能。在社会现实生活中，个体受各种复杂因素的影响，不可避免地会遭遇各种道德困境，道德内化可以使个体形成道德信念、提高道德素质，在解决道德困扰选择道德行为方面起到不可替代的作用。首先，道德内化可以帮助个体建立起内心的价值尺度和法则，才能对自身行为进行约束和控制，使道德外化有了可能。如果个体没有经过内化形成道德观念，就缺乏道德的引导，他服从的只能是自己的天性，不能对自身行为进行规范和制约，就不能保证行为的道德性。道德内化的使命就是开启个体的道德意识，促使其道德外化行为的发生。其次，个体建立起来的内在的道德价值法则和尺度，能够帮助个体于道德冲突情境中自主调节情绪、态度，能动地进行自我教育，达到心理上的平衡，帮助个体把握自己行为的方向，真正地实现自己的价值，使道德外化成为可能。"目失镜，则无以正须眉；身失道，则无以知迷惑。"① 如果个体没有内化的坚定道德准则，就无以明辨是非，也就无法从迷惑中走出来，道德的外化行为就成为一句空话。

以道德内化为基点，实施有效德育策略，保障德育目标顺利完成。"德育目标，就是指一定社会对教育所要造就的社会个体在品德方面的质量和规格的总的设想或规定。"② 这种设想或规定的实现离不开社会个体对教育内容的内化和接受。培养和完善学生的德性是高校德育的根本目标，这一目标的实现同样离不开学生对德育内容的认同和内化。高校德育必须关注学生的道德内化，以内化为基点采取适宜的德育策略，促进学生德性的养成。第一，要明确教育者的道德内化意识。教育的核心是学生在教育者的帮助下自主创新性学习和自我教育的活动过程，教育者只有树立道德内化意识，才能避免单向地强制灌输，尊重学生的道德需求，采取学生喜欢的方式引导学生内化德育内容，形成道德观念，才有可能促使道德外化。第二，努力构建学生道德内化的平台，开拓学生道德内化的空间。德育要注重适合学生内化的方法、手段、途径、内容等的选择与运用，注重发挥学生主体性作用的"自我教育、自我管理"，积极为学生搭建能够进行道德内化的平台。如运用体验法、探究法、辨析法等，使学生通过自身的体验、探究和辨析自己得出结论，他们才会真正从内心、从情感上达到对道德规范的认同，很容易就能实现内化，是促使学生内化的有效平台。第三，优化外部条件，促使学生道德内化。学生也是社会中的人，他们的喜怒哀乐都与所处环境密切相关，环境有着重要的育人作用，良好的道德环境氛围非常有利于学生的道德内化。因此，高校德育要积极为学生道德内化创造良好的环境条件，如通过榜样的示范作用。榜样在促使学生道德内化方面的力量是无穷的，榜样的美德和人格魅力会对学生产生巨大的精神震撼。第四，加强德育实践，促使学生道德内化。学生只有通过"行"，才能发现自己"知"的不足和缺陷，才能促使学生不断加强道德学习和内化，并进一步去指导"行"，最终实现"知行合一"。学生完善了道德观念，提升了道德品质，养成了道德行为习惯，高校德育目标最终得以实现。

---

① 《韩非子·观行》。

② 鲁洁、王逢贤：《德育新论》，江苏教育出版社 2002 年版，第 177 页。

三　坚持德育回归生活，加强道德内化现实性

坚持德育回归生活，源于道德离不开生活，德育对象在生活中成长。德育在生活中进行，有助于个体对德育内容的接受和内化，能够增强个体道德内化的真实性和现实性。

（一）德育回归生活有助于内化

坚持德育回归生活、在生活中进行有助于促进内化，是因为德育内化与生活有着内在天然的联系。一方面，德育内化具有生活价值。德育原本就是生活的一部分，与人们的生产生活是直接统一的、融为一体的，只不过随着社会生活的发展，德育从生活中剥离出来成为一种相对独立的教育形态，但它的生活价值是不会丧失的。德育也是学生的一种生活，是一种让学生能够过上更好的道德的生活。"没有生活做中心的教育是死教育。"① 这个阐述生活与一般教育关系的命题在德育理论研究中可以具体化，进一步引申为"没有生活做中心的德育是死德育"。生活与道德具有一体性，生活是道德赖以成长的土壤，离开生活的道德是抽象的、知识的，只是一种没有实质意义的存在形式。学生的道德生活不能是独立于学生生活之外的所谓纯道德的生活，道德总是要寓于学生生活的各个方面。德育内化在生活中进行、回归学生熟悉的生活，学生才能感觉到是真实有效的，才愿意接受和内化来自于生活的德育内容，也使德育内化具有生活的价值。另一方面，生活具有德育内化的价值。马克思指出："人创造环境，同样环境也创造人。"② 人是环境的产物，环境具有塑造人、培育人的功能。"孟母三迁""近朱者赤，近墨者黑"就充分说明了环境对人发展的重要影响。生活作为环境的重要组成部分，能够使人发生巨大的变化，这种变化恰是德育内化功能发挥的体现。人的生活过程也就是接受内化社会或他人施加德育影响的过程，同时也是对社会或他人实施德育影响的过程，而且，这两种德育内化影响都是在潜移默化、耳濡目染中不自觉、无意识却又深刻地进行着。由此，生活具有深刻的德育内化价值。杜威的"生活即教育"的观点就是对生活具有德育内化价值的简明表述。陶行知则更是对生活的德育内化价值进行了朴实的解说："过什么生活便

---

① 陶行知：《中国教育改造》，东方出版社1996年版，第150页。
② 《马克思恩格斯选集》第1卷，人民出版社1995年版，第92页。

受什么教育……好生活是好教育，坏生活是坏教育；高尚的生活是高尚的教育，下流的生活是下流的教育；合理的生活是合理的教育，不合理的生活是不合理的教育。"① 总之，生活与德育内化有着内在、天然的密切联系，生活具有深刻的德育内化的价值。

源于生活、回归生活的德育内化能让学生有真实的生活感，更容易让学生接受。德育内化在生活中进行更易于促进学生内化是基于以下优势：第一，德育内化回归生活、在生活中进行，能够选择在现实生活实践中形成并经生活实践确证和完善的德育内化内容、方法和途径，是学生熟悉的、认可的，能够保证内化顺利进行。第二，德育内化回归生活，在生活中进行，使德育所传导的内容充满生活气息、富有生命的活力，学生能够从中体悟到生命的价值和生活的真谛，愿意接受这些鲜活生动的德育内容。第三，德育内化回归生活，在生活中进行，可以把德育内容和学生已有生活经验相连接，引起学生心理活动的冲突与变化，激发学生对德育内容的情感体验，有力促进学生对德育内容的内化。杜威曾指出："在各种不确定的情况下，有一点是可以永久参照的，那就是教育与个人经验之间的有机联系。"② 德育内化回归生活、在生活中进行，能够结合学生思想品德形成的特点，准确把握学生的道德需求，这样的德育才能真正解决学生的道德困惑，学生也才愿意去接受内化德育内容。德育有效发挥了对学生生活的引导作用，使学生找到生存的根基，让学生更多地去享受那种美而善的道德生活。

（二）生活促进内化的具体要求

传统的学校德育内化脱离了学生真实的生活情景，以开设专门的德育课程、讲解单纯的道德条目和规范为主，学生学到的是一大堆没有内化的道德知识，在现实生活中不能发挥其指导作用而常常使学生陷入道德迷失与困境之中。德育内化回归生活、在生活中进行，使学生感受到德育内化的价值，有助于学生自觉、自愿地进行德育内化。同时也使学校德育"实现与社会现实的视域融合，克服学校教育与现实社会的脱节，贴近学

---

① 《陶行知全集》第 2 卷，湖南教育出版社 1985 年版，第 288—289 页。

② ［美］杜威：《杜威教育论著选》，赵祥麟、王承绪编译，华东师范大学出版社 1981 年版，第 350 页。

生生活实际，赋予学校德育更多的生活趣味，丰富和扩展学校的德育资源"[①]。当然，生活世界是一个具有弥散性、自发性和真善美与假丑恶交织混杂的世界，真善美、假丑恶都是其中的一部分，不能认为其中的一切内容都可以搬到德育中来，德育要对生活世界内容作出辨别和选择。如果不加选择、不经改造与过滤地把生活世界完全搬到德育中去，则有可能给学生品德的成长带来负面消极的影响。但是，又不能因为负面的影响就逃避甚至放弃了生活对德育功能发挥的特殊作用。相反，"生活世界中的'假丑恶'从可以增强学生的'免疫力'和抵抗力的角度来看，如果对'度'的控制得当，可以成为有效的德育资源"[②]。

高校德育最终目的是使学生过上道德的生活，这就要求德育内化必须深入学生的生活世界中，把学生生活作为德育内化的根源和基础。这些源于学生自己生活和自己亲身感受的德育内容，学生才觉得真实、有效，能够帮助他们切实解决道德问题，教会他们学会生存并过上真正的道德生活。这样的德育内化可接受性才强，德育也因此而变得"有效"。德育内化回归生活、在生活中进行，要求做到：

德育内化回归生活，要求内容上联系生活、体现生活性。主张德育的主题和素材主要来源于生活，不能只从伦理著作中选取经典理论，给学生传授各种抽象而生硬的大道理。即使德育内容中一些抽象的概念、原理也要尽量还原于其所体现的丰富多彩的生活，与学生的直观生活相联系，或用学生生活中生动的素材加以确证或否认。从生活中取材，教育者就要善于从学生的已有生活中捕捉有教育价值的信息，用学生"身历"或"心历"的富有道德意义的生活事件来激发学生的道德体验和道德思考。教育者还要善于把学生经历的现实生活特意进行"重组"，将静态的德育内容与学生丰富多彩的现实生活相联系，重新诉诸学生的听觉或视觉，使学生通过反思来感悟生活的道德意义。这种"精彩回放"的德育才能激发学生的生命活动，对学生才有较强的感染力，使学生愿意去看、主动去感受从而产生新的顿悟和启迪。

德育内化回归生活，主张方法上贴近生活，注重体验和实践。脱离生

---

① 檀传宝、班建武：《实然与应然：德育回归生活世界的两个向度》，《教育研究与实验》2007 年第 2 期。

② 冯文全：《关于"生活德育"的反思与重构》，《教育研究》2009 年第 11 期。

活的德育内化往往是通过外在的说教、灌输传授僵硬的道德规范知识，学生完全是被动地学习，不愿意接受和内化，这种单向、被动式德育内化只能是事倍功半甚至无功而返。因此，回归生活的德育内化克服了灌输、说教德育的弊端，能够贴近学生的生活，尽可能突出体验与实践，让学生在"做中学"、在"学中做"，培养感情、锻炼意志、确立信念，实现道德内化。如情感激励法、冲突引导法、讨论法、角色体验法等，这些贴近生活，能够让学生亲身体验和感受的内化方法，就很容易激起学生情感上的共鸣，积极主动地接受德育内容，将会使学校德育内化收到事半功倍的效果。

德育内化回归生活，还要注意内化实施要遵循学生生活的顺序与逻辑。也就是德育内化要从学生此时此地的实际生活中进行，而不是仅仅按照知识体系的逻辑或社会现有的经验出发来设计。不能仅仅从构想、应然推演德育内化体系，而应从学生生活发展的轨迹构建内化体系，尽量使德育内化的编排与学生生活的进程保持一致。据此，德育内化的选择"要遵循'儿童周边的现实生活——扩而展之的人类社会生活——升而提之的面向未来的可能生活'的路径，而不是从抽象的深奥的道德概念出发"①。重点应转向引领学生去追求一种高尚的生活、理想的生活，要引导学生对生活的审视、批判与超越，进而去努力创造未来的道德生活。

四　坚持德育方法立足实践，增强道德内化实效性

德育方法是德育理论的基本问题，任何德育活动都需要借助一定的方法才能完成，只有德育方法恰当，才能最终达成德育目标。道德内化方法是道德信息的传递者对内化主体实施道德影响的基本途径和手段，合适的内化方法对完成道德内化活动、达到成功内化道德的目的发挥着非常关键的作用。坚持德育方法立足实践，正确选择和运用道德内化的科学方法，是实现道德内化目的、完成内化道德任务、增强德育内化实效的关键。

（一）注重有效德育内化方法的运用

内化方法的选择运用直接影响到内化的效果。传统的德育内化方法往往采取教师的单向灌输，这种"你讲我听、你打我通"的强制学生接收的传输方法，缺乏信息的及时反馈，教师很难准确把握学生的真实心理反应，

---

①　冯文全：《关于"生活德育的反思与建构"》，《教育研究》2009 年第 11 期。

学生往往是口服心不服。大学生思想活跃、反应敏捷，但往往兼收并蓄、良莠不分；注重自我存在、价值取向多元，但缺乏自我判断力和自我控制力；使得大学生的内心思想活动既单纯又复杂，思想道德问题既呈现多样性又表现出多因性。传统的强制灌输完全是从教师的主观愿望出发，把教师的观点和德育要求硬加给学生，让学生无条件接受、服从和执行，压制了学生的主体性，极易引起学生强烈的逆反心理，造成他们对教师所传授德育内容的反感和拒斥，导致内化的低效、无效，甚至负效。"灌输只能在一定程度上改变人们的行为，但不能从根本上转变人们的观念"①，因此，要提高德育内化的效果，就要结合学生的思想特点和品德发展规律，改进和创新高校德育内化方法，注意采用启发的、对话的、师生双向互动的方法，以及体验、探究等充分发挥学生主动性的教学方法，来构建起以"学生"为本的内化机制，"唤起学生个体的自我意识、尊重个体的主体地位、发挥个体的主体能力、塑造个体的主体人格"②。运用对话和教师引导下学生自主建构思想品德的德育方法，能够有效提高德育内化效果。

方法作为一种工具性的体系，本身并没有好坏之分。方法是一种为了实现目标而必备的理性工具，万能的方法是不存在的，任何的方法都有两面性，既有优点也有不足。长期坚持在教学第一线的教师深有所感的"教学有法，但无定法，贵在得法"就是这个道理。马卡连柯告诉我们："任何的教育方法，甚至像暗示、解释、谈话和公众影响等我们通常认为最通行的方法，也不能说是永远绝对有益的。最好的方法，在若干情况下，必然成为最坏的方法。"③"没有任何十全十美的方法，也没有一定有害的方法。"④ 同样，在德育内化过程中没有最好的方法，只要能够唤起学生学习德育内容的兴趣、学生易于接受的方法就是合理的方法，合理的德育内化方法是在不断的德育实践中产生的。德育内化方法的选择要注意以下要求：第一，以人为本、系统整合。德育内化方法应该由物化理念转变为人化理念，"用'人'的方式去理解人、对待人、承认学生是具有独

---

① 鲁洁、王逢贤：《德育新论》，江苏教育出版社 2002 年版，第 619 页。

② 郑润凡、周月朋：《高校德育方法创新思考》，《北京联合大学学报》（综合版）2004 年第 4 期。

③ ［苏］马卡连柯：《论共产主义教育》，刘长松等译，人民教育出版社 1962 年版，第 237 页。

④ 同上书，第 125 页。

立人格的人、能动的人……从限制性转向发展性，以人为本，解放和发展人的德性潜能"①。合理的德育内化方法不是一种或者几种方法的简单组合，应是一种或者几种方法有机整合的方法体系。因为任何游离于系统之外的单个因素，"就其本身而言是没有意义的，它的意义事实上由它和既定情境中的其他因素之间的关系所决定的"②。所以，教育者必须要坚持系统整合的思想，不断更新具体的德育方法，形成最适合实际情况的德育方法。第二，注重对象、发展创新。德育内化过程是教育者与受教育者一起共同参与的教育活动，德育内化方法的选择运用必须本着注重对象的指导思想。现代社会是一个创新的社会，教育关注的是人的主体性与能动性，要不断发展创新德育方法，充分发挥教育者的教育作用和受教育者的自我教育作用，使德育更加适应社会的急剧变化。第三，预测为主、实效优先。"凡事预则立，不预则废。"在做任何事情之前，必须要有科学的预测、足够的准备，才能在适当的时间采用适合的方法解决问题。德育内化要充分考虑受教育者所处环境的各种内外因素的影响，选择合理适宜的内化方法，才能够真正实现成功的内化。

（二）德育内化方法要凸显实践性

实践性方法有助于德育内化，促进个体德性养成。德育中的"实践"是指"在学校德育过程中，作为主体的学生在自身道德需要的推动下自主参与，以自我道德意识作为调控机制，能动地、现实地与道德客体发生相互作用而实现双向对象化，以促进个体道德整体发展和社会进步的过程"③。实践自身具有以下特征，能够有效促进内化的完成。第一，实践是主、客体之间双向对象化的过程，即主体客体化和客体主体化过程。主体客体化是指学生主体通过实践改造和促进社会的和谐进步；客体主体化是指学生通过道德内化实践活动扬弃并丰富自身规定性，成为道德不断完善的个体。可见，德育实践不仅具有促进社会进步的功能，更主要、更根本地在于满足学生的道德需求，促进学生自身道德的发展与完善。而这两种德育功能的实现是以学生对社会道德规范的掌握、认同为前提和基础的，所以实践能够有效促使学生去主动认知、内化社会道德规范。第二，

---

①　彭未名：《德育之为德育——大学德育研究的前瞻性评述》，《现代教育科学》2004年第1期。

②　[英] 霍克斯：《结构主义与符号学》，瞿铁鹏译，上海译文出版社1987年版，第9页。

③　范树成：《实践德育论纲》，《教育理论与实践》2006年第7期。

实践具有直接现实性。德育实践中学生通过体验、探究、交往等道德实践活动，对社会道德规范形成了直接的认知、感受和体验，这些道德的认知、感受、体验是由学生在现实的道德实践中自己直接得出的，是学生自身的"真知""真情"，这样的"德知""德情"才能够得到学生的认同，学生才愿意接受和内化。直接现实性特征使实践能够有效促使学生对社会道德规范的内化。第三，"德知"与"德情"的整合性。一般的实践中人们也产生情感，但这种情感并非主客体关系的情感，而是由于实践活动同个体需要的关联而产生的情感。但道德实践是一种客体主体化和主体客体化的主客相融状态，个体对主客体关系不是单纯的认知把握，而是带有情感的认知把握。所以，道德实践中获得的认知与情感是相融的，认知是带有情感的认知，情感是认知基础上的情感。这种德知与德情的统一，更有利于学生的道德内化。

建构有效的道德实践，积极促进学生实现道德内化。亚里士多德认为："人的德性就是既使得一个人好，又使得他出色地完成它的活动的本质。"[①] 他把德性分为理智德性和伦理德性，理智德性指人的智慧、理解、审慎等，伦理德性指人的慷慨、节制等。认为伦理德性是人在道德实践中通过学习和训练养成的。"美德是一种行为。德行是一种技艺，技艺的进步需要实践。"[②] 可见，个体的道德内化及德性的养成离不开实践，实践是道德内化最根本、最有效的方法。有效的道德实践应符合以下要求：第一，要把学生作为道德实践的主体。学生主动参与并成为实践主体的道德实践才是有效的道德实践。因为这种道德实践是学生自己确定活动方案，主动、自愿参加的具有道德意义的活动，学生能够通过亲身的合作、交往、操作、体验、劳动、志愿服务等，提高道德认识，生成道德情感，有助于学生道德内化的实现。第二，要坚持道德实践的常态化。有效的道德实践具有连续性和全面性，应是常态化的道德实践。利用节假日开展与节假日所蕴含或倡导的道德意义或道德观念相一致的道德实践活动，可以有效促进学生道德内化的实现。但是节假日的时间和场域毕竟是有限的，而学生的道德内化是在经常性的、各种场合的道德实践活动中完成的，因此，要利用一切可以利用的时空引导学生开展学校的、家庭的、社会的道

---

① ［古希腊］亚里士多德：《尼各马可伦理学》，廖申白译，商务印书馆 2003 年版，第 45 页。

② ［美］布鲁巴克：《高等教育学》，郑继伟等译，浙江教育出版社 1987 年版，第 86 页。

德实践，保持道德实践的"全时性"和"全域性"。第三，要保持道德实践的深度性。形式化、表面化、机械化的实践就是走过场，对学生来说犹如昙花一现，留不下什么印象，不能使学生领会实践活动的道德意义。道德实践必须要有一定的深度，使学生感受深刻，才能记忆犹新。因此，道德实践活动中要注意引导学生理解所要实践的道德规范的意义、价值，对道德实践的过程、结果进行体悟与反思，加深对有关道德规范的理解，提高对道德实践意义的认识，在实践中体验道德、感悟道德、内化道德。

五　坚持德育评价以内化实效为目标，完善道德内化

任何一种活动都需要通过评价来进行反馈、优化和完善。道德内化作为个体品德建构活动，需要通过评价反馈信息对德育内化活动及其效果的价值作出判断，并及时进行德育内化的目标调整、方法改进和过程优化，以提高德育内化的实际效能。科学规范的道德内化评价既是德育内化过程不可缺少的一个重要环节，也是提高德育内化实效性的重要条件和保障。

评价是人类的一种特殊认识活动，"它与认识世界'是什么'的认知活动不同，它是一种以把握世界的意义或价值为目的的认识活动，即它所要揭示的不是世界是什么，而是世界对于人意味着什么，世界对人有什么意义"[1]。评价是一种价值判断，是人把握客体的意义、价值的主体观念性活动。基于内化的高校德育评价即一种价值判断，不是去研究德育内化什么，而是要研究德育内化怎么样，研究德育内化的效果和价值的实现程度。科学化、规范化的评价对协调和深化下一步德育内化活动，增强德育内化的针对性和保障内化的实效性具有重要作用。

传统德育评价是一种总结性评价，是以鉴定、选拔及评优为主要目的的单一性评价。这种评价往往以主观定性评价为主，缺乏客观定量分析。即使有一些定量的评价，也只是单纯针对学生道德行为的简单分析，缺乏对学生道德内化过程的关注。因此，传统德育评价难以起到保障和提高德育实效性的作用。基于道德内化的高校德育要求德育评价必须立足于学生内化的实效性，是一种能够反映学生真实道德状况和促进学生道德内化的评价。

（一）以学生道德内化实效为评价标准

所谓实效，指的是人的行为所产生的实际效果。学生道德内化实效是

---

① 冯平：《评价论》，东方出版社 1995 年版，第 30 页。

指学生通过道德内化活动对教育者所传递的道德信息进行内化的实际效果。基于道德内化的高校德育评价，应以学生道德内化的实效为评价标准，应强调学生道德内化的效果，强调整个评价体系都要以保障学生德性的发展与完善为核心和目标。道德内化是一种以社会道德规范为载体的价值内化，道德内化的目标是建构个体的品德结构，促进个体的德性养成，增强个体的社会适应性，培养个体学会做人做事。但道德内化本身是一种内隐的活动，其实际效果也是内隐的。这就需要以外化的道德行为来确证和显现道德内化的实际效果。虽然个体对社会道德规范的内化效果可以通过外显的道德行为进行验证，但并不是所有的内化都能外化为道德行为的。在不具备一定道德情景的条件下，即使已内化的道德规范也不会外化为具体道德行为。所以，对道德内化实效的评价，既要考虑凭借道德外化来印证道德内化结果，又要考虑道德内化的实际进展过程。完善的道德内化评价应是对内化系统的形成性评价，具体包括结果性评价和过程性评价两个方面。结果性评价是指对学生最终品德建构的水平评价；过程性评价主要是指学生参与内化活动及其详细内化状态的评价。

　　道德内化尽管是一种内隐的活动，但其同时是具有表象性和可知性的。人的内在品德往往会通过外化的言行表现出来，能够反映在日常的学习、工作和生活中，这就为我们进行德育评价提供了可感知和可测定的客观依据，为衡量道德内化效果提供了可能。道德内化的结果更多、更直接地表现为精神成果，虽然一个人内在的思想品德我们不能进行直接的观测，但可以采用间接的行为测量方法来获得，通过观测个体的具体行为、态度表现、语言表情等把抽象的精神成果具体化，来分析个体的思想道德状况。对道德内化效果的评价首先可以从道德内化活动是否带来了可目测到的结果，即从个体品德的个别特征和现象入手、从个别现象和行为表现入手，来认识个体的道德内化状况和体现出的思想道德面貌特征。道德内化的评价可以以学生道德外化的行为作为参照，主要是看学生能否自觉实施道德行为，过有道德的生活。"判断一个人当然不是看他的声明，而是看他的行为；不是看他自称如何如何，而是看他做些什么和实际是怎样一个人。"①但是，仅凭一次道德行为不能准确判断学生的道德内化状况，况且通过行为间接测量人的思想又是一个非常复杂的问题，因为人的行为能够正确反

---

① 《马克思恩格斯选集》第 1 卷，人民出版社 1995 年版，第 560 页。

映人的思想，也可能扭曲人的思想表现，如"口是心非"现象的经常出现，这就无疑给道德内化效果的评价带来了很大的难度。但长时期内表现出的经常性的道德行为可以较为充分地反映出学生的道德内化状况。这就要求我们在对学生的道德内化效果进行评价时，不能通过一次迟到、一次违纪所折合成的分数，来简单地判断学生的道德内化的情况。对学生道德内化的科学评价，要注意对学生进行长期的系统考察，注意辨别和排除那些与内化无关的表面现象，通过对一定时期内个体表现的诸多可测行为进行综合判断，以得出准确的学生道德内化情况的考察结论。

但道德内化毕竟是学生内在的心理活动过程，其道德情感、道德意志、道德信念等无时无刻不在发生各种变化，由此，德育内化评价要坚持过程与效果相统一的评价标准，才能对德育内化活动作出科学合理的评价，推动德育内化活动持续健康地发展。过程性评价即对学生道德内化投入状态的评定。学生道德内化的过程，也就是学生陶冶道德情感、磨炼道德意志、坚定道德信仰、提升道德境界的过程。学生时代可谓一生中最佳的教育期，接受教育的可能性很强，学生的可塑性非常大，品德的发展也处于不断完善时期。对学生道德内化的过程性评价，与其说能够反映出学生品德的好坏，不如说是对学生道德内化基本状况的考察。德育内化评价应当充分关注学生道德内化的过程，以过程的把握实现对结果的控制。通过把握学生在道德内化过程中的态度、情感和行为表现，引导学生在内化活动中的体验感悟，重视学生在道德活动中所付出的努力程度。即使活动没有达到预期的效果，也丰富了学生的道德生活经验，有利于道德内化的继续开展。再者，道德内化评价的目的是为了提高德育内化的实效，促进学生品德更好地发展，所以学生也应当成为评价的主体。充分发挥学生在道德内化评价中的主体作用，可以增强学生的自我教育能力，提高学生的道德意识，促进德育内化的完成。

（二）评价方法有利于学生道德内化

德育内化评价方法要注意同评价内容相适应。传统德育内化评价通常惯用闭卷考试方法进行，这样的闭卷笔试不能准确确证学生道德内化的真实情况。因为考察的仅仅是学生接收道德知识的分数，而且，不合格的成绩并不意味着学生没有接收道德知识；优秀的成绩可以表明学生良好地接收了道德知识，也并不意味着学生一定内化了道德知识，或者接收然后发展为接受，或许仅仅也就止于接收。所以，传统德育内化评价的考试成绩是根本不能反映出学生道德内化的真实情况的。因此，要准确评价学生的道德内化状况，必须采用有利于学生道德内化、促进学生道德内化的评价方法，即以学生道德内化为关注点。如问卷调查法、行为观察法、情境测验法等都可作为有效的德育内化评价方法。要做到有利于学生道德内化的评价，必须要注意以下三点：一是关注评价的真实感。任何评价都要关注个体行为动机的探测和监控，否则评价就失去了灵魂。但对个体动机的观测要让其进入一种自然状态，评价才可能达到真实的境界。为此，应构建起生态性道德内化评价系统，有意识地去模糊或淡化评价活动与教育活动之间的界限，真实、自然地进行评价更有利于学生道德内化的完善与发展。二是追求评价的激励性。道德内化评价要强调以客观性、科学性为基础，同时更要强调评价的激励作用。评价的最终目的是促进德育内化的完成，是实现学生德性的发展，这是高于一切的教育原则。道德内化评价要以客观性、科学性为基础，坚持公平、公正的评价原则，学生才相信评价的结果，才能够激励学生进一步完善和继续道德内化。道德内化的过程应当成为不断激励学生品德发展的历程。三是回归评价的反思性。道德内化作为个体道德品质的内在自觉机制，本身就是建立在道德反思基础之上的。个体应通过内化评价的自我反思，督察自身道德内化的问题与不足，以改进和创新道德内化。回归评价的反思性，有助于学生对道德内化过程的积极改进和完善，有利于道德主体的形成。

　　品德是个体内在稳定的心理特征，在一定的社会情境中是可以通过某种行为方式表现出来的，使得内隐性的品德建构活动——内化具备可评价的客观基础。但社会情境的多样性与人的内心世界的复杂性，决定了人的外在道德行为表现也是灵活多变的。要对多种社会情境下的个体道德行为表现进行综合分析和判断，才能准确地评价个体的道德内化状况。这就要求我们必须采用自我评定、同伴评议、教师评价及家长评价的多主体评价，并结合多种方式进行整合评价，以达成较为客观的道德内化评定，来提高德育内化评价的准确度。这样的评价结果学生才能相信，才能以评价结果反馈的信息去调整、改进和完善道德内化。因此，有利于学生道德内化的德育评价不能是单一性评价，要体现评价主体的多样化，要通过学校、教师、学生自身等多方面相结合的综合性、整体性评价，做到真实反映学生的道德内化状况。道德内化评价还要注意调动学生参与评价的积极性，引导他们以评价为契机推动道德内化的实现。再者，道德内化评价的内容要全面反映学生思想品德的全貌，不仅包括学生对道德知识的理解掌握，还要体现学生在道德情感、道德信仰和道德意志等方面的发展，使得道德内化评价能够充分反映学生的道德内化状况。因此，科学合理的德育内化评价，是既关注学生道德内化的结果，又重视学生道德内化过程的评价。通过这种评价方法，能够有效引导学生对照评价反馈信息进行道德内化的完善，充分调动学生在道德内化中的积极性、主动性，不断反思自我、完善自我、提升自我，使学生愿意、主动地过有道德的生活，做有道德的人。

高校德育内化的路径选择，是在对高校德育现实考量的基础上，从内化的视角对高校德育发展策略的思考和探讨。高校德育内化的实施，会受到不同层次、不同方面的多种因素的制约和影响，德育内化如何与学生实践进一步有机结合，德育内化如何更具有针对性和操作性，以保证学生自主、自愿、自觉地进行道德内化，真正成为道德的人、过有道德的生活，都是今后需要进一步深入研究和继续探讨的问题。

结　　语

　　德育是教育者根据一定社会和受教育者的需要，遵循受教育者思想品德生成的规律，将社会道德规范内化为受教育者的品德并引导其外化为道德实践，以实现受教育者道德人格建构和道德品质提升的教育活动。德育过程实质上是受教育者内化道德规范和外化道德行为相统一的过程，道德内化和道德外化是互为条件、相辅相成、相互促进的辩证统一关系。其中，道德内化既是德育过程的首要环节，是实现道德外化的基础和前提；又是德育过程第一次质的飞跃，是完成德育过程的基础阶段和基本目标。同时，德育还是进行道德内化的一种有效途径和方式。道德内化在高校德育中处于特殊的地位，对高校德育实效性的提高具有至关重要的作用。探讨道德内化理论，拓展高校德育研究的新视野、新方法，对高校德育理论与实践都具有重大的现实意义。

　　当前，我国高校德育往往将单向灌输作为学生学习道德的主要手段，表面看来，学生对道德知识熟知、熟记、熟背，但在现实生活中却不能必然地作出道德行为。这意味着学生其实根本没有真正接受和内化，只是机械、僵化地照单接收这些道德知识而已。在全球化、网络化、文化多元化和后现代主义思潮来势凶猛的社会发展形势下，我国开始步入多变、多样、多元的社会时代，仍旧采用不合时宜的传统德育手段已经无法让学生发自内心地去接受和信仰道德。高校德育内化的缺失和偏差，使得我国高校德育实效性不强，德育实践陷入困境和误区，成为目前很沉重的社会现实问题。以往不少研究者多是从影响个体品德生成的外部因素入手来寻找解决德育困境的途径和方法，而德育问题的产生，更为根本的原因在于内因，德育研究更应该关注个体道德的内化问题。高校德育要以道德内化为基点，努力促使学生把道德规范和道德原则内化为自身的真知真信，融入自己的精神意识之中形成为崇高的道德信念，使学生感受到道德是一种不可或缺的精神食粮，履行道德的责任与义务是一种生命的需求与快乐，从而使外化道德行为成为一种必然。可见，以道德内化视角研究高校德育，是解决学生言而不信、知而不行等德育问题，走出德育困境的关键所在。道德领域中内化理论的运用，对社会道德的发展和个体道德品质的养成起着重要的指导作用。德育过程中遵循道德内化规律，改变传统德育内化理念和方法，有助于增强德育的吸引力、感染力和实效性。

道德内化是指个体在社会实践中，通过环境的影响和教育的引导，将社会道德转化为自身内在的行为准则和价值尺度，从而不断完善自我道德品质的过程。道德内化作为德育过程的首要环节和初始阶段，是个体道德外化实践得以进行的基础和前提，也是个体养成良好道德行为习惯的关键。道德内化的效果直接影响着德育的实践效果。创新和完善道德内化理论，从内化的视角剖析德育实践中产生的问题及原因，加强对德育实践的科学指导，提高德育的实效性，成为当前高校德育发展迫切需要研究的课题。本书对道德内化的研究，注意结合我国多元化的社会现实环境，从哲学、心理学、教育学、伦理学、社会学等不同学科、不同视角来观照道德内化，对道德内化的本质、内涵、类型、阶段、特点等进行全面、系统、深入的研究。从大学生道德行为实践入手，借助具体案例探讨了大学生知而无情、知而无信、不知不信、错知而信的具体表现，对高校德育内化的缺失进行了合理分析与把握。并对全球化、网络化、文化多元化以及后现代主义思潮的新形势、新背景，给高校德育内化带来的严峻挑战进行了深层次的阐释和理解，以全面把握高校德育的内化现状。进而梳理归纳了高校德育内化存在的主要问题，指出知性化的德育内化目标导致学校德育功能异化，脱离学生生活的非人本化的内化客体成为学校的理性工具，单一化的内化方法使学生产生严重的逆反心理，形式化的内化评价引发了学生的虚假内化。在此基础上，对高校德育内化产生问题的社会原因、学校原因、家庭原因及学生自身原因进行了深入的剖析。之后，对高校德育内化体系建构作出了基本设想，提出发挥学生主体性，立足德育服务实现道德内化；坚持德育以内化为基点，实施道德内化策略；坚持德育回归生活，加强道德内化现实性；坚持德育方法立足实践，提高道德内化实效性；坚持德育评价以内化实效为目标，完善道德内化的策略，从而不断促进和完善学生德性养成。基于内化视角的高校德育策略建构，能够有效解决学生道德实践中的诸多问题，克服德育弊端，切实增强德育的吸引力和实效性，以充分体现德育的魅力所在。

　　道德内化是一个曲折复杂、长期内隐的心理发展过程，不仅涉及的领域十分广泛，而且历久弥新，对其本质与规律的把握也需要经历一个不断深化的过程。本书基于内化视角对高校德育仅仅是进行了初步的研究和比较粗浅的探讨，今后，除了继续对道德内化所涉及的内容进行更为深入的认识和完善外，还要在以下几个方面进行继续研究和突破：（1）道德内化的水平与程度；（2）道德内化的确证与检验；（3）德育过程中内化与外化的统一，等等，以期在提高德育有效性方面发挥重要的作用。笔者在写作过程中，由于理论功底不深，学科知识与理论素养欠缺，外文资料研读及运用不足，还存在着理论研究深度不够、实证分析力度不足、视野思路不够开阔等诸多问题。笔者将以这本专著撰写为研究契机，再接再厉，在以后的研究中努力去弥补遗憾不断发展完善，争取有更大的突破，敬请各位专家批评指教。

参考文献

一 著作

1. 《马克思恩格斯选集》第 1—4 卷，人民出版社 1995 年版。

2. 《马克思恩格斯全集》第 3 卷，人民出版社 1960 年版。

3. 《马克思恩格斯全集》第 42 卷，人民出版社 1974 年版。

4. 《马克思恩格斯全集》第 46 卷，人民出版社 1979 年版。

5. 《毛泽东选集》第 1—4 卷，人民出版社 2003 年版。

6. 《邓小平文选》第 1—3 卷，人民出版社 1993 年版。

7. 范树成：《德育过程论》，中国社会科学出版社 2004 年版。

8. 范树成：《当代学校德育范式转换与走向研究》，人民出版社 2011 年版。

9. 范树成等：《多元化视阈中的德育改革与创新——德育应对诸领域多元化的对策之专题研究》，中国社会科学出版社 2010 年版。

10. 鲁洁：《道德教育的当代论域》，人民出版社 2005 年版。

11. 鲁洁：《德育社会学》，福建教育出版社 1998 年版。

12. 鲁洁、王逢贤：《德育新论》，江苏教育出版社 2002 年版。

13. 鲁洁：《当代德育基本理论探讨》，江苏教育出版社 2003 年版。

14. 曾钊新、李建华：《道德心理学》，中南大学出版社 2002 年版。

15. 曾钊新：《道德认知心理学》，湖南人民出版社 2008 年版。

16. 王健敏：《道德学习论》，浙江教育出版社 2002 年版。

17. 胡林英：《道德内化论》，社会科学文献出版社 2007 年版。

18. 邱吉：《道德内化论》，民族出版社 2004 年版。

19. 唐爱民：《道德教育范畴论》，北京师范大学出版社 2012 年版。

20. 聂立清：《我国当代主流意识形态认同研究》，人民出版社 2010 年版。

21. 赵继伟：《马克思主义意识形态接受论》，武汉大学出版社 2009 年版。

22. 王育殊：《道德的哲学真义》，中国社会科学出版社 2008 年版。

23. 胡守棻：《德育原理》，北京师范大学出版社 1989 年版。

24. 唐爱民：《德育范畴论》，北京师范大学出版社 2012 年版。

25. 张耀灿：《思想政治教育学前沿》，人民出版社 2006 年版。

26. 邱伟光、张耀灿：《思想政治教育学原理》，高等教育出版社 1999 年版。

27. 黄志成：《西方教育思想的轨迹——国际教育思潮纵览》，华东师范大学出版社 2008 年版。

28. 高德胜：《知性德育及其超越——现代德育困境研究》，教育科学出版社 2003 年版。

29. 高德胜：《生活德育论》，人民出版社 2005 年版。

30. 高德胜：《道德教育的时代遭遇》，教育科学出版社 2008 年版。

31. 朱小蔓：《情感教育论纲》，人民出版社 2007 年版。

32. 朱小蔓《道德教育论丛》第 1 卷，教育科学出版社 2005 年版。

33. 唐凯麟：《伦理学》，高等教育出版社 2001 年版。

34. 唐凯麟、龙兴海：《个体道德论》，中国青年出版社 1993 年版。

35. 檀传宝：《德育美学观》，山西教育出版社 1996 年版。

36. 檀传宝：《德育原理》，北京师范大学出版社 2007 年版。

37. 戚万学、唐汉卫：《现代道德教育专题研究》，教育科学出版社 2005 年版。

38. 戚万学：《冲突与整合——20 世纪西方道德教育理论》，山东教育出版社 1995 年版。

39. 戚万学：《道德学习与道德教育》，山东教育出版社 2006 年版。

40. 彭柏林：《道德需要论》，上海三联书店 2007 年版。

41. 姚新中：《道德活动论》，中国人民大学出版社 1990 年版。

42. 黄富峰：《道德思维论》，中国社会科学出版社 2003 年版。

43. 蔡志良、蔡应妹：《道德能力论》，中国社会科学出版社 2008 年版。

44. 彭未名：《交往德育论》，陕西教育出版社 2005 年版。

45. 林崇德：《品德发展心理学》，上海教育出版社 1989 年版。

46. 林崇德：《发展心理学》，人民教育出版社 1995 年版。

47. 陈会昌：《道德发展心理学》，安徽教育出版社 2004 年版。

48. 张天宝：《主体性教育》，教育科学出版社 2001 年版。

49. 张天宝：《走向交往实践的主体性教育》，教育科学出版社 2005 年版。

50. 冯建军：《当代主体教育论》，江苏教育出版社 2001 年版。

51. 冯建军：《生命与教育》，教育科学出版社 2004 年版。

52. 张世欣：《思想政治教育接受规律论》，上海三联书店 2005 年版。

53. 王玄武等：《比较德育学》，武汉大学出版社 2003 年版。

54. 张澍军：《德育哲学引论》，中国社会科学出版社 2008 年版。

55. 陈佑清：《教育活动论》，人民出版社 2005 年版。

56. 何建华：《道德选择论》，浙江人民出版社 2000 年版。

57. 刘惊铎：《道德体验论》，人民教育出版社 2003 年版。

58. 夏伟东：《道德本质论》，中国人民大学出版社 1991 年版。

59. 陈秉公：《思想政治教育学原理》，高等教育出版社 2006 年版。

60. 黄凯锋、唐志龙：《建设社会主义核心价值体系》，上海人民出版社 2007 年版。

61. 钟启泉、黄志成：《西方德育原理》，陕西人民教育出版社 1998 年版。

62. 王长乐：《自主性德育论》，吉林人民出版社 2002 年版。

63. 杨超：《现代德育人本论》，广东人民出版社 2005 年版。

64. 王海平：《军队思想政治教育接受论》，军事科学出版社 2002 年版。

65. 施晓光：《现代教育思想专题》，当代世界出版社 2005 年版。

66. 张伟胜：《实践理性论》，浙江大学出版社 2005 年版。

67. 王炳书：《实践理性论》，武汉大学出版社 2002 年版。

68. 路琳等：《校园文化与高校德育》，河南人民出版社 2000 年版。

69. 郭本禹：《道德认知发展与道德教育》，福建出版社 1999 年版。

70. 张文新：《儿童社会性发展》，北京师范大学出版社 1999 年版。

71. 戴建兵：《高等师范院校实习支教研究》，河北教育出版社 2008

年版。

72. 胡斌武：《学校德育的现代化》，中央编译出版社 2006 年版。

73. 刘合行：《道德评价标准论》，吉林大学出版社 2008 年版。

74. 陈会昌：《德育忧思——转型期学生个性心理研究》，华文出版社 1999 年版。

75. 肖川：《主体性道德人格教育》，北京师范大学出版社 2002 年版。

76. 李菲：《学校德育的意义关怀研究》，教育科学出版社 2009 年版。

77. 杨炎轩：《中国当代德育理论发展研究》，中国海洋大学出版社 2009 年版。

78. 王敬华：《道德选择研究》，中国社会科学出版社 2008 年版。

79. 班华：《现代德育论》，安徽人民出版社 2005 年版。

80. 冯增俊：《当代西方学校道德教育》，广东教育出版社 1993 年版。

81. 田秀云：《社会道德与个体道德》，人民出版社 2004 年版。

82. 杨韶刚：《道德教育心理学》，上海教育出版社 2007 年版。

83. 姚新中：《道德活动论》，中国人民大学出版社 1990 年版。

84. 金生鈜：《理解与教育——走向哲学解释学的教育哲学导论》，教育科学出版社 1997 年版。

85. 金生鈜：《规训与教化》，教育科学出版社 2004 年版。

86. 詹万生：《整体建构德育体系总论》，教育科学出版社 2001 年版。

87. 施良方：《学习论》，人民教育出版社 2000 年版。

88. 顾明远等：《教育大词典增订合编本》，上海教育出版社 1998 年版。

89. 中国社会科学院语言研究所编：《现代汉语词典》，商务印书馆 2005 年版。

90. 张琼、马尽举：《道德接受论》，中国社会科学出版社 1995 年版。

91. 李伯黍、岑国桢：《道德发展与德育模式》，华东师范大学出版社 1999 年版。

92. 扈中平：《教育目的论》，湖北教育出版社 1997 年版。

93. 李佑新：《走出现代性道德困境》，人民出版社 2006 年版。

94. 吴安春：《回归道德智慧——转型期的道德教育与教师》，教育科学出版社 2004 年版。

95. 章志光：《学生品德形成新探》，北京师范大学出版社 1993 年版。

96. 《论语》，岳麓书社 2000 年版。

97. 《孟子》，岳麓书社 2000 年版。

98. 《荀子》，岳麓书社 2000 年版。

99. 《庄子》，山西古籍出版社 2001 年版。

100. 《墨子》，山西古籍出版社 2003 年版。

101. 《王阳明全集》，上海古籍出版社 1992 年版。

102. ［美］杜威：《道德教育原理》，王承绪等译，浙江教育出版社 2003 年版。

103. ［美］杜威：《我们怎样思维·经验与教育》，姜文闵译，人民教育出版社 2005 年版。

104. ［美］杜威：《杜威教育论著选》，赵祥麟、王承绪编译，华东师范大学出版社 1981 年版。

105. ［苏］苏霍姆林斯基：《教育的艺术》，肖勇译，湖南教育出版社 1983 年版。

106. ［苏］苏霍姆林斯基：《给教师的一百条建议》，周蕖等译，天津人民出版社 1981 年版。

107. ［古希腊］柏拉图：《理想国》，郭斌和等译，商务印书馆 1996 年版。

108. ［古希腊］亚里士多德：《尼各马可伦理学》，廖申白译，商务印书馆 2003 年版。

109. ［美］马丁·L. 霍夫曼：《移情与道德发展》，杨韶刚译，黑龙江人民出版社 2003 年版。

110. ［法］涂尔干：《道德教育》，陈光金等译，上海人民出版社 2006 年版。

111. ［法］涂尔干：《职业伦理与公民道德》，渠东等译，上海人民出版社 2006 年版。

112. ［美］罗尔斯：《正义论》，何怀宏译，商务印书馆 2000 年版。

113. ［德］康德：《道德形而上学原理》，苗力田译，上海人民出版社 2002 年版。

114. ［德］康德：《实践理性批判》，韩水法译，商务印书馆 1960 年版。

115. ［德］康德：《论教育学》，赵鹏、何兆武译，上海世纪出版集团 2005 年版。

116.［英］威尔逊：《道德教育新论》，蒋一之译，浙江教育出版社 2003 年版。

117.［美］霍尔、戴维斯：《道德教育的理论与实践》，陆有铨译，浙江教育出版社 2003 年版。

118.［美］科尔伯格：《道德教育的哲学》，魏贤超等译，浙江教育出版社 2000 年版。

119.［美］纳希：《道德领域中的教育》，刘春琼译，黑龙江人民出版社 2003 年版。

120.［瑞士］皮亚杰：《结构主义》，倪连生等译，商务印书馆 1984 年版。

121.［瑞士］皮亚杰：《儿童心理学》，吴元福译，商务印书馆 1980 年版。

122.［瑞士］皮亚杰：《儿童的道德判断》，傅统先、陆有铨译，山东教育出版社 1987 年版。

123.［美］麦金泰尔：《追寻美德：道德理论研究》，刘东等译，译林出版社 2003 年版。

124.［英］彼得斯：《道德发展与道德教育》，邬冬星译，浙江教育出版社 2000 年版。

125.［美］多尔迈：《主体性的黄昏》，万俊人等译，上海人民出版社 1992 年版。

二　论文

1. 鲁洁：《转型期中国道德教育面临的选择》，《高等教育研究》2000 年第 5 期。

2. 鲁洁：《道德危机：一个现代化的悖论》，《中国教育学刊》2001 年第 4 期。

3. 鲁洁：《振兴的道德教育：现时代的召唤》，《教育改革》1996 年第 3 期。

4. 鲁洁：《市场经济与学校道德教育》，《中国高等教育》1995 年第 4 期。

5. 鲁洁：《道德教育的期待：人之自我超越》，《高等教育研究》

2008 年第 9 期。

   6. 燕国材：《谈谈道德内化问题》，《中学教育》1997 年第 6 期。

   7. 彭柏林：《从规律的角度看道德内化》，《湖南师范大学学报》（社会科学版）2004 年第 6 期。

   8. 易小明：《道德内化的概念及其问题》，《伦理学研究》2011 年第 5 期。

   9. 刘炳元：《多元化背景下学校道德教育的批判性反思》，《当代教育科学》2006 年第 2 期。

   10. 文艺文：《个体道德的发生与公民道德建设》，《道德与文明》2002 年第 3 期。

   11. 龙静云：《试论道德内化的主客观条件》，《道德与法研究》2009 年第 6 期。

   12. 易法建：《论道德内化》，《长沙电力学院学报》1998 年第 2 期。

   13. 邱吉：《历史视野中的道德内化思想及其对现实德育的启示》，《集美大学学报》2003 年第 9 期。

   14. 易小明、赵静波：《道德内化中的主体张扬》，《北京师范大学学报》（社会科学版）2006 年第 5 期。

   15. 胡增顺：《道德内化与高职教育的秩序重构》，《开封大学学报》2009 年第 3 期。

   16. 戚万学：《活动道德教育模式的理论构想》，《教育研究》1999 年第 3 期。

   17. 戚万学：《关于构建中国现代道德理论的几点设想教育》，《教育研究》1997 年第 12 期。

   18. 戚万学：《道德教育的实践目的论》，《山东师范大学学报》（社会科学版）2001 年第 1 期。

   19. 范树成：《学生道德实践的反思与建构》，《中国教育学刊》2007 年第 9 期。

   20. 范树成：《实践德育论纲》，《教育理论与实践》2006 年第 7 期。

   21. 范树成：《德育由重"教"到重"导"的转变》，《中国教育学刊》2008 年第 6 期。

   22. 范树成、李海：《当代道德学习的转向》，《教育评论》2008 年第 4 期。

23. 朱小蔓、其东：《关于学校道德教育的思考》，《中国教育学刊》2004 年第 10 期。

24. 朱小蔓、刘次林：《转型时期的中国学校德育》，《上海师范大学学报》（哲学社会科学版）2009 年第 6 期。

25. 刘慧、朱小蔓：《多元社会中学校道德教育：关注学生个体的生命世界》，《教育研究》2001 年第 9 期。

26. 唐汉卫：《对生活道德教育的几点追问》，《教育探索》2004 年第 12 期。

27. 唐汉卫、李田田：《多元文化环境中学校道德教育的任务与使命》，《思想理论教育》2008 年第 10 期。

28. 夏伟东：《经济全球化和 WTO 背景下的道德教育问题》，《中国特色社会主义研究》2001 年第 1 期。

29. 成波：《道德内化机制对高校德育课程建设的启示》，《职业教育研究》2010 年第 9 期。

30. 林晓：《论高校德育之魂：大学生道德内化》，《内蒙古农业大学学报》（哲学社会科学版）2009 年第 1 期。

31. 吴林斌、杨本红：《略论大学生社会道德内化与高校德育工作》，《洛阳师专学报》2000 年第 2 期。

32. 傅龙华：《论当代大学生道德内化的心理冲突及对策》，《湖南省社会主义学院学报·统战理论与实践》2007 年第 3 期。

33. 冯建军：《人的道德主体性与主体性道德教育》，《南京师范大学学报》（社会科学版）2002 年第 3 期。

34. 冯建军：《主体性道德教育与生活》，《教育研究》2002 年第 5 期。

35. 冯建军：《论主体道德教育》，《宁波大学学报》（教育科学版）2002 年第 6 期。

36. 冯建军、傅淳华：《多元文化时代道德教育的困境与抉择》，《西北师范大学学报》2008 年第 1 期。

37. 顾海根：《道德内化的心理学分析》，《上海师范大学学报》（教育版）1999 年第 2 期。

38. 胡晓莺：《试论德育过程的内外化关系》，《教育评论》1996 年第 10 期。

39. 章乐：《论道德内化的类型研究》，硕士学位论文，上海师范大学，2012 年。

40. 王兆辉：《道德内化中的各状态分析》，硕士学位论文，吉首大学，2012 年。

41. 刘美玲：《道德品质的内化机制研究》，硕士学位论文，内蒙古大学，2014 年。

42. 刘美玲：《对高校道德教育中道德内化的思考》，《内蒙古农业大学学报》（社会科学版）2005 年第 1 期。

43. 王荣华：《论高校德育中促使道德内化的途径》，《安徽水利水电职业技术学院学报》2003 年第 12 期。

44. 胡林英：《道德内化图式与内化过程辨析》，《玉溪师范学院学报》2003 年第 11 期。

45. 唐爱民：《道德教育范畴论审理——德育范畴论初探》，博士学位论文，山东师范大学，2006 年。

46. 刘春琼：《道德内化究竟内化什么——道德心理学的争鸣、转向及教育思考》，《上海教育科研》2010 年第 9 期。

47. 冯文全：《关于"生活德育"的反思与重构》，《教育研究》2009 年第 11 期。

48. 冯文全：《论德育内容的结构及其优化》，《西华师范大学学报》（哲学社会科学版）2005 年第 4 期。

49. 冯文全：《论新时期学校德育方法的变革》，《中国教育学刊》2005 年第 5 期。

50. 杨四耕：《教育与道德》，《教育理论与实践》2004 年第 2 期。

51. 谭传宝：《试论"新性善论"及其依据》，《清华大学教育研究》2001 年第 3 期。

52. 何玉海：《服务德育：德育新思维》，《江苏教育研究》2013 年第 11 期。

53. 何玉海：《服务德育：内涵与价值》，《天津师范大学学报》（基础教育版）2013 年第 1 期。

54. 何玉海：《我国德育方法概念的理性反思》，《黑龙江教育》2013 年第 3 期。

55. 萨·巴特尔：《关于德性与德行的一种思考》，《北京师范大学学报》（社会科学版）2007 年第 5 期。

56. 张济州、黄书光：《美德是否可教——论苏格拉底的德行教化》，《教育研究》2013 年第 4 期。

57. 马永翔：《德性是否可教——兼解柏拉图的〈美诺篇〉》，《道德与文明》2007 年第 5 期。

58. 孙彩平：《教育道德与道德阈限》，《教育理论与实践》2002 年第 1 期。

59. 张忠华：《论道德教育的道德属性》，《教育导刊》2007 年第 4 期。

60. 张忠华：《中国德育内容体系构建的反思与探索》，《教育导刊》2006 年第 10 期。

61. 欧阳明：《德育服务功能与德育创新》，《经济与社会发展》2004 年第 1 期。

62. 陆有铨：《"道德"是道德教育有效性的依据》，《中国德育》2008 年第 10 期。

63. 秦红岭：《德育视野中的道德信仰教育》，《山东省青年干部管理学院学报》2005 年第 7 期。

64. 黄富峰：《道德直觉与道德信仰的养成》，《中国教育学刊》2006 年第 7 期。

65. 魏长岭：《道德信仰的发生机制》，《伦理学研究》2004 年第 1 期。

66. 李兴洲《教育的道德意蕴》，《河北师范大学学报》（教育科学版）2005 年第 11 期。

67. 雷声华、王长乐：《道德的教育与教育的道德》，《山东师范大学学报》（社会科学版）1998 年第 4 期。

68. 高德胜：《现代德育困境研究述评》，《现代教育论丛》2000 年第 3 期。

69. 高德胜：《回归生活的德育课程》，《课程·教材·教法》2004 年第 11 期。

70. 黄英：《加强研究生德育之我见》，《道德与文明》2003 年第 3 期。

71. 郭凤志：《德育的现代困境、归因分析及其超越》，《吉林师范大学学报》（人文社会科学版）2009 年第 7 期。

72. 易连云、李琰：《试析德育回归生活的价值选择》，《中国教育学刊》2013 年第 5 期。

73. 刘亦工：《论道德内化的心理机制及其特征》，《伦理学研究》2007 年第 5 期。

74. 刘毅先：《秦儒家道德内化思想初探》，《湖北大学学报》（哲学社会科学版）1995 年第 2 期。

75. 班华：《德育方法体系四题》，《江西教育科研》1994 年第 1 期。

76. 沈丽萍：《试论班杜拉社会学习理论的道德发展观》，《教育探索》2006 年第 10 期。

三 英文文献

1. L. Kohlberg：The Philosophy of Moral Development，San Francisco：Harper and Row，1981.

2. Robert Audi：Moral knowledge and Ethical Character，Oxford University Press，1997.

3. R. S. Peters. ：Moral development and education，London：Georfe All and Unwinltd，1981.

4. Mark Timmons：Morality Without Foundations，New York Oxford University Press，1999.

5. Daniel Statman：Virtue Ethics，Edinburgh University Press，1997.

6. Kant：Critique Of Practical Reason：Cambridge University，1997.

7. R. S. Lazarus：Emotion and Adaptation ，New York：Oxford University Press，1991.

后　记

　　本书付梓之际，感触颇多。这本专著是在我的博士论文基础上完成的。我以论文为依托，以《大学生道德内化缺失及对策研究》为题申报了河北省社会科学基金项目（项目编号：HB15MK021）。时光荏苒，岁月如梭，忙碌的博士生涯转眼已过，读了一些书，思考了一些问题，完成了博士学业，也完成了这一项目的相关研究工作。

　　道德内化对我来说，是一个既熟悉却又感觉陌生的选题。说它熟悉，是因为作为一名从事高校德育工作已近 20 年的德育工作者，时时刻刻都在对学生进行着道德内化工作；说它陌生，是指把它提高到理论层面进行深刻地审视与思考还未曾有过。在导师范树成教授的建议下，我开始对道德内化问题进行认真的研究与思索，随着对道德内化相关理论与实践状况掌握得越来越深入，理解得越来越透彻的时候，我愈发感觉到这一问题的研究对我本职工作的重要性和必要性。道德内化不正是我多年以来苦苦思索的有效进行学生德育的关键所在吗？深入、持续地思考，坚定了我对道德内化研究的决心。我相信，从内化视角对高校德育进行审视将是德育摆脱现实困境的可行之策；我深信，基于内化的高校德育策略创设将开拓德育新路径的曙光和希望；我更坚信，内化视域下高校德育的研究定将为我的本职工作带来巨大的指导和启迪，使我能够在德育之路上收获更多的硕果。我的博士论文对这些问题进行了初步的整理，而这本书即是在其基础上的完善和总结。回首论文的写作过程，已过不惑之年的我经历的艰辛历历在目，度过多少个星光陪伴的不眠之夜，废弃过多少份呕心沥血的写作草稿，我无以计算。尽管如此，本书仍有不足和欠妥之处，某些问题的探讨还欠深入，为此深感内疚，望专家和读者不吝赐教，但也因此成为我将来不懈努力、不断进步和提高的动力之源。

　　本书能够顺利问世，是很多人帮助和支持的结果。首先感谢课题组成员：刘志新、刘占平、王一茹，他们对本书作出了重要的贡献。其中，刘志新老师对本书的章节结构编排提出了科学的指导和合理的建议；刘占平老师长期从事高校学生管理工作，为本书研究提供了大量的第一手文字资料；王一茹老师在前期资料的采集、梳理与汇总以及后期的校对工作上也付出了艰辛的劳动。在此一并感谢。

　　由衷地感谢我的导师范树成教授，在本书的写作过程中曾多次向老师请教，范老师百忙之中为我讲解阐释、指点迷津，并提出许多建设性意见，老师的悉心指导使我得以坚持并能够较好地完成本书的撰写。范老师渊博的学术造诣、严谨的治学精神和豁达的人格魅力，深深地感染着我，鞭策着我，将是我一生中宝贵的精神财富。借此机会，谨以表达我对恩师深深的谢意。

　　在此，还要感谢我的家人和朋友们！感谢邢台学院的领导和同事们！感谢我的学生们！在论文的写作过程中，他们给予我无私的关爱和极大的支持与鼓励，使我能够坚定信心、义无反顾地在研究和探索的道路上勇敢行进！我无以言报，唯有"路漫漫其修远矣，吾将上下而求索"！

马军红
2015 年 12 月 21 日